总 主 编：苏文菁
副总主编：许 通　陈 幸　曹宛红　李道振　谢小燕

闽商发展史

● 台湾卷

本书为2010年度福建省社会科学规划重大项目《闽商发展史》（2010Z004）的结题成果

周翔鹤　邓利娟　著

厦门大学出版社 国家一级出版社
XIAMEN UNIVERSITY PRESS 全国百佳图书出版单位

图书在版编目(CIP)数据

闽商发展史.台湾卷/周翔鹤,邓利娟著.—厦门:厦门大学出版社,2016.12
ISBN 978-7-5615-3812-8

Ⅰ.①闽… Ⅱ.①周… ②邓… Ⅲ.①商业史-福建 ②商业史-台湾 Ⅳ.①F729

中国版本图书馆 CIP 数据核字(2016)第 319922 号

出 版 人	蒋东明
责任编辑	薛鹏志
装帧设计	李夏凌 张雨秋
责任印制	朱 楷
出版发行	厦门大学出版社
社　　址	厦门市软件园二期望海路39号
邮政编码	361008
总 编 办	0592-2182177　0592-2181406(传真)
营销中心	0592-2184458　0592-2181365
网　　址	http://www.xmupress.com
邮　　箱	xmupress@126.com
印　　刷	厦门集大印刷厂
开本	889mm×1194mm　1/16
印张	12
插页	4
字数	270 千字
印数	1~2 000 册
版次	2016 年 12 月第 1 版
印次	2016 年 12 月第 1 次印刷
定价	50.00 元

本书如有印装质量问题请直接寄承印厂调换

厦门大学出版社　　厦门大学出版社
微信二维码　　　　微博二维码

《闽商发展史》编纂委员会成员名单

编委会主任：雷春美　张燮飞　王光远　李祖可
编委会副主任：翁　卡　臧杰斌　王　玲　张剑珍　陈永正
编委会成员：

陈爱钦	陈春玖	陈　飞	陈国平	陈建强	陈鉴明	陈景河	陈其春
陈秋平	陈少平	陈祥健	陈小平	邓菊芳	冯潮华	冯志农	傅光明
郭锡文	洪　杰	洪仕建	胡　钢	黄海英	黄健平	黄　菱	黄如论
黄　涛	黄信燧	黄忠勇	黄子曦	江尔雄	江荣全	景　浓	柯希平
雷成才	李海波	李家荣	李建发	李建南	李　韧	李新炎	连　锋
林国耀	林积灿	林荣滨	林素钦	林腾蛟	林　云	林志进	刘登健
刘用辉	欧阳建	阮开森	苏文菁	王亚君	王炎平	翁祖根	吴国盛
吴华新	吴辉体	吴泉水	徐启源	许连捷	许明金	杨　辉	杨仁慧
姚佑波	姚志胜	游婉玲	张琳光	张轩松	张祯锦	张志猛	郑玉琳
周少雄	周永伟	庄奕贤	庄振生				

专家指导组成员：

苏文菁　徐晓望　王日根　唐文基　王连茂　洪卜仁　郑有国　罗肇前
黄家骅

总　主　编：苏文菁
副总主编：许　通　陈　幸　曹宛红　李道振　谢小燕

总　序

闽商是孕育于八闽大地并对福建、中国乃至世界都具有巨大贡献和影响的商人群体,是活跃于国际商界的劲旅,是福建进步和发展的重要力量。千百年来,为了开拓新天地,闽商奔走四方,闯荡大江南北;漂洋过海,足迹遍及五大洲,是海上丝绸之路最重要的参与者与见证者。他们以其吃苦耐劳的秉性,超人的胆略,纵横打拼于商海,展示了"善观时变、顺势有为,敢冒风险、爱拼会赢,合群团结、豪爽义气,恋祖爱乡、回馈桑梓"的闽商精神,赢得了世人的尊敬。

盛世修史,以史为鉴,利在当下,功在千秋。为了不断丰富闽商文化内涵,更好地打造闽文化品牌形象,持续提升"世界闽商大会"品牌价值,凝聚人心、汇聚力量,推进福建科学发展、跨越发展,我们把《闽商发展史》研究编纂工作作为闽商文化研究的重大工程,并于2010年8月正式启动。《闽商发展史》全书十五卷,除"总论卷"之外,还包含福建省九个设区市,港、澳、台、海外以及国内异地商会分卷,时间上从福建目前可追溯的文明史开始。2013年6月,我们在第四届世界闽商大会召开前夕出版了《闽商发展史·总论卷》,并以此作为献给大会的贺仪。今天,呈现在各位读者面前、还带着淡淡的油墨芳香的是《闽商发展史》各分卷。《闽商发展史·总论卷》和《闽商发展史》各分卷都是《闽商发展史》的重要组成部分。《闽商发展史·总论卷》的总论注重闽商发展历史的普遍性和统一性;设区市卷和港、澳、台、海外、国内异地商会卷侧重展示闽商发展历史的特殊性和多样性,以丰富的史料与鲜活的案例,为福建的21世纪"海上丝绸之路"核心区文化建设增添了厚实的基础,为中国海洋文化、商业文化建设提供了本土的文化基因。

欣逢伟大的时代,是我们每个八闽儿女的幸运;实现伟大的梦想,是我们每个八闽儿女的责任。今后,我们仍将一如既往地深入开展闽商文化研究,以闽商文化研究的优秀成果激励广大闽商,引领弘扬闽商精神,让广大闽商更加积极主动地把爱国热情、创业激情和自身优势转化成实际行动,融入"再上新台阶、建设新福建"的伟大实践中,为全面建成小康社会、实现中华民族伟大复兴的中国梦做出更大贡献!

中共福建省委常委
省委统战部部长　　**雷春美**

前　言

　　福建与台湾在历史上的联系十分紧密，具有很特殊的关系。清朝初期，台湾曾经是福建的一个府。闽南沿海人民自宋元时期，为了拓展生存空间，从事海上渔捞和贸易，活动范围延展至澎湖和台湾西南海岸。从明朝末年直至1895年清政府被迫割让台湾给日本，海峡两岸的贸易从未间断，台湾本岛的商业也经历了蓬勃发展时期。在经济利益的驱动下，闽南沿海的商人与台湾建立了交通网络和密切的商缘关系，并最终促成了台湾本地商业力量的崛起和兴旺。1949年后，海峡两岸长期隔绝，随着20世纪70年代末改革开放与海峡两岸关系的缓和，福建又成为大陆最先开始对台贸易与最早的台商登陆的地区。经过30多年的发展，台商投资福建规模不断扩大，领域不断拓宽，层次不断提高，台商群体作为新时期的"在闽台商"，在成为两岸关系和平发展重要生力军的同时，对福建经济社会的发展发挥了积极而又重大的作用。

　　《闽商发展史·台湾卷》分上、下两篇。上篇内容为"历史上闽商在台湾"，聚焦点在于福建商人，共分五章，分别论述早期闽商与台湾开发；荷兰人、西班牙人东来和郑氏海商集团的崛起；清代中后期在台湾的闽商；晚清台湾商人：豪商的崛起；商人与社会。需要说明的是，以台湾建省为界，之前的台商为闽商，是本篇论述的对象；而之后台商的身份已属台湾省商人，多年的商业活动也使他们在地化了，所以就不包括在本篇内容范围之内。下篇内容为"近30年来台商在福建"，聚焦点由上篇的"在台闽商"转换成"在闽台商"，共分五章，前面四章分别论述台商在福建的发展历程；台商来闽投资发展的主要特征；台商对福建经济社会发展的影响与作用；在闽台商组织：台商投资企业协会。第五章则选择10位较典型的台商及台企进行个案论述。

　　由于时间紧迫，资料搜集困难，加之撰写者学识与能力的限制，缺点与错误在所难免，诚恳欢迎批评指正。

邓利娟　周翔鹤
2016年5月8日

上篇：历史上闽商在台湾

第一章　早期闽商与台湾的开发/2

第一节　早期福建与台湾的通商贸易/2

第二节　明代东南海域成为闽商的大舞台/4

第二章　荷兰人、西班牙人东来和郑氏海商集团的崛起/11

第一节　明代中后期西班牙人与闽商在台湾的贸易活动/11

第二节　闽商与荷兰人在台湾的贸易/18

　一、战争中商人的斡旋和调停/19

　二、郑芝龙的崛起/22

　三、亦商亦盗/25

　四、海商至官商/30

　五、战争中商人充当信使/33

　六、中国商人和中荷在台湾贸易的兴衰/39

第三章　清代中后期在台湾的闽商/40

第一节　清代台湾的郊商/40

第二节　施世榜家族的中部拓垦与水利工程/43

第三节　清代台湾乡村企业/45

　一、晚清与日据初期台湾乡村制茶业/46

　二、晚清与日据初期台湾山地樟脑业/55

　三、晚清与日据初期台湾乡村碾米业/57

　四、晚清与日据初期台湾乡村制糖业/63

　五、晚清与日据初期台湾乡村制纸业/76

　六、晚清与日据初期台湾草编业/77

　七、清代中后期的台湾巨贾——板桥林家/79

第四章 晚清台湾商人:豪商的崛起/82

第一节 晚清台湾茶、糖、樟脑贸易的繁荣/82
第二节 糖商高雄陈家/84
第三节 买办商人的代表——李春生/85
第四节 雾峰林家/86
 一、雾峰林家的起家/86
 二、雾峰林家之从政与商业活动/88
 三、开山抚番与樟脑贸易/90
 四、樟脑输出与山地商人/91

第五章 商人与社会/93

第一节 商业的企业组织结构/93
第二节 商业网络/94
第三节 郊商与社会文化的关系/96
第四节 闽商在台湾社会的"在地化"/98

下篇:近30年来台商在福建

第六章 台商在福建的发展历程/103

第一节 台商在福建发展的背景/103
 一、福建的地理区位优势/104
 二、福建的人文环境优势/104
 三、福建拥有特殊政策优势/105
第二节 台商在福建的发展历程/106
 一、1981—1987年试探与起步阶段/106
 二、1988—1999年发展与兴盛阶段/107
 三、2000—2015年调整与升级阶段/108

第七章 台商来闽投资发展的主要特点/112

第一节 台商投资规模扩大化/112
 一、大型项目日益增多/112
 二、大型企业逐步成为台商投资主体/112
 三、台商纷纷增资扩产/113
 四、台商投资趋向联动发展/113
第二节 台商区域分布集中化/114

第三节　台商产业结构合理化/119
第四节　台商产业群聚效应明显/121
第五节　台商投资农业成效突出/122

第八章　台商对福建经济社会发展的影响与作用/125

第一节　促进福建经济发展/125
　　一、直接拉动福建经济增长/125
　　二、带动福建产业结构提升/126
　　三、促进福建对外贸易增长/128
　　四、加速福建城镇化进程/129
第二节　增进闽台社会融合/129
　　一、积极拓宽闽台两地交流领域/130
　　二、主动融入福建当地生活/132
　　三、热心福建公益事业/133
第三节　助力两岸关系和平稳定/134

第九章　在闽台商组织：台商投资企业协会/137

第一节　全国台湾同胞投资企业联谊会/137
　　一、台企联概况/137
　　二、业务范围/138
　　三、历任会长/139
第二节　厦门市台商投资企业协会/139
　　一、台协概况/139
　　二、协会的业务范围/140
　　三、协会领导/141
第三节　福州市台胞投资企业协会/141
　　一、台协概况/141
　　二、协会的业务范围/142
　　三、协会领导/143
第四节　泉州市台商投资企业协会/143
　　一、台协概况/143
　　二、台协的业务范围/143
　　三、台协历届会长/144

第十章　若干在闽典型台商及台企/145

个案之一：20年成就"轮胎王国"
　　——陈秀雄与厦门正新橡胶工业有限公司/145

个案之二：二次创业成就"两岸茶王"
　　——李瑞河与天福集团/148

个案之三：立足福建，花开全世界
　　——黄瑞宝与漳州钜宝生物科技有限公司/150

个案之四：建筑业是良心的行业
　　——谢苍发与厦门华信混凝土工程开发有限公司/152

个案之五：让传统行业站在时代前沿
　　——赖敏聪与华懋集团/154

个案之六：全球最大的触摸屏制造商
　　——江朝瑞与宸鸿集团/156

个案之七：全球显示器王国的缔造者
　　——宣建生与福建捷联电子有限公司/160

个案之八：全球前三大液晶面板设计研发及制造公司
　　——李焜耀与友达光电(厦门)有限公司/163

个案之九：最大的海峡两岸合资汽车企业
　　——吴舜文与东南(福建)汽车工业有限公司/166

个案之十：全球重要的核心平板显示零部件专业制造商
　　——刘治军与华映科技(集团)股份有限公司/171

参考文献/181

后记/183

上篇

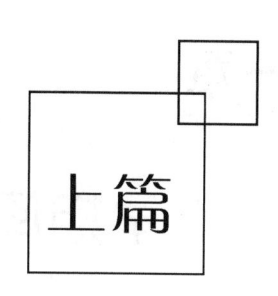

历史上闽商在台湾

第一章

早期闽商与台湾的开发

台湾的发现与开发与福建人密切相关,考古发现,早期福建人通过东山陆桥去往台湾,依靠渔猎,维持生计。随着台湾交通地位的日益提升,台湾的开发更吸收了包括商人、农业生产者的进入。

第一节 早期福建与台湾的通商贸易

福建面对东海,与台湾隔海峡相望,福建人的视野首先就是"东洋"。早先,东洋大致相当于东海海区,并向东南方菲律宾群岛等地延伸。元代后,东洋专指以菲律宾群岛为中心的东洋针路航行范围。因此,福建商人很早就以琉球、台湾、菲律宾等地为交通贸易对象。福建沿海地带与东洋各个地区的来往、互动可能开始于史前时期,只是那时没有记载。汉唐以下,对于东南方面的海上活动渐有记载。《三国志·吴书·孙权传》载:"遣将军卫温、诸葛直将甲士万人浮海求夷州及澶州……得夷州数千人还";澶州即今菲律宾群岛,夷州究竟是指琉球还是台湾,至今尚无定论。《隋书·陈棱传》载"大业三年(公元607年)拜武贲郎将,后三岁(公元610年)与朝请大夫张镇周发东阳兵万余人,自义安浮海击流求国,月余而至。流求人初见船舰以为商旅,往往诣军中贸易"。在这里,流求仍然不能确定是台湾还是琉球,但当时的流求人见到舰船,就以为是商船而赶来贸易,说明在这之前是有商船来贸易的事情。从考古发现来说,在台湾十三行遗址的发掘中,发现了汉代的五铢钱和唐代的"开元通宝"、"乾元通宝"铜钱;而在琉球也发现"开元通宝"铜钱和唐代长沙窑的彩绘瓷器,说明汉唐之际东南沿海居民和台湾、琉球地区一直存在着通商贸易之事,而福建居民自然是首当其冲。汉唐之间的这些航海贸易活动,为后来闽商开拓澎湖、台湾以及下南洋的商贸活动打下了基础。

降至宋元,闽商与澎湖、台湾的关系更进一步发展。北宋真德秀《西山先生真文忠公文集》卷八《申枢密院措置沿海事宜状》载:"泉州永宁寨,其地瞰临大海,直望东洋,一日一夜可至澎湖。"说明澎湖已是福建人民航海中的过往之处。南宋年间,澎湖已纳入泉州府的管辖范围,赵汝适《诸番志·流求》条载:"泉有海岛曰澎湖,隶晋江县。与其国密迩,烟火相望。"元朝至元末年在澎湖设立巡检司,隶属晋江县。从近年的考古发现看,宋元年间，澎湖已经建有住宅，已经有民人在这里长期居住。汪大渊《岛夷志略》说澎湖"岛分三十有六，巨细相间，地垄相望，乃有七澳居其间……有草无木，土瘠不宜禾稻。泉人结茅为屋居之。气候常暖，风俗朴野。男女穿长布衫，系以土布。煮海为盐，酿秫为酒，采鱼虾螺蛤以佐食。……地产胡麻、绿豆。山羊之孳生，数万为群，家以烙毛刻角为记，昼夜不收，各遂其生育"。因为有常住居民，商业就在澎湖与大陆之间发展起来，"工商兴贩，以乐其利"。澎湖的建立行政建制以及居民的常住，对于闽商去台湾本岛的贸易无疑是一个基础与促进。台湾学者曹永和认为"元末时（大陆人民）已有与'土著民'发生某些程度的接触，开辟了所谓的'汉蕃贸易'"。① 那么，这"汉蕃贸易"的内容可能是怎么样的呢？

宋元时期，中国的农业与手工业发达，物产丰富，对外输出大量的手工业品，而输入的则是海外的特产与奇珍异宝。汪大渊《岛夷志略·流求》对海外贸易的内容有详细的记载，其载，麻逸国"地产木棉、黄蜡、玳瑁、槟榔、花布。贸易之货用铜鼎、铁块、五彩红布、红绢、牙锭之属。"三屿"地产黄蜡、木棉、花布"；苏禄"地产中等降真香、黄蜡、玳瑁、珍珠。较之沙里八丹第三港所产此苏禄之珠色青白而圆，其价较昂。中国人首饰用之，其色不退，号为绝品，有径寸者。其出产之地，大者已值七八百余锭，中者二三百锭，小者一二十锭。其余小珠一万上两重者，或一千至三四百两重者，出于西洋之第三港，此地无之。"汪大渊的记载表明，中国人赴海外贸易，重在海外的珍宝，其次是黄蜡、玳瑁之类的特产。宋元时，台湾的居民为平地的平埔族与山地的少数民族，他们或渔猎为生，或有简单的游耕农业，还处于原始的社会形态，所生产的物品，以满足当下的食用为限，不事积蓄。因此赵汝适说台湾"无他奇货，尤好剽掠"。对于海商来说，吸引力不大。但此时的台湾也并不是完全不能提供输出物产的。台湾少数民族最主要的捕猎对象是鹿，因此能提供大量的鹿皮。其次，台湾北部出产硫黄和沙金，虽然量不大，但也可供贸易。汪大渊说流求"地产沙金、黄豆、黍子、硫黄、黄蜡、鹿、豹、鹿皮。贸易之货，用土珠、玛瑙、金珠、粗碗、处州瓷器之属。"② 这里的流求到底指琉球还是台湾仍然不明，但从物产来看，沙金、鹿皮、硫黄等确是台湾的特产，因此，不能排除存在着大陆与台湾之间贸易的可能性。连横说："当宋之时，华人已至北港贸易。"③ 北港在台湾岛南部的嘉南平原北部，当时，在这里居住与活动的是平埔族，他们最主要的经济活动就是"打鹿"，能出产大量的鹿皮。北港不是一个大港，从以后的历史进程来看，南部的安平、中部的鹿港、北部的淡水是近代以前台湾最重要的大港，但北港在台湾历史上也一直是一个重要的港口，尤其来往于大陆和台湾的小型船只，经常停靠于北港。而台湾西部沿岸海域，是重要的渔场，福建渔民每逢鱼汛，尤其乌鱼鱼汛，必来捕鱼，渔船进行小额贸易是常见的事情。我们不知道连横之说有何根据，但渔船和其他小型船只来北港和平埔族进行"汉蕃贸易"，运销鹿皮、鹿肉干并非是没有可能的。

---

① 曹永和：《台湾早期历史研究》，台北：联经出版事业公司，1979年7月，第22页。
② 汪大渊：《岛夷志略》，《流求》。
③ 连横：《台湾通史》卷二五，《商务志》。

第二节　明代东南海域成为闽商的大舞台

到了明代，台海与闽海形势大变。首先，福建是一个多丘陵的地区，沿海一带平地不是很多，经唐宋以来的开发，平地大多已经开垦完成。明代，番薯的传入有助于抚养更多的人口，但持续的人口增长，势必使人们更多地把目光转向大海。所谓靠海吃海，捕鱼、海外贸易、寻求新的土地资源，都是很自然的事情。台湾自然而然地被纳入了福建人的视野。明代以后，福建人到台湾附近的渔场捕鱼，以台湾作为海外贸易的据点，以至在台湾进行土地开垦，是越来越多的，明代政府想禁止也禁止不了。所谓"濒海之民，以海为业，其采捕于澎湖、北港之间者，岁无虑数十百艘"，①就是对明代福建人到台湾附近渔场捕鱼的说明，就是在倭寇危害甚烈时，朝廷的禁海政策也很难实行，军方说："海上之民，以海为田"，"方禁方生，愈戢愈炽"，而"东番（台湾）诸岛"向来是渔民"采捕之所"，"利之所在，法有时穷"。② 在对台湾的情况有了了解后，和台湾的少数民族进行贸易也就自然产生了。记述台湾历史第一篇文字的陈第《东番记》中说：漳泉之惠民、充龙、烈屿诸澳③之民，懂少数民族语言，"以玛瑙、磁器、布、盐、铜簪环之类，易其鹿脯皮角"。④ 但当时台湾的少数民族尚是刀耕火种，除了鹿的皮、角、肉干，可供交易的东西极有限。因此，对于贸易来说，这时的台湾更是一个落脚点，尤其是对日贸易中的一个据点。当时人说："东南边海之地，以贩海为生，其来已久，而闽为甚。……臣又访得是中同安、海澄、龙溪、漳浦、诏安等处奸徒，每年于四、五月间告给文引，驾驶乌船称往福宁卸载、北港捕鱼及贩鸡笼、淡水者往往私装铅、硝等货潜去倭国。"⑤明代中后期，这种情况是很普遍的，所以当时人说："挟倭货、贩北港者，实繁有徒。"⑥而一名海商对西班牙人说，他曾经九次到过台湾贸易，也说明了这个情况。⑦ 随着捕鱼与贸易而至的就是在台湾居住与屯垦。何楷说："台湾在澎湖外，距漳泉止两日夜程，地广而腴。初，贫民时至其地规鱼盐之利，后见兵威不及，往往聚而为盗。"⑧最早聚居台湾的可能是那些亦商亦盗的人，接着，追求土地的贫民也会跟上。颜思齐在台湾时，已经聚有"十寨"，"寨各为主。芝龙之主，又主中主也"。⑨连横在《台湾通史》中说："海澄人颜思齐率其党入居台湾，郑芝龙附之……于是，

---

① 黄承玄：《条陈海防事宜疏》，《明经世文编》卷四七九，《黄中丞奏疏》。
② 《兵部题行"条陈澎湖事宜"残稿》，《明清史料·乙编》第七本，第605页。
③ 在闽南语中，澳即港口。
④ 陈第：《东番记》，《闽海赠言》卷二。
⑤ 许孚远：《疏通海禁疏》，《明经世文编》卷四○○，《敬和堂集》。
⑥ 沈演：《论闽事》，《止止斋集》卷五五。
⑦ 中村孝志：《十七世纪荷兰人在台湾的采金事业》，《台湾经济史五集》。
⑧ 《明史·列传》卷二一一，《外国》。
⑨ 彭贻孙：《靖海志》卷一。

漳泉人至者日多。辟土田,建部落,以镇抚土番。"①。连横估计,明代中后期迁居到台湾的漳泉移民已经有数千人,其中,依附颜思齐、郑芝龙集团的"凡三千余人"②1623年,荷兰人到大员附近调查时发现"住在该处'原住民'中间的中国人为数超过一千或一千五百人",他们"沿着海岸从一个地方航行到另一个地方,去寻找他们的交易与利益"。③ 施琅估计,在荷兰人到来之前,聚集的漳泉移民已不下万人。"然其时中国之民潜至,生聚于其间者,已不下万人。"④

然而将台湾迅速带入东西方贸易的圈子,并使之成为闽商挥洒的舞台的,还是明代中后期商品经济的发展。宋元以后,中国经济重心就开始向东部与南部转移,入明以后,农业和手工业比前代更行发展,江南成为经济最发达的地区,其丝织业、棉布业领先世界,并且一直是全国财赋的首要之区,四川、湖南、湖北也进入先进农业区之列,岭南、江西、福建的经济也发展很快,除了粮食作物以外,经济作物普遍种植,手工业发达,是茶叶、蔗糖、瓷器、纸的主要产区。中国的棉布(土布)、丝绸织品、瓷器、茶叶、蔗糖以及其他手工业制品大量生产,世界许多地区的人民都非常喜爱中国的手工业产品;另外,东南沿海一带多为丘陵山地,"襟山带海,田不足耕,非市舶无以助衣食"。⑤ 海外贸易是民间强烈的要求。明代自郑和下西洋之后,实行海禁政策,片板不许下海,但沿海居民或捕鱼,或贸易,靠海吃海,无法禁绝,在当局的海禁政策下,遂产生了违禁冒险下海贸易的私商,而海盗也随之产生。明代中后期,东南海域产生了许多私人海上武装集团,他们有时为盗,有时经商;而海商们为了自身安全,有时要寻求他们的保护,有时自身也要拥有武装,海上存在着许多私商和亦商亦盗的私人武装集团。台湾位于东洋针路上,难免成为这些私人海上武装集团的避险之地或海盗的巢穴。明代中后期著名的私人海上武装集团,如曾一本、林道乾、林凤等集团,都曾涉足澎湖、台湾。顾炎武在《天下郡国利病书》中说:"澎湖一岛,在漳、泉远洋之外……明朝徙其民而墟其地,自是常为盗贼假息渊薮,倭奴往来,停泊、取水必经之要害。嘉隆之季、万历初年,海寇曾一本、林凤长啸聚往来,分宗入寇。至炀大举捣之始平。"曹学佺《倭患始末》载:"万历元年(1573年),海贼林道乾窜据澎湖,寻投东番(台湾)。"但对于林道乾的记载比较混乱,有说是在嘉靖十二年的,有说是嘉靖二十四年的、三十五年的、四十二年的、四十五年的,等等。至于林凤的事情,则是万历二年(1574年),总兵胡守仁追击海盗林凤,林凤先逃到澎湖,然后又逃到台湾中南部的魍港,后来,又从魍港跑到菲律宾,攻打马尼拉,失败后,万历三年(1575年)八月,林凤又退回台湾,胡守仁再次对其进行追击,将击败于淡水。⑥ 林凤本人则不知所终。

明代后期,随着私人海上贸易的形成和发展,台湾成为私商贸易日本以及海上私人

---

① 连横:《台湾通史》卷一,《开辟记》。
② 连横:《台湾通史》卷七,《户役志》;卷二九,《颜思齐、郑芝龙列传》。
③ 江树生译:《萧垅城记》,《台湾风物》第35卷第4期,1985年。
④ 施琅:《靖海纪事》下卷。
⑤ 许孚远:《疏通海禁疏》,《明经世文编》卷四〇〇。
⑥ 参阅中村孝志著,赖永祥译:《近代台湾史要》,《台湾文献》第6卷第2期。

武装集团屯扎的一个据点。著名的私商和私人武装集团首领如林锦吾、阮我荣、黄育一、林辛老、李旦、颜思齐、郑芝龙等，都和台湾有密切关系。下面将详细叙述李旦、郑芝龙，这里先谈其他人。

万历年间，林锦吾先是往返于福建与澎湖、台湾之间，既进行贸易，又"劫杀洋船"；时人沈演说："海上贼势虽剧，倏聚倏散，犹易扑灭。而大患乃在林锦吾北港互市，引倭人入近地，奸民日往如鹜，安能无生得失。"①这说明，明代中后期，私商已经把台湾的一些港口当成他们和日本贸易的据点，甚至达到"泊北港之局牢固不拔"的局面。②在他们的示范和带领下，更多的武装私商兴起，据台湾而贩日本。袁进、李忠、阮我荣、黄育一、林辛老等势力皆是如此。阮我荣、黄育一等"领有倭酋资本数千金"，被同伙"我鹏老"所夺，遂在北港落脚，"掳掠商船，招亡纳叛"③，林辛老则"啸聚万计，屯据东番（台湾）之地，占候风汛，扬帆入犯，沿海数千里无不受害"。

明代中后期在商品经济高度发展，民间有强烈对外贸易要求的情况下，海外贸易政策也有所松动。海贸政策的松动有两方面的考量：一方面基于对社会政治稳定的考虑，由于沿海居民素有通番习俗，"纵（通番）不禁则法废，禁严则奸民失利而幸乱，往往导贼入，或且攘臂群起以张贼势，最号难治"④。另一方面也考虑到沿海居民的谋生，沿海居民"非往来海中则不得食，自通番禁严而附近海洋鱼贩一切不通"。⑤沿海居民乃贫困，因此，须"因其势而利导之"，⑥"弛其禁而重其税"。⑦

明代中后期海禁松动之时，也正是西方资本主义势力东来之时，西方的葡萄牙、西班牙、荷兰等国家此时正积极进行航海活动，进入所谓的大航海时代，他们将中国的手工业品运送到欧洲能获得极高的利润。诚然，海上丝绸之路在汉唐宋元年间已经形成，但中国的封建经济在明代发展到一个高峰，手工业更上一层楼，许多以前的奢侈品成为生活必需品，商品经济高度发展，产生强烈的输出海外的要求，由此形成的输出贸易是汉唐宋元时代所不能相比的。

在海禁政策的松动和西方资本主义势力东来的交织中，中国东南海域成为海商们活跃的舞台，许多海商在这里起起落落，而主要活动在闽台海域的郑氏集团，则成长为中国近世最大的海商集团，并在世界航海史和贸易史中刻下他们的名字。

明代闽商活动于日本到马六甲海峡这一广大的海洋区域，最迟在正德年间就有闽商到达马六甲的记载。还在葡萄牙人占据马六甲之前，漳州商人就到这里来贸易了，他们

---

① 沈演：《答海澄》，《止止斋集》卷五六。
② 沈演：《答海道论海务》，《止止斋集》卷五五。
③ 曹学佺：《倭患始末》，《湘西纪行》下卷。
④ 徐阶：《福建按察司副使卜君大同墓志铭》，焦竑《国朝献征录》卷九十，《福建一》。
⑤ 《明世宗实录》卷五三八，嘉靖四十三年九月丁未。
⑥ 谢杰：《虔台倭编》卷上，《倭原·论私贩》。
⑦ 张燮：《东西洋考》卷二四。

运来金银生丝,换回印度的物产。① 正德十三年(1518年),葡萄牙人乔治·马斯卡尼亚斯雇佣中国水手,从他们占据的广东屯门出发,来到chincheo(漳州)进行贸易。② 正德十六年(1521年),明军将葡萄牙人赶出屯门,闽商乃将他们引到漳州,"福人导之改泊海沧、月港"③,"诸番舶皆潜泊漳州,私与为市"④,"皆往漳州府海面地方,私自驻扎"⑤。从此,九龙江口的海湾成为国际走私贸易的中心,为时达30多年。其后,除了漳州,闽商金子老又在舟山群岛的双屿开辟了另一个国际走私贸易中心。嘉靖五年(1526年),福建罪囚邓獠(佬)"越狱逃入海,引诱番夷,私市浙海双屿港,投托同澳之人卢黄四等,私通贸易"⑥。嘉靖九年(1530年),又有闽籍逃犯林汝美(碧川)、李七(光头)逃到浙海,"勾引番、倭"结巢于双屿。⑦ 邓佬等开双屿为走私贸易地后,浙江人亦跟上。当时人说"邓獠等寇闽海地方,浙海寇盗亦发"⑧。"凡浙之寇皆闽之人也。闽之人始为回易,交通岛夷,以其货挟其人来吾海上,云为贾亦有为盗者,非尽为也,然而驾巨舶、运轻帆,行于无涯之浸,飞枪机铳以为利,人莫敢撄之,则皆习以为盗矣。……始而闽之贾舶为之,继而南畿、吴越之贾舶亦或为之;继而闽之逃亡集四方之无籍为之,又继而吾土之无籍亦或托为之。"⑨从此,中国东南海域的走私贸易发达,"漳闽之人与番舶夷商贸贩方物,往往络绎于海上"⑩。歙县人许二早年被关押在福建时认识了李七、林汝美等人,和他们一起越狱后也来到双屿,进行走私贸易。"许一松、许二楠、许三栋、许四梓潜从大宜、满刺加等国勾引佛郎机国夷人,络绎浙海,亦市双屿、大茅等港。"⑪形成一大股海上武装走私力量。1547年,福建商人林剪从马来半岛东面的彭亨率领70多艘船只和许多私商来投靠,双屿港的走私贸易集团不断坐大。歙县人盐商王直(汪直)在买卖折本后,也投靠许二,加入走私贸易集团。

闽商本来纵横于海上,于是,又引领葡萄牙商人到日本。1524年(嘉靖三年),葡萄牙人在漳州商人的领航下,沿琉球、日本航线试航日本,于次年到达日本九州,并于途中看到台湾,从此,台湾进入西方人的视野。

嘉靖二十三年(1544年),日本商团来到宁波,要求进行朝贡贸易,但明朝廷规定十年一贡,因十年之期还未到,日本商团的朝贡贸易请求被明朝廷所拒绝,于是,他们乃在

---

① 转引自傅衣凌:《明清时代商人及商业资本》,北京:人民出版社,1956年,第116页。
② 转引自杨国桢:《瀛海方程:中国海洋发展理论与文化》,北京,海洋出版社,2008年,第145页。
③ 胡宗宪、郑若曾:《筹海图编》,卷一二。
④ 《明世宗实录》卷一〇六,嘉靖八年十月己巳。
⑤ 黄佐:《代巡抚通市舶司疏》,《泰泉集》卷二三。
⑥ 郑舜功:《日本一鉴·穷河话海》卷六《流通》。
⑦ 王应山:《闽都记》卷一,《建置总叙》。
⑧ 郑舜功:《日本一鉴·穷河话海》卷六。
⑨ 朱纨:《甓余杂集》卷首,黄绾《甓余杂集序》。
⑩ 张时彻:《招金山重建宁波府凤峰沈公祠碑》,《明经世文编》卷二四二。
⑪ 郑舜功:《日本一鉴·穷河话海》卷六。

私商的引领下来到双屿港与许二等私下进行交易。① 交易完毕后,他们请许二派人到日本,发展双方的贸易,许二乃派王直前往日本。许二之所以派王直前往日本,可能是因为王直之前在嘉靖二十一年到过日本平户岛,受到藩主松浦隆信的接见,备受礼遇。唐宋以来,平户一直是中日交通的门户,而这次会见也成为平户开放的起点,中日民间贸易开始发展,许多中国私商来到平户。日后,在双屿港被明朝廷取缔和焚毁后,王直还将葡萄牙人引导到平户。王直在平户发展了一个新天地,收编了双屿港被明军攻破后私商的残余船只,最后他统领的船只有上千艘,拥有许多仓库、房舍,形成一个庞大的走私贸易集团,私商纷纷投靠,东南沿海不安于农的居民亦将其视为一条发展的路子,这些人当中包括日后崛起的郑芝龙。

海外贸易触发了东南沿海地区的外向型经济,一开始是沿海地区居民与葡萄牙人的日常交易。嘉靖十九年(1540年)葡萄牙人在舟山双屿与漳州浯屿建立"临时居留地",搭棚交易,并进而建房、过冬,在双屿的葡萄牙人有1200人,在浯屿的有500人。周边的居民和他们交易往来。据载:"佛郎机之来,皆以其地胡椒、苏木、象牙、苏油、沉、东、檀、乳诸香与边民交易,其价甚平。其日用饮食之资于吾民者,如米面、猪、鸡之数,其价皆倍于常,故边民乐与为市。"②"其奸巧强梁者,自上番舶以取外国之利,利重十倍。"③进而其他商贸活动的开展是不可避免的事,当时人说:"有等嗜利无耻之徒交通接济,有力者自出资本,无力者转展称贷;有谋者诓领官银,无谋者质当人口;有势者扬旗出入,无势者投托假借,双桅三桅连樯往来。愚下之民一叶之艇,送一瓜、运一樽,率得厚利,驯至三尺童子,亦知双屿之为衣食父母。远近同风,不复知华俗之变于夷矣。"④闽浙沿海许多地区"男不耕作,而食必粱肉,女不蚕织,而衣必锦绮,莫非自通番接济、为盗行劫中来"⑤。特别是漳州月港地区,"僻在海隅,遥通夷岛,生聚蕃盛,万有余家,以下海为生涯,以通番为常事……寝成化外之风"⑥。

这种情况并非明朝廷中上上下下因循守旧的官吏所乐见的,嘉靖二十六年(1547年),林剪与浙江余姚谢氏家族在交易中发生冲突,认为谢氏压价并且赖账,遂带领其他私商攻打谢家,杀死九人。谢氏祖上乃状元出身,且担任过内阁大学士,地方官乃谎报倭寇来袭,于是朝廷乃起用原来就力主海禁的朱纨为浙江巡抚兼管浙闽海防军务,朱纨乃极力攻打双屿港的葡萄牙人以及中国私商。葡萄牙人的27艘船只被焚毁,突围而去,朱纨焚毁葡萄牙人在双屿的房屋,又南下福建,焚毁漳州的月港和浯屿的葡萄牙人基地,葡萄牙人乃退回珠江口海面,日后占领澳门,从此不再出现在福建、浙江海面。双屿港的中国私商也基本被歼灭,许氏兄弟率众逃亡,不知所终。李七带领部分余党逃到漳州府海

---

① 张彬村:《十六世纪舟山群岛的走私贸易》,《中国海洋发展史论文集》第一辑,第83页。
② 林希元:《林次崖先生文集》卷五,《与翁见愚别驾书》。
③ 茅元仪:《武备志》卷二一四,《海防六》。
④ 朱纨:《甓余杂集》卷三,《双屿填港工完事》。
⑤ 俞大猷:《正气堂集》卷二,《呈福建军门朱公揭》。
⑥ 朱纨:《甓余杂集》卷三,《增设县治以安地方事》。

面,被明军歼灭;其他余党四散逃亡,一部分投靠王直。朱纨为防止后患,还填塞了双屿港。但明代中后期社会经济的发展、商品经济的活跃,形成对海外贸易的强烈动机;而西方资本主义势力对利润的追求也是不会停息的。继葡萄牙人之后,荷兰人与西班牙人继续东来,中国新的海商集团重新形成,双方贸易逐渐开展,这次,他们的活动区域主要是在闽台海域。

在王直发展平户的私商基地后,投奔王直的私商中最重要者为李旦(文献中尚有李习、李旭等名称,是否为同一人,尚存争议)。李旦是福建泉州府人,①黄宗羲说:"初,芝龙之为盗也,所居泉州之东石。其地滨海有李习者,往来日本,以船舶为事。"②李旦原来在马尼拉经商,万历二十八年(1600年)成为"中国甲必丹"(Captain China),即当地的侨领。李旦在马尼拉生意兴隆,惹得西班牙人眼红,将他抓起来,囚禁于船中,没收了他的财产。万历三十五年(1607年),李旦逃出了马尼拉,来到平户经商。李旦在平户经营日本、台湾、吕宋之间的贸易,商业仍然十分成功,仍以"中国甲必丹"闻名西太平洋水域,被推为长崎、平户等地在日华人的侨领。李旦在平户建起豪宅,广结人脉,除了平户的藩主等上层人士外,还结交在平户设商馆的葡萄牙人、英国人等。英国平户商馆馆长考克斯为打开同中国贸易的大门,自1614年至1623年间,先后给他6000多两白银,以疏通关节,但是李旦在这件事上没有成功。③除了李旦,当时在日本著名的中国商人还有漳州籍的欧华宇和张敬泉,他们和李旦结拜为兄弟。他们和李旦一样,经营日本到南洋的贸易。当时在世界贸易体系中,最重要、利润最大的是中国的商品,因此,和中国大陆的贸易是他们的主要目的,他们利用台湾来和大陆贸易。

万历四十三年(1615年),李旦和欧华宇的船只获得幕府的朱印状,开始航行到台湾的南部,在那里进行交易,④此时的台湾,汉人移民尚很少,住在台湾岛西部平原的是平埔族人,他们还过着刀耕火种的生活,没有什么产品,但是鹿是他们食物的一个主要来源,因此他们出产很多鹿皮,而鹿皮深受日本武士喜爱,几乎是他们的必需品,因此,鹿皮在日本有广阔的市场,来到台湾南部的商人也收购鹿皮。但李旦和欧华宇的人到这里来主要还是和福建来的商人进行交易,台湾南部的大员和魍港等港口成为福建商人对日贸易的一个基地,生丝则是他们交易的最主要的商品。据英国商馆馆长考克斯船长的信件:

> 这两三年内中国人开始与某些被他们称为高砂(Tacca Sanga)而在我们的海图上称为"福尔摩沙"(Isla Fermosa)靠近中国海岸的岛屿进行贸易。船只进入该地之处称为澎湖群岛,但仅容小船进入,而且只允许中国人通行和贸易。(他们说)该岛

---

① 有人认为李旦是今厦门思明区曾厝垵人,唯尚无直接证据。
② 黄宗羲:《赐姓始末》。
③ 转引自张增信:《明季东南海寇与巢外风气》,张炎宪主编《中国海洋发展史论文集》第三辑。
④ 翁佳音:《十七世纪的福佬海商》,汤熙勇主编《中国海洋发展史论文集》第七辑,第75页。

在中国大陆约三十里格（leqgue）范围内，每次季风来临时，中国人用小船航行两三次。李旦（Andrea Dittis）和他的兄弟华宇船长（Captain Whow）是当地的最大的冒险商。去年他们将派了两艘小帆船购买他们在交趾或万丹支付的一半数量的生丝，原因是去年丰产，今年一起涌进，而送去购买的钱很少，需要钱花，因此上述半数被退回中国去。他们说，当地的人很野蛮，银子给他们没有用。①

考克斯船长对台湾的地理还不是很了解，将台湾南部和澎湖相混，从他说的当地的港道狭窄和居民"很野蛮，银子给他们没有用"来看，指的应该是大员附近。

中国大陆商人之所以选择台湾南部的港口作为交易地点，有几个原因。一是下南洋的东洋针路、西洋针路以及到日本的航路比较遥远，路途中存在台风等不定因素；二是航路上存在许多海盗，杀人越货，无恶不作。考克斯船长说，据欧华宇给李旦的一封信，1615年11月间，一艘前往中国的船，载有七八十人，在海上遭遇到了海盗，所有的人都被杀死，货物被抢走，船只漂流到平户附近的五岛列岛，船上还有七八具尸体，其余的被扔到海里去了。② 像李旦这样的大商人，必须拥有自己的武装力量，以保证安全，至于一般商人，他们没有拥有武装的能力，航程短，自然危险就少些，福建到台湾西面，风信顺的话，一两天可达，因此他们愿意到台湾进行交易。此外，东来的各个资本主义势力之间存在着利益冲突，他们都想独揽对华贸易，常常对那些到竞争对手的殖民地去的中国商船进行拦截或抢劫。如考克斯船长所记，1621年3月8日，考克斯给李旦五份通行证，其中两份是供前往马尼拉，因为此时英国与荷兰组成联合舰队，在台湾海峡和马尼拉附近的水面巡逻，阻止中国船只和葡萄牙船只前往马尼拉与西班牙人交易，这些通行证保证李旦的船只不会受到英国船只的阻拦。综合各种情况，将台湾的港口作为交易地点是一种不错的选择。但这时在台湾西部平地居住的是平埔族，此时他们尚处于渔猎经济的阶段，没有什么物品可供交易，至于鹿皮，并非经常都有，为了维持鹿的繁衍，平埔族并非时时都捕鹿，一般是秋季风高物燥时，在鹿场，也就是草地，三面纵火，只留一面让鹿奔逃，然后加以射杀，此时也就是鹿皮集中产出的时候。倘若大陆的商船没有过来，那么，李旦、欧华宇的商船去台湾是没有什么意义的。但是在古代信息不畅的情况下，确保交易双方同时到达台湾的港口是困难的，所以李旦和欧华宇的船只也不是经常去大员。从1614年至1625年间，李旦及其结拜兄弟派出的23艘朱印船中，有11艘目的地是台湾。③ 而在1621年3月4日，考克斯就收到李旦的两封来信，说他当年不会去台湾。

---

① 《考克斯船长日记》第一卷，第256～257页。从考克斯所述来看，水道仅容小船进入，"当地的人很野蛮，银子给他们没有用"等情况，该处应该是大员，但考克斯的叙述里又混进澎湖群岛的名称，表明这时英国人对台湾地理尚不了解。

② 《考克斯船长日记》第一卷，第83页。

③ 转引自岩生成一：《明末日本侨寓支那人甲必丹李旦考》，《东洋学报》第23卷第13期，第77～78页。

第二章

荷兰人、西班牙人东来和郑氏海商集团的崛起

西班牙人在15世纪末开始寻找通往东方的新航线,哥伦布在发现美洲后继续航行,最后他们到达并占领菲律宾,此时正是明朝的隆庆年间,漳州月港获准开放,福建商民纷纷下南洋贸易。西班牙人在马尼拉建立殖民总部,用新大陆的白银购买中国商人的丝绸等商品,中国商品的物美价廉深受欧洲人的喜爱,大量白银不断涌入中国。

第一节 明代中后期西班牙人与闽商在台湾的贸易活动

明代中期后,明政府对外贸易逐渐转变为以域外朝贡为中心,至于海外的民间贸易则开始限制,尤其是禁止百姓出海经商。但实际上,明朝的海禁管理不可能始终严密。15世纪末期,因海禁管理的松弛,东南沿海的私人海上贸易蓬勃发展起来。到了16—17世纪,正是欧洲殖民者进行航海冒险,发现新大陆,开拓海外殖民地,积极从事东西方贸易,积累原始资本的重要时期。在这一历史阶段,荷兰、西班牙、葡萄牙、英国等西欧国家纷纷将目光瞄向东方最重要的国度——中国。16世纪初,葡萄牙人试图进入中国从事贸易,可由于非朝贡国而无法通过官方管道进行商业活动,直到16世纪中期才在广州官方的默许下,在澳门形成商贸聚落,并最终发展成为西方殖民者在东亚的重要贸易据点。[①] 此外,福建也解除闽南地区的海禁,允许百姓从海澄县的月港出海贸易,但对出海贸易船只的数量和交易地做了限定,以防闽商勾结倭寇。由于西方殖民者荷兰、西班牙、英国等极为渴望能与中国贸易,取得丝绸、瓷器这些深受日本、西欧各国欢迎的商品,从中获取丰盈的商业利润,因此,福建海商便成为西方殖民者打交道的重要对象,在无法从明政府那里获得贸易许可权以及在中国东南沿海取得类似澳门贸易据点的情况下,西班牙、荷兰等国觊觎离福建相当近的澎湖群岛和台湾,力图将其作为与闽商交易的基地,从而实现贸易利益且降低交易成本。所以,从明代中后期开始,台湾成为西方殖民者实现东西方转口贸易的首要目标,而闽商则在台湾海峡的国际贸易中扮演至关重要的角色。

16世纪以来,西班牙自美洲向太平洋扩张,并于1571年侵占了东南亚的马尼拉。

---

① 汤开建:《澳门开埠初期史研究》,北京:中华书局,1999年,第82~103页。

此后,马尼拉成为西班牙在东亚海域主要的商业中心。但早在西班牙占领马尼拉之前,早有大批的福建商人在此做生意,明朝何乔远在《闽书》中记述闽商刚到马尼拉的情形:"比岁人民往往入番,商吕宋国矣。其税则在漳之海澄,海防同知掌之。民初贩吕宋,得利数倍,其后四方贾客丛集,不得厚利,然往者不绝也。"这说明早在明朝中期之前,闽商就来菲律宾进行贸易活动,尤其是闽南一带的自然条件及其商业传统的习惯,漳州、泉州沿海地区的居民多数下海谋生,从事"私通贩夷"的职业,由于商业利润极高,导致后来大量闽商云集马尼拉,使得贸易利润下降不少,但闽商依然络绎不绝地赴马尼拉做生意。而西班牙人占据马尼拉后,这种贸易往来依然十分热络。当时的西班牙人对此也有详细的记载,在他们的印象中,"……中国商人的确非常精明干练,对贸易往来要求相当严谨苛刻","中国人用中式帆船载运来各式花色的缎布、多种厚薄塔夫绸、软真丝、大疋生丝、铁、高级瓷质杯盘碗钵,亦带来大量水银"①。从贸易数量上看,公元1591年至1620年这30年间,来自中国的商船一直占来马尼拉贸易商船总数的50%以上,有的年份甚至达到91.5%。② 为了保持与中国闽商的海上贸易,马尼拉的西班牙当局出台了不少优惠政策,但面对荷兰、日本等国在东亚海域国际贸易中给西班牙带来的竞争压力,西班牙殖民者将目光从马尼拉转向了台湾,考虑将其作为新的贸易中转站,毕竟台湾离福建很近,有利于双方加快贸易频率,且可以降低闽商长途跋涉在海途中遭到荷兰、日本等其他国家海盗洗劫的概率,维护西班牙与中国的私商贸易关系。更为重要的是,由于日本对中国的丝绸、瓷器等货物需求量亦大,中、日的走私商人以台湾为基点进行贸易的情况极为普遍,如果不占领台湾,那么日本一旦占据台湾,福建沿海私商与日本的贸易将严重影响到西班牙的利益。为此,菲律宾的西班牙殖民当局多次向西班牙王室建议攻占台湾。尤其是1597年5月,西班牙殖民当局在马尼拉召开军事会议后,西班牙驻菲律宾总督达斯马里尼亚斯就向西班牙国王提出军事占领台湾的详细建议。他认为,台湾岛的战略位置十分重要,"因为该岛非常接近中国,所有来到此城市(按:马尼拉)的商船都必须借由该岛屿辨识方向,而(敌人)将会抢夺他们,并且阻碍他们的通行","就算(中国人)他们能够不需以该岛辨识方位就能来到此地,我们也可推测到,他们将会因为知道日本人(按:意指倭寇占领台湾)就在那里而恐惧不已,于是不敢离开他们的土地,使自己身陷危难之中,因为就如我们所知的那样,他们是多么地畏惧日本人","日本若成功占有'艾尔摩莎'(按:指台湾)这个据点,便是彻底摧毁了此地所建立起的和平,且这可使他们从自己的国土发动战争,进而严重伤及我们所在诸岛……","若该岛是由西班牙人所据有的话,中国人将能安心愉快地与他们(按:西班牙人)作生意,贸易往来会因此蓬勃发展,而该岛也将

---

① 李毓中译注:《台湾与西班牙关系史料丛编》第一册,台湾文献馆,2008年,第123页。
② Pierre Chaunu,Les Philippines et le Pacifique des Iberiques,pp.200~202,转引自陈宗仁:《鸡笼山与淡水洋:东亚海域与台湾早期史研究》,台北:联经出版事业公司,2005年,第97页。

成为一个据点及中继站,使往后双方贸易往来可较现在更加顺利且频繁"①。由此可见,在16、17世纪的东亚海上贸易中,台湾是福建商船出海辨识方向的重要指针,而且因为台湾紧靠福建沿海,又是介于东北亚日本与东南亚菲律宾之间的要冲之地,对于多方的转口贸易无疑是最佳的选择,不过由于倭寇常年骚扰中国东南沿海,加上丰臣秀吉完成对日本形式上的统一后觊觎台湾已久,成为闽商与西班牙殖民者从事贸易的重大威胁。为了保护海上贸易航线的安全,巩固已有的贸易利益,西班牙殖民者也在寻找侵占台湾的机会。更为重要的是,由于日本对中国的丝绸、瓷器等货物需求量亦大,中、日的走私商人以台湾为地点进行贸易的情况极为普遍,如果能够占领台湾,那么西班牙亦可在中日贸易间分得一杯羹。

事实上,西班牙人这种通过台湾进行转口贸易的战略意图是有现实根据的。在从事海上贸易的过程中,福建商人很早就来到台湾,根据17世纪初荷兰人的记载,当时中国商人沿着台湾西海岸航行,"这些中国人就沿着海岸从一个地方航行到另外一个地方,去寻找他们的交易和利益"②,可见闽商在16至17世纪时活跃在台湾各口岸的贸易中。这种情况,葡萄牙籍耶稣会的教士法拉西斯科·皮列斯也有过记载。明朝万历十年(公元1582年),法拉西斯科·皮列斯随同西班牙船只在前往日本的途中,因遭遇海难,船只在台湾搁浅。当地少数民族告诉这些欧洲人"……所抵达的这个地方,距离中国沿岸约有18里格(按:1里格相当于4.8公里)之遥"③,由于西班牙船只搁浅的海岸附近有一条河川,"那条河川在入海处形成为一座小湾,在涨潮及风平浪静时驾小船能由此出海。此处看来是由中式帆船取得木材来建造新船的最好地点"④,可见当地不乏中国商船来取材造船。且西班牙船只搁浅的地方,"在更南边的岛屿岬角处,我们听说有一处港口停有二或三艘前去捕鱼和采买兽皮的中国船只。"⑤为了能够离开台湾,西班牙人试图向中国人购买船只,但没有成功,只能自己重新造船。

从上述记载我们可以看出,16世纪中后期至17世纪初期,福建商人频繁往来于马尼拉从事国际性贸易,而台湾不仅是这条航道中重要的海途指示标志,也是福建商人、渔民与台湾少数民族进行海岸贸易乃至造船取材的重要地点。

1598年,菲律宾的西班牙人组织一支部队企图占据台湾,但因为风讯不合,不得不返回马尼拉。没多久,丰臣秀吉病死,德川家族取而代之后,对外政策较为缓和,西班牙人在菲律宾面临的威胁减轻,攻占台湾的计划也就此搁置。但随着西欧荷兰、英国的崛起,它们也如同葡萄牙、西班牙一样,想与明朝开展贸易的愿望越来越强烈,尤其是荷兰在数次尝试夺取澳门和马尼拉无果的情况下,占据台湾,以其作为海上贸易的转接基地,

---

① 李毓中译注:《台湾与西班牙关系史料丛编》第一册,台湾文献馆,2008年,第294～295页。
② 江树生译:《萧垄城记》,《台湾风物》第35卷第4期,1985年,第86页。
③ 李毓中译注:《台湾与西班牙关系史料丛编》第一册,台湾文献馆,2008年,第257页。
④ 李毓中译注:《台湾与西班牙关系史料丛编》第一册,台湾文献馆,2008年,第256页。
⑤ 李毓中译注:《台湾与西班牙关系史料丛编》第一册,台湾文献馆,2008年,第257页。

成为荷兰开辟与明朝贸易途径的主要策略。1624年7月,荷兰舰队试图占领澎湖却被明朝军队驱逐,转而窃据了台湾南部地区,并逐步建立殖民统治。

荷兰人占领台湾后,马尼拉的西班牙人深感威胁,就在荷兰人占据台湾南部的同时,西班牙在菲律宾的财政官员即写信给国王,认为荷兰人已在台湾和澎湖建立了堡垒,而"这是为何中国船只无法前来马尼拉的原因",提出如果不采取其他措施,荷兰人将切断中国与菲律宾群岛的贸易,进而使菲律宾群岛毁灭。① 1625年4月,新任的菲律宾总督席尔瓦也向西班牙国王写信,表达了出兵台湾的意见,他提到"荷兰人想在'福尔摩沙岛'建立据点,对菲律宾群岛而言,在该岛建立据点时非常重要。……如此,可将荷兰人逐出他们的现居地。如果国王能在那里建一商馆,将可使菲律宾群岛回复到旧时的光彩与更多的繁荣"②。由于惧怕福建私人海商与马尼拉的贸易被荷兰所掌控,菲律宾的西班牙殖民当局于1626年5月5日派出安东尼奥·卡黎尼奥率一支船队来到台湾东北海岸,5月12日进入鸡笼港(现今的基隆港),16日举行占领仪式后,按时筑城加强防御,并在大沙湾附近建立涧间,以为中国人的街市③,以便未来吸引闽商和日商前来贸易。此后,西班牙虽组织舰队欲将占据台南的荷兰人赶走,但无奈连遭恶劣天气,行动终归失败。1628年,西班牙人进一步占领台湾北部的淡水,力图进一步巩固在台湾北部的势力。当然,不管是占领基隆、淡水,抑或将荷兰人赶出台湾,西班牙人的目的无非就是维护马尼拉与中国的贸易发展,甚至直接将闽商吸引到西班牙所占据的基隆、淡水来进行商贸活动。占领基隆的第一年,菲律宾总督就乐观地认为,只要西班牙有实力在台湾站稳脚跟,中国商人的商船必然会随之而来,马尼拉的西班牙商人和资本也会为了交易而聚集在基隆。中国商品将会被送到马尼拉,如果有利润,商业贸易就会在马尼拉和基隆之间繁荣起来。④

西班牙人占据台湾北部的基隆、淡水后,确实在某种程度上影响了闽商在当地贸易的商品结构。中国商人尤其是福建商人与淡水、基隆少数民族的贸易活动由来已久,闽商用白银、布匹或其他物品与当地少数民族交换硫黄、藤、鹿皮、鹿肉等。1626年,西班牙刚到基隆不久,由于驻军所需要的武器弹药、粮食、衣服等其他生活必需品,甚至是修筑城堡和防御工事所需的建筑材料,均要从马尼拉运来,可由于东北季风气候的影响,加上沿途要避开盘踞台南地区的荷兰人的狙击,菲律宾的殖民当局每年只能派出一至两次的补给船队给基隆的守军提供援助。但即使有从马尼拉运来的补给用品,对孤守基隆、

---

① Jose Eugenio Borao Mateo et al. eds. Spaniads in Taiwan, Taipei: SMC publishing, 2001, Vol I, p. 57.

② Jose Eugenio Borao Mateo et al. eds. Spaniads in Taiwan, Taipei: SMC publishing, 2001, Vol I, p. 58.

③ 曹永和:《荷兰与西班牙占据时期的台湾》,《台湾早期历史研究》,台北:联经出版事业公司,1979年,第30页。

④ 陈宗仁:《鸡笼山与淡水洋:东亚海域与台湾早期史研究》,台北:联经出版事业公司,2005年,第226页。

淡水的西班牙人而言，是远远不足的。根据1626年新任马尼拉总督的记述，基隆的守军"因为带来的粮食用尽，而马尼拉的补给尚未到，他们甚至吃狗、老鼠与虫等。后来因很多船只从中国来，带来食物，情况才转好"①。由此可见，西班牙人刚占领基隆、淡水之时，大规模的转口贸易虽尚未展开，闽商却已敏锐地抓到商机，运来了西班牙人急需的粮食和生活必需品。除此以外，闽商还运来了西班牙人修建城堡和教堂所需的建筑材料。②

当然，西班牙人占据台湾北部的目的，一方面是希望维系中国东南沿海私商与马尼拉的贸易，另一方面是想利用所占领的基隆、淡水，吸引更多的中国私商前来开展贸易活动，尤其是交换到生丝、布匹、瓷器等各类商品，将其变成西班牙转口贸易的新基地，进而打击荷兰、英国等海上贸易对手。但最初的两年，西班牙人所期待的贸易盛况却没有到来，从1627年荷兰人的记载看，虽然"中国人不时航行至鸡笼，载运硫黄、沙金和当地砍的木柴。没有中国来的船只载运他们（按：西班牙人）想要的贸易物，只有获得一些建筑堡垒用的建材"③。西班牙此后极力希望能与明朝政府建立友谊与贸易关系，但明朝政府始终拒绝西班牙人前往中国内地从事贸易活动，福建官方则允许闽商前往马尼拉或基隆与西班牙人交易，在这种情况下，西班牙虽然无法同明朝建立官方的贸易关系，但与福建私商的民间贸易却逐步发展起来。

实际上，闽商对于西班牙占据基隆、淡水所产生的商机把握，并不限于西班牙人紧缺的粮食和建材，西班牙道明会主教迭戈就曾这样形容闽商——"猎犬对猎物的敏锐还不如中国人对钱"④。明朝的官员也曾提到："海滨之民惟利是视，走死地如鹜，往往至岛外区脱之地曰台湾者，与红毛番为市……自台湾两日夜可至漳泉内港。而吕宋、佛郎机之夷，见我禁海，亦时时私至鸡笼、淡水之地，与奸民阑出者市货。其地一日可至台湾。官府即知之而不能禁，禁之而不能绝，徒使沿海将领奸民坐享其利。"⑤到了1628年3月，就有西班牙船只从基隆返航回马尼拉时，带回了一些中国商品。同年6月，又有大批廉价的中国货物从基隆运到菲律宾，当时菲律宾总督乐观地表示基隆"正开始建立商业与贸易"。⑥随后菲律宾殖民当局召开的财政会议上，甚至开始讨论马尼拉应对台湾运来的货物进行征税。从上述情况看，说明不到两年的时间，闽商就开始运载西班牙人所需的生丝、瓷器等商品前往基隆贸易，且从中获利不少。与此同时，马尼拉的西班牙人也陆

---

① José Eugenio Borao Mateo et al. eds. Spaniads in Taiwan, Taipei：SMC publishing, 2001, Vol I, p. 88.

② José Eugenio Borao Mateo et al. eds. Spaniads in Taiwan, Taipei：SMC publishing, 2001, Vol I, p. 174.

③ 黄美英编：《凯达格兰族书目丛编》，台北县立文化中心，1996年，第92页。

④ José Eugenio Borao Mateo et al. eds. Spaniads in Taiwan, Taipei：SMC publishing, 2001, Vol I, p. 195.

⑤ 傅元初：《请开洋禁疏》，顾炎武：《天下郡国利病书》第26册，第1263页。

⑥ José Eugenio Borao Mateo et al. eds. Spaniads in Taiwan, Taipei：SMC publishing, 2001, Vol I, p. 126.

续将商业资本输入台湾,以备购买闽商运来的中国商品,如1629年8月菲律宾总督写给西班牙国王的信中,就提到运载补给品到基隆的船只上"载着很多人和钱,这些钱是来自马尼拉的西班牙领导阶层和一般西班牙人,送去投资。……船已安全进入鸡笼港,但目前不知行踪"①。可见,到了1629年,基隆已经成为闽商与西班牙人交易的地点,1630年后,明朝政府对赴海外贸易的商船发放文引凭证,允许商人赴海外贸易,一时之间闽商前往基隆交易的前景更为明朗,当年年底,基隆港口就曾迎来"约有二十艘戎克船载Cangan布(按:一种产自中国的粗棉布)、缎、纱绫和一些丝来交易"②。从西班牙人占据基隆的最初几年看,基隆很有希望成为马尼拉中国商品的供应地之一。

不过,西班牙人在基隆、淡水与闽商开展大规模贸易的愿望,却碰到一定的现实困难。最主要的问题,就是西班牙人缺乏用来交易的大量白银。这是因为西班牙人在基隆、淡水的殖民统治体系尚未完整建立,必须维持一定的驻军以巩固军事占领,而驻军的粮食、衣物、薪水、武器弹药等,都需要从马尼拉运输而来,闽商和当地人只是可以满足部分的粮食需求而已。因此,西班牙人要在基隆、淡水站稳脚跟,最重要的就是马尼拉的补给船能够运来补给。而从现有的研究来看,在西班牙人占据淡水、基隆的16年间,马尼拉在一般情况下是每年分两次派补给船前来,尤其是4、5月份和8月份,补给船除了运来补给品外,还有一项重要的事物就是白银。但这些白银却并非用于购买中国商品,因为除了用于给守军发薪水外,余下的银两则是用于建筑堡垒、教堂和购买粮食,毕竟马尼拉所能运来的粮食无法长时间存储。③ 这样一来,每年数量不多的补给船以及船上有限的白银,能用于交易商品的并不多,这无疑会制约西班牙殖民者在基隆、淡水与闽商进行交易。由于补给船还要运载官员、士兵以轮替基隆、淡水的西班牙守军,出于安全的考虑,一些西班牙人的私人资金或商品,也是委托补给船运送,因此补给船成为支撑西班牙在台湾北部与闽商交易的基本条件。如果补给船因故无法到达基隆、淡水,就意味着西班牙人没有用于交易的白银,那么从闽商海上贸易的逐利特点看,要求闽商运载中国商品到基隆、淡水和其交易无疑是极不现实的事情。西班牙主教迭戈这样评价中国商人,"如果他们没有看到补给船在五月来,他们无法确定八月时也会来,如此他们不会持续他们的买卖。而如果没有利润,他们不会前来做生意"④。而从盘踞在台湾南部荷兰人的情报中,也可看出补给船在贸易中的角色:"每年有四艘小船从马尼拉到鸡笼,两艘在五

---

① José Eugenio Borao Mateo et al. eds. Spaniads in Taiwan, Taipei: SMC publishing, 2001, Vol I, p.138.

② 江树声译:《热兰遮城日记》第一册,台南县,第45页。

③ José Eugenio Borao, "Fleets, Relief Ships and Trade: the Communication of East Asia and the Philipinas(1626—1642)", Maritime History of East Asia and the History of the Island of Taiwan in the Early Modern Period: International Conference in Celebration of the Eightieth Birthday of Professor Yung-ho Ts'ao, pp.11~18.

④ José Eugenio Borao Mateo et al. eds. Spaniads in Taiwan, Taipei: SMC publishing, 2001, Vol I, p.197.

月,两艘在八月。船只抵达后,他们与中国人交易,贸易品包含一些丝、丝织品和大量的 Cangan 布、麻织品……以及其他商品。在船只离开后,商品的供应变得很少,因为缺乏钱。在停留约三周至一个月后,船只一起回马尼拉。"①

然后,有限的贸易船以及数量不足的白银并不足以支撑起西班牙人与闽商在基隆的贸易。尤其1631年闽商的亏损导致了这种转口贸易的挫折。当年5月,闽商运来大量的丝和其他商品,可来自马尼拉的补给船却满载粮食,没有多余的白银用于贸易,中国商人在苦等一年之后,无奈之下只能将丝低价卖给西班牙驻军,这对期待商业利润的闽商而言无异一次重大打击。显然,如果基隆、淡水的西班牙人没有足够的白银做资本,肯定会打击闽商前来交易的积极性。

除了马尼拉的补给船外,在菲律宾的一些西班牙人也自己雇佣船来基隆、淡水交易,甚至是雇佣闽商的船只,当然这样风险也很大,因为商船可能在台湾海峡被荷兰人截击并劫掠一空。譬如1633年3月,荷兰人在台湾海岸截获一艘中国帆船,该船于1632年"在没有通行证(按:即没有得到福建官方的船引)的情况下航离福州前往鸡笼,从鸡笼前往马尼拉,又从马尼拉乘季风再往鸡笼。在那里装载订购的货物,即那些用西班牙字母标示的货物,主要的是面粉、小麦、一些瓷器和其他杂物","由于该戎克船及那些人都是属于一个西班牙人的",自然被荷兰人截留,"留作公司取得的利益"②。从中可知,有西班牙私商雇佣闽商船只,从马尼拉运载面粉、小麦等补给品到基隆、淡水,售卖给当地西班牙守军后,再购买相应的中国商品返回马尼拉。当然,这种私商交易毕竟有被荷兰人截获以及遇到恶劣海上天气的风险,不如补给船运输较有保障。例如1633年10月,又有一艘从马尼拉驶往基隆的中国船只因桅杆和摇橹折断,漂流到台湾南部被荷兰人俘获,船上载有苏木和现款,准备前往基隆进行贸易。这样一来,不管是马尼拉的殖民当局抑或西班牙私商,都无法稳定运来大量的白银到基隆、淡水与闽商贸易。闽商运来大量中国商品,想要在基隆、淡水与西班牙人交易的愿望,也无法全部实现。有时甚至出现中国商品大量囤积在基隆、淡水,闽商最后不得不运回中国大陆的情况,如曾于17世纪30年代初担任基隆驻军长官的西班牙人阿隆索·罗梅罗就提到其任职两年内,有超过30万比索的钱用来购买中国的衣物以及各种丝物,可还是有大量的丝物和货物被运回中国,因为基隆的西班牙人缺乏资本购买③。

从上述资料看,自西班牙人占据基隆、淡水后,虽然明朝政府仍不允许西班牙人入中国内地贸易,但没有完全禁绝沿海商人出海贸易,因此不少福建商人通过正式或走私的方式,运输各种中国商品至基隆、淡水与西班牙人交易,可由于基隆、淡水的西班牙人没

---

① José Eugenio Borao Mateo et al. eds. Spaniads in Taiwan, Taipei: SMC publishing, 2001, Vol I, p. 245.

② José Eugenio Borao Mateo et al. eds. Spaniads in Taiwan, Taipei: SMC publishing, 2001, Vol I, p. 258.

③ José Eugenio Borao Mateo et al. eds. Spaniads in Taiwan, Taipei: SMC publishing, 2001, Vol I, p. 258.

有足够的白银,西班牙在马尼拉的殖民当局又无法稳定地提供资金,迫使闽商不得不将滞销的商品运回大陆,或者是将商品赔本贱卖给当地的西班牙守军。时间一长,闽商赴基隆、淡水交易的意愿就随之降低。另外,盘踞在台南的荷兰人时常劫掠西班牙商船再加上偶发的恶劣天气,从基隆、淡水至马尼拉的海上航线并不十分安全。这样一来,西班牙人将基隆、淡水作为与闽商从事转口贸易基地的构想,就碰到了难以克服的现实困难。

到了17世纪30年代中期,西班牙殖民当局对于是否继续占领基隆、淡水产生了犹豫。正如1633年新上任的菲律宾总督萨拉门卡向西班牙国王所提出的那样,他认为:"占领此岛(按:台湾)的理由是为了享有与中国近距离贸易的利益……但由于一些意外之外的困难而未达成",在这种情况下"为了菲律宾群岛的利益,应该让中国人、日本人及其他地区的人带着他们的货物到马尼拉,由他们负担风险及费用"。[①] 显然,萨拉门卡认为既然在台湾与闽商的交易情况不尽如人意,加上经营基隆、淡水的成本很高,从马尼拉赴基隆、淡水与闽商的贸易必须承受各种风险,交易量又不符合预期,那么还不如撤出台湾,让马尼拉来作为东亚贸易的转口基地,这样可以将相应的贸易费用与风险转嫁给他人。此后,西班牙殖民者对是否从基隆、淡水撤退进行了反复讨论,鉴于当时马尼拉与明朝的贸易进行得并不理想而且美洲的白银收入也大幅减少,马尼拉的西班牙当局于1637年1月,决定从淡水撤出,退守基隆,并且削减了驻扎在基隆的守军人数,从而降低整个占领成本。

当荷兰人得知西班牙人退出淡水的消息后,驱赶走基隆的西班牙人,解除台湾北部的隐患,实现荷兰人对全台湾的统治,便成为其此后关注的焦点。1642年8月21日,荷兰人出兵基隆,在经过短期的围困后,西班牙人于8月26日投降。此后,西班牙人的势力被荷兰人赶出了台湾,其在基隆、淡水与闽商贸易的历史就此终结。

第二节 闽商与荷兰人在台湾的贸易

荷兰人在16世纪末加入对东方贸易的狂热中,万历二十三年(1595年)荷兰航海家郝德曼(Cornelis Houtman)率领四艘战舰首航东印度,到达印尼万丹;两年后,有三艘舰艇成功返航荷兰;于是,范聂克(Jacob Conelis van Neck)和韦麻郎(Wybrandt van Waerwijk)分别率领船队再航东印度,范聂克的四艘船只于次年返回荷兰,获利百分之四百,于是,在荷兰掀起征服远东的狂潮,荷兰各省纷纷组建船队远航东方。荷兰国家议会乃进行干预,将各省相互竞争的公司组织起来,成立联合东印度公司(United East Company)。联合东印度公司不但是一个商业组织,而且拥有军队、战舰,可以代表荷兰政府签署条约,在殖民地建立政府组织,统治殖民地人民,对远东地区的人民进行掠夺和

---

① José Eugenio Borao Mateo et al. eds. Spaniads in Taiwan, Taipei: SMC publishing, 2001, Vol I, pp. 217~218.

镇压。

还在联合东印度公司成立的前一年,范聂克就率领舰队攻打葡萄牙人占据的澳门,以失败告终。联合东印度公司成立后,加紧和葡萄牙等国竞争对华贸易,万历三十一年(1603年)韦麻郎再度率领庞大舰队来到中国海岸,挑战葡萄牙人在澳门的地位,仍然不能取得成功,乃转向福建海面。据《明史·荷兰传》载:"海澄人李锦及奸商潘秀、郭震久居大泥,与荷兰人有习,语及中国事,锦曰:'若欲通贡市,无若漳州者。漳南有澎湖屿,去海远,诚夺而守之,贡市不难成也。'其酋韦麻郎曰:'守臣不许奈何?'曰:'税吏高寀嗜金银甚,若厚贿之,彼特疏上天子,必报可,守臣敢抗旨哉?'酋曰:'善。'"韦麻郎从漳州商人李锦、潘秀和郭震处了解到澎湖的情况后,于1604年(万历三十二年)8月7日率领舰队到达澎湖,此时正值没有汛兵防守的时候,乃"如登无人之墟",占领了澎湖。福建方面久受倭寇骚扰之苦,对海上外敌素有防备,虽然民间和官方都有人主张听荷兰人"互市",但主战派还是占了上风,乃派都司沈有容赴澎湖与荷兰人交涉。在福建方面陈兵相向的背景下,沈有容态度强硬,荷兰人只好于12月25日撤退。此即有名的"沈有容谕退红毛番韦麻郎等"事,后人立碑以记其事。这是晚明第一次澎湖危机。荷兰人退出澎湖后,福建当局并没有积极经营澎湖,以至18年后,荷兰人再次占据澎湖,引发第二次澎湖危机。

一、战争中商人的斡旋和调停

荷兰人退出澎湖后,仍积极经营他们在西太平洋的贸易,在平户设立了商馆,并联合英国人对抗西班牙人和葡萄牙人。荷兰人最希望的事是在中国东南沿海获得一个据点,因此,1622年(天启二年)6月24日,荷兰人23只舰船组成的舰队在英国人的配合下,再次向澳门发动进攻,然而他们再次遭到失败。遭到败绩后,荷兰人改变策略,从平户派来舰只,第二次占据澎湖,同时派出船只对大员进行考察,最后因大员水道不佳,南风季节海船出入风险很大,决定选择澎湖作为他们的据点。占据澎湖后,他们派出舰只,在福建和广东沿海烧杀抢劫,企图用此手段来打开同中国贸易的大门。他们还掳走1400多名中国人作为在澎湖修建城堡的劳工。城堡修建完后,他们将这些中国人卖到巴达维亚(此时,联合东印度公司的总部已经迁移到这里)去做劳工,这些中国人大多死于途中,最后只有33人活了下来。澎湖被占据后,福建巡抚商周祚加紧备战,修建船只和武器,但并未对荷兰人展开积极的攻势。荷兰舰队司令前往福州和商周祚谈判,要求通商。明代中后期以来,东南地区从官方到地方,一直有一股主张开放海外贸易的势力,这股势力不希望看到中荷开战,破坏他们的生意,这可能是商周祚没有积极向荷兰人开战的原因。商周祚应允,只要荷兰人退到大员,他们可以在那里和中国人进行贸易。而这时,已经有一些中国商人冒险到澎湖及大员和荷兰人进行贸易。海商们知道,明朝廷不会允许荷兰人占据澎湖,他们希望引诱荷兰人到大员,以便继续在那里进行贸易,之前他们已经在那里和李旦、欧华宇等人进行过贸易。荷兰人和商周祚的谈判最终没有结果,不久商周祚的巡抚职位由南居益接任。南居益进士出身,是陕西人,与东南海商无利益瓜葛,是坚定的主战派。荷兰人对南居益的背景并不了解,仍然采取进攻的策略,但海商们却了解情况,他们居间斡旋,希望生意可以继续做下去。一个名叫张敬泉的海商代表300位私商向荷兰人表明希望不要开战的愿望,并请出一位退休的官吏(乡绅)向官员进言,因为只有乡绅才拥有和当局对话的身份。南居益等官员将计就计,以谈判为名,诱捕了荷兰方面52人,将两名翻译立即斩首,荷兰人则押送京城,次年亦被斩首。荷兰人遂在福建、广东沿海骚扰,仍然采取试图通过战争来打开中国贸易大门的策略。虽然荷兰船坚炮利,但明朝的军事力量远比荷兰强大,南居益大举招兵造船,"列舰海上,以张渡彭(澎)声讨之势。"①他本人"亲驾舟,周巡海上,凡险要去处可为设伏用奇及火攻水战者,晰如指掌"②。

南居益在发动对荷兰人的攻势前,还有一个顾虑,即在荷兰人的城堡(荷兰人在澎湖修建的城堡)附近的海面上,还有许多船只在窥伺,这些船只中有些是日本人的,不知是寇是商,虎视眈眈,大有伺机而动之势;还有些是中国人的,其中有可能是来澎湖、大员和荷兰人做生意的,有的可能是海盗,这些海盗为了利益会做出些什么,谁也没有把握。他们就曾经受雇于荷兰人,拦截到菲律宾去和西班牙人做生意的中国商船。这些人是没有华夷之辨的。据南居益后来的奏疏说:"臣于时虽励众以有进无退,有死无二,而不能不忧心于一彼一此,万一不利,损威失重酿害不小。幸今镇臣俞咨皋奉副将之命,初莅帅中,即密揭贻臣臣曰:'今倭夷连和,奸盗党附,我孤军渡彭(澎),宾主倒置,利害判于斯须,胜负殊难期必。事急矣。'"俞咨皋建议,请出李旦来解决这个问题。南居益踌躇再三,采纳了这个建议,这时,李旦住在台湾。李旦于1622年4月至1625年,先后四次住在台湾,最后一次是1624年到台湾,至1625年7月因病离开台湾回平户,在台湾几近一年半,而这期间正是第二次澎湖危机。李旦和其他私商一样,不希望因中荷开战而损失商业利益,因此来到大员,希望能在中荷之间进行斡旋,而李旦果然斡旋成功。

李旦在日本与台湾时,与荷兰人已经有联系,而他和明朝官府的联系则是通过许心素进行的。南居益的奏疏说:"此兵法用间时矣。臣问计将安出?咨皋言,泉州人李旦,久在倭用事。旦所亲许心素今在系,诚质心素子,使心素往谕旦立功赎罪。旦为我用,夷势孤,可图也。臣初不敢信,因进巡海道孙国祯再四商榷,不宜执书生之见,掣阃外之肘,遂听其所为。而倭船果稍引去,寇盗皆鸟散。夷子立寡援。及大兵甫临,弃城遁矣。臣始服咨皋之识不在古名将之下。"③

在这里,我们可以看到李旦巨大的影响力。作为大海商,他可以指挥、调动私商和那些亦商亦盗的人,而在日本人中也有巨大影响。天启四年正月初二日(1624年2月20日),明军向侵占澎湖的荷兰人发动进攻,从吉贝屿登陆,且从白沙屿切入,在岸上修建了一条防线,用以出击,荷兰人被迫退入他们修建的城堡中。荷兰人明白自己的力量无法和明军抗衡,他们看到明军调集了"令人难以置信的大量军队、战船、货船和沉船备战",乃请李旦设法为之调停,荷兰人希望他们可以保留大员作为通商的据点,同时希望中国

---

① 《明季荷人入侵澎湖残档》引《熹宗实录》。
② 《明季荷人入侵澎湖残档》之《澎湖平夷功次残稿》。
③ 《明季荷人入侵澎湖残档》,《兵部题行条陈澎湖善后事宜》。

政府制止商人和他们的宿敌西班牙人通商。李旦认为明朝廷当下最急切的就是要把荷兰人赶出澎湖,而第二点则做不到。李旦派他的人来往于明军和荷兰人之间,传达双方的意思,最后并亲自出面来往于双方之间,在明军强大的压力下和李旦的调停下,最终荷兰人在1624年(天启四年)8月24日拆毁他们在澎湖修建的城堡,启程前往大员。

李旦在中荷之间的调停活动,体现了资本的巨大力量。明代还是一个重农抑商的社会,商人尚无政治地位,但李旦竟能纵横捭阖于中、日、荷三方之间,固然他本人有过人之处,但他代表的却是明代后期日益强大的海商势力。我们看到,李旦之前,海商们就想调停这场战争,但他们没有获得成功,可能他们的财势不及李旦,手腕不及李旦,人脉不及李旦,但他们和李旦一样,都希望海外贸易能够顺利开展,李旦的所作所为,代表的也是他们的利益。另一方面,李旦的调停之所以能够成功,也是因为私商们的利益和势力,已经影响、侵入到明代后期的官场之中。商周祚任福建巡抚之时,虽然积极备战,但却迟迟不向荷兰人发动进攻,可能就是他周围有人害怕战争影响对外贸易而对他施加影响;而南居益接任巡抚之后积极采取军事行动,但军事行动的主要负责人之一副总兵俞咨皋以及他的部下许心素却力主起用李旦,许心素家族本来就是海商,而俞咨皋则已经深深卷入对外贸易之中,下文我们将会提到他们和郑芝龙争夺对荷贸易的利益。至于荷兰人和日本人,他们都想开展和中国的贸易,但在对中国贸易上面,他们要依赖中国私商。

明朝中后期,台湾是福建商人热衷贸易的地方,即使在荷兰人占据台湾后,福建商人也经常驾小船来到台湾和少数民族进行贸易。在台湾北部鸡笼、淡水一带,闽商时常与当地少数民族进行商业贸易,他们用白银、布匹或其他物品与当地少数民族交换硫黄、藤、鹿皮、鹿肉等。据有关记载,鸡笼这个地方"每年有很多中国人运货来,并用棉花布(Cangans)与居民交易当地盛产的黄金,以及其他货物"①。至于淡水地区,亦是闽商活跃的地方。1632年西班牙神父哈辛托·艾斯奇维所写《"艾尔摩莎"岛情况相关事务的报告》就指出"在淡水河的Quipatao村落,硫黄蕴藏丰富并且已经开采","西班牙人来之前许多'原住民'即已进行开采卖给汉人","而去年他们载走大约五千担的硫黄以便在那里制作火药","除了贩卖上述这些商品外,几乎这片土地上所有的'原住民',都大量地贩售水藤和鹿皮。他们(汉人)说,在中国水藤每担可卖到二到三两,用来制造椅子以及千百种新奇物品;鹿皮在那里的价格则不清楚,但他们强烈地渴望购买它"②。在台湾南部,闽商与少数民族的交易也十分热络。早在1629年11月,荷兰人就观察到中国商人时常去少数民族村社进行交易的现象。根据《热兰遮城日记》的记载:"有两个中国人携带一些衣服出去,要去村落销售的,在路上被野人打死,这是非常奇怪的事,因为所有运送衣服、盐和其他需用品的人必须可以来往,没有这些东西,他们就不知如何生活了。以前我们都没有听说过他们伤害过中国人,更没听说过他们杀害过中国人的事,这也是造

---

① 江树生、翁佳音译:《荷兰联合东印度公司台湾长官致巴达维亚总督书信集》第一册,台湾文献馆,2010年,第299页。

② 哈辛托·艾斯奇维:《艾尔摩莎岛情况相关事务的报告》,荷西·马利亚·阿瓦列斯著,李毓中、吴孟真译:《西班牙人在台湾(1626—1642)》,台湾文献馆,2006年,第132页。

成中国人在他们村落人数激增的原因"。① 从中可见,长久以来,闽商带着各种衣服、盐和生活用品到少数民族村落去交易,成为少数民族重要的贸易伙伴,是少数民族日常生活用品的重要提供者,他们与少数民族的关系十分融洽。

除此以外,当时在台湾的闽商还与西班牙、荷兰的殖民者进行贸易。在北部的鸡笼、淡水,西班牙殖民统治之初,迫切需要粮食、衣服等其他生活必需品,尤其是修筑城堡和防御工事所需的建筑材料,这些多数要从马尼拉运来,曾经一度缺乏,"后来因很多船只从中国来,带来食物,情况才转好"②。可见,福建海商已敏锐地抓到商机,运来了西班牙人急需的粮食和生活必需品以及西班牙人修建城堡和教堂所需的建筑材料。③ 同样,台湾南部大员的荷兰殖民当局,也有许多的生活必需商品,需要与中国人交易。为了规范大员据点热兰遮城的贸易,"为了防止因太靠近这城堡买卖中国货物所可能引起的各种意外事故,又为要方便士兵与中国人,决定要在那划定地区的附近建造几个小房子,让所有中国人及此地居民带他们的货物及食物来那里出售"④。

当然,荷据时期台湾的闽商,最主要的是来自漳州、泉州的海商,他们运来大量丝绸、瓷器、糖等商品,为荷兰殖民者的转口贸易提供了重要的货源。

二、郑芝龙的崛起

正是在这场战争之中,郑芝龙登上了历史舞台。天启四年(1624年)一月底,在明军准备对占据澎湖的荷兰舰队采取行动之前,李旦派他来到澎湖,给荷兰人当翻译,此前,荷兰人的两个翻译被南居益斩首,因此缺少翻译人手。据荷兰人的记载:"等待好多时的帆船'远望号'于1月20日由日本出航,月底到达此地。……我们接纳了来自日本的一位通事,虽然给予优厚的待遇,但目前他对我们没有什么用处。"⑤郑芝龙此时已经是李旦的亲信,因此,郑芝龙到澎湖来,可能也负有掌握荷兰人动态,了解其内部资讯的任务。此时郑芝龙尚未崭露头角。

郑芝龙大约在万历二十三年(1595年),⑥出生于泉州府南安县石井乡。因为是家中的长子,所以小名一官,这个名字以后将反复出现在荷兰人的文献中。郑芝龙在少年时就搭乘海舶去澳门寻求发展,小小年纪就下海闯荡,这在闽南侨乡并不罕见。澳门有郑芝龙继母的哥哥在那里经商,但郑芝龙在澳门从事的是低贱的工作,他在这里结婚,后来有了一个女儿。因为在澳门的情况不理想,郑芝龙离开澳门去吕宋,但在吕宋他同样没

---

① 江树生译:《热兰遮城日记》第一册,台南市政府,1999年,第4页。
② 荷赛·尤金尼奥·鲍晓鸥编译:《在台湾的西班牙人》(Jose Eugenio Borao Mateo et al. eds. Spaniads in Taiwan),第1卷,台北:南天出版社,2001年,第88页。
③ 荷赛·尤金尼奥·鲍晓鸥编译:《在台湾的西班牙人》(Jose Eugenio Borao Mateo et al. eds. Spaniads in Taiwan),第1卷,台北:南天出版社,2001年,第174页。
④ 江树生译:《热兰遮城日记》第一册,台南市政府,1999年,第160页。
⑤ 转引自《郑芝龙的一生》,《郑成功研究论丛》,第152页。
⑥ 郑芝龙的出生年月并无确切的记载,这只是根据他后来活动状况的一个合理推断。

能取得发展,于是,大约在1612年,郑芝龙离开马尼拉,来到平户。在这里,他加入了李旦的海上贸易集团,因为为人机敏,得到李旦的宠信。郑芝龙在平户第二次结婚,当他被李旦派到澎湖时,他的妻子生下了他的儿子,即郑成功。因为李旦利用台湾作为贸易据点,所以郑芝龙经常去台湾,参与料理海商集团在台湾的各种事务。因为他是李旦的亲信,所以他在台湾的地位很重要,尤其体现在他与颜思齐的关系上。颜思齐是李旦事业上的伙伴,据《台湾外记》,颜思齐是漳州府海澄县人,因打死酷吏的仆人,流亡海上,①也曾经到过平户,在台湾南部的北港、魍港成为海商集团从事中日贸易的据点后,颜思齐主要经营台湾。清初的史料称:"明万历间,海寇颜思齐踞有其地,始称台湾。"又说:"思齐剽掠海上,以(台湾)为巢窟,台湾有中国民,自颜思齐始。"②实际上,颜思齐并不是最早到台湾的移民,但颜思齐到来后,将他带来的人以及原来在台湾的人组成为"十寨",进行行政上的管理。荷兰人在明军的逼迫下,拆毁他们在澎湖修建的城堡,撤往大员时,郑芝龙跟他们一起来到台湾。其后,郑芝龙带领李旦的两艘帆船和颜思齐的一艘帆船参与荷兰人的船队,拦截去马尼拉和西班牙人贸易的中国商船。郑芝龙于1625年3月回到台湾,随后他即离开荷兰人,荷兰人说:"……一官曾在大员为公司翻译,后来悄无声息地离开那里。"当荷兰人再见到他时,惊讶地发现,郑芝龙后面跟着七八个手持武器的随从。一个荷兰船长写给当时在大员的荷兰长官宋克的信中说:"(4月)27日,星期天……突然首领一官后随手执刀剑的铳手七八名,作为代表,向我们寒暄。"③本来,郑芝龙跟随颜思齐经营台湾,是一个重要的首领,只是荷兰人不知道而已。澎湖危机时,他被李旦派到荷兰人中是有深刻用意的,澎湖危机过后,郑芝龙再待在东印度公司里已经没有意义了,所以他回去跟颜思齐经营台湾。这时,郑芝龙已经开始向来到台湾的私商们的货船收税,在整个荷据时期,这种税收一直维持着,郑成功驻扎厦门、金门两岛抗清时,由何斌替他收税。接着,郑芝龙就开始崛起,天启五年(1625年)7月,李旦因病离开台湾返回平户,一个月后在平户去世。李旦身后,他大量的财产落入郑芝龙手中,郑芝龙如何得到这些财产,情况不清楚,但李旦的儿子李国助对此事一直是愤愤不平的。一个月后,天启五年(1625年)9月,颜思齐在诸罗山打猎,因感受风寒病亡,郑芝龙接管了颜思齐的"十寨",明代官方记载:"初,海寇郑芝龙先从海贼颜枢泉(按:即颜思齐,有时又称颜振泉),枢泉死,遂有其众。"④郑芝龙接管了李旦的财产和颜思齐的人马,有钱有人之后,谁也挡不了他崛起的道路。天启六年(1626年)福建大旱,福建巡抚朱一凭报称:"两年之内,惟

---

① 关于颜思齐的中文资料,主要出于《台湾外记》,《台湾外记》采取小说的形式,因此其史料价值有时受到怀疑,颜思齐因此被质疑是否实有其人。但近来西班牙占据台湾北部的档案得以公布,其中有涉及颜思齐的材料,因此,颜思齐实有其人倾向于被确认。而与荷兰东印度公司公开有生意往来的一位"恶行昭彰的海盗"——"中国的佩德罗"(Pedro China)被认为就是指颜思齐。
② 黄叔璥:《台海使槎录》卷一,《赤嵌笔谈》。
③ 转引自《郑芝龙的一生》,《郑成功研究论丛》,第153页。
④ 《崇祯长编》,《明实录闽海关系史料》附录一,台湾文献丛刊本,第146页。

去春仅有半收,夏秋亢旱,一望皆赤。至今年三月间才下雨。乡村草根、树皮食尽。而揭竿为盗者,十室而五。"①这给郑芝龙招兵买马提供了机会,天启六年(1626年)阴历二月,郑芝龙渡过海峡,骚扰闽南、粤东沿海一带。先是"初十日,犯金门,十八日,犯厦门。"②接下来的一两个月里,在闽南、粤东沿海一带滋扰,袭击漳浦县,"袭漳浦镇,杀守将,进泊金门、厦门,竖旗招兵,饥民及游手悉往投之,众至数千"③。其时"时太平日久,人不知兵。卫所虽有指挥、千户、百户、水、澎、金门游击、钦依把总诸官,悉承荫袭,宽衣大袖,坐享君禄;其所辖军士,亦应操点卯而已,故芝龙得肆志,遇船一鼓而擒,登岸抢掠殆尽。其略有纪律者,不许掳妇女、屠人民、纵火焚烧、斩艾稻谷。比乘风横行,羽檄飞报,沿海戒严,当事者呐呐,一筹莫展"④。郑芝龙"所到之处,但令报水⑤而未尝杀人。有彻贫者,且以钱米与之"。⑥ 而且打出劫富济贫的旗号,"劫商民船,多得米粟,求食者竞往投贼,众至数万"⑦。

对于郑芝龙海上武装力量的形成,明朝廷自然是十分着急的,在郑芝龙来势汹汹,明军无法抵挡的情况下,官方决定招抚。郑芝龙本人愿意受抚,但部下中有陈衷纪等十三人不愿受抚,芝龙乃分给他们船舶与粮饷,让他们回台湾,芝龙率领其他人在泉州受抚。受抚后,芝龙等迟迟不见安排,且"将芝龙所带人众,开造籍贯住址,以候发文行县安插,一应军器船只另造册,以候缴报"。郑芝虎说芝龙曰"虎不可失威,人不可失势。今当事举动,不过欲散我党羽耳,党羽散,将来祸福未定,不如乘今夜潮退,扬帆而去。"郑芝龙乃乘潮退,率舰队从围头离去。⑧ 郑芝龙离去后,仍在沿海滋扰,且发展迅速,郑芝龙原先只有数十艘船,天启六年(1626年)已有船120艘,天启七年(1627年)"遂至七百(艘)";崇祯元年(1628年),"并诸种贼计之,船且千矣"⑨,形成一支庞大的海上武装力量。在战也不成、抚也不成的情况下,福建当局决定向荷兰人求援。荷兰人觉得解决郑芝龙仅是一桩小事,他们开出的条件是允许他们自由贸易。荷兰文献记载:

> 对中国人的求援,我们的人通过商人许心素答复他们,若福建省最高官员和水军司令即巡抚与都督亲自书面提出并保证准许中国人对大员和巴达维亚城的自由贸易,我们将以现有力量,不需中国水军增援(他们所拥有的战船不过八十条),赶走海盗一官及其同伙。⑩

---

① 曹履泰:《靖海纪略》卷一。
② 江日升:《台湾外记》,福州:福建人民出版社,1983年,第15页。
③ 道光《重修福建通志》卷二六七,《明外记》。
④ 江日升:《台湾外记》,福州:福建人民出版社,1983年,第15页。
⑤ 报水,即报税。
⑥ 曹履泰:《答朱明景抚台》,《靖海纪略》卷一。
⑦ 邵廷采:《东南纪事》卷十一,《郑芝龙》。
⑧ 江日升:《台湾外记》卷一,天启六年丙寅二月条。
⑨ 董应举:《崇相集》,《海禁》。
⑩ 巴达维亚评议会1628年1月6日给董事会的报告,见《荷兰人在福尔摩沙》,第78页。

但荷兰人显然低估了郑芝龙。在朱一凭和俞咨皋答应了荷兰人的条件后,天启七年(1627年)10月,一支由5艘荷兰快艇和4艘中国帆船(乘员为荷兰人)组成的荷兰舰队,在司令德威特指挥下,向停泊在南澳湾内的郑芝龙的舰队发动了袭击。郑芝龙受到袭击后,派出火船①进行反击,其船队(共有三四百艘船)以压倒优势冲向荷兰人的舰队,荷兰舰队被歼灭,只有一艘快艇逃回巴达维亚。② 郑芝龙取得对荷兰人的胜利后,乘胜长驱,于崇祯元年一月攻下中左所(今厦门),杀了他的宿敌许心素,明水师溃散,俞咨皋则弃城而逃(后被朝廷斩首)。面对郑芝龙的强势,福建当局只得又议抚。崇祯元年(1628年)阴历七月,郑芝龙受抚于新任巡抚熊文灿,任海防游击的职务,成为朝廷命官。

三、亦商亦盗

荷兰人的到来,对从事海外贸易的闽商们来说,是有利有弊的。闽商的海外贸易,往南是南洋,包括从广南(今越南)到马六甲、印尼的整个东南亚地区,往东北则是日本。海外贸易路途遥远,路途上充满了风暴和海盗等等风险,能就近到大员贸易,让他们省却了许多风险,何况,荷兰人还是大买家。但荷兰人再把中国的商品贩运到南洋和日本去,这之间肯定是要赚取差价的,这转口贸易让他们赚得盆满钵满。有能力直接从事南洋和日本贸易的大海商,在南洋和日本贸易上因此和荷兰人之间存在着竞争,后面我们将看到郑芝龙排挤荷兰人垄断对日贸易。但在明代晚期天启、崇祯年间,官方的海外贸易政策时紧时松,荷兰人的到来,无疑给一般的海商提供了方便,许多海商还是愿意和荷兰人进行交易的,而首先想染指对荷兰人贸易利益的是海上武装集团。晚明,在闽南沿海及粤东沿海活动的海上武装集团有李旦、郑芝龙、李魁奇、钟斌、刘香集团等等。荷兰人依违于这些武装集团之间,对于这些武装集团来说,荷兰人是一股强大的武装力量,当荷兰人和其他武装集团联合,对他进行打击时,对他是有可能造成灭顶之灾的。而荷兰人选择和谁联合,则端看谁能提供货物与之进行贸易。

荷兰人最早李旦集团与进行贸易。第二次澎湖危机时,有些海商就来到澎湖与大员,与荷兰人交易,但是他们带来的生丝不多。③ 当李旦来往于厦门和澎湖之间,调停中荷之战时,同时在进行贸易活动,他和荷兰人达成购物15000斤的合同,这无疑是一笔大买卖。当时人沈铁说:"游棍李旦,乃通裔(夷)许心素之流也。夙通日本,近结红裔(夷)。兹以讨私债而来,且祭祖为名,突入厦门,岂有好意?不过乘官禁贩,密买丝绸装载,发卖诸裔(夷),并为番裔(夷)打听消息。"④1625年1—4月间,从大员运到巴达维亚的生丝有17077.5斤,其中大部分就是李旦提供的。据《巴达维亚城日记》,当时载入生丝状况

---

① 火船为小型船只,满载干的柴草,在冲到荷兰船的炮火死角后,将小船钉在荷兰船上,并将装满油的竹筒也钉在荷兰船上,然后放火焚烧,乘员则跳水游回。
② 巴达维亚评议会1628年1月6日给董事会的报告。
③ 参阅曹永和:《明郑时期以前之台湾》。
④ 沈铁:《上南抚台移檄暹罗宣谕红裔书》,《诏安县志》卷十二,《艺文》。

如下：

日期	船名	载货内容
1月3日	Erasmus	生丝6177.5斤；绢织品数种
3月24日	Anemu ijden	大米；生丝3800斤，少量纺织品
4月9日	Purmerendt	大米；生丝7100斤；绢织品等

资料来源：《巴达维亚城日记》，第61、63、67页。

李旦是一位资深的大海商，他应该是有自己的购货渠道，但在战争期间要将这么多货物运出大陆，则他非要和官方有所勾结不可，而这就是通过许心素进行的。

许心素家族是厦门一个海商家族，住居同安县充龙。① 据杨国桢先生研究，充龙素以通番著名，且是对台贸易的发祥地之一。陈第《东番记》载："充龙、烈屿（小金门），往往译其（指平埔族）语，与贸易；以玛瑙、瓷器、布、盐、铜簪环之类，易其鹿脯、皮、角。"② 许家长期从事海上贸易，"其船坚巨，果用之打贼，尽称利器。"③ 除了许心素，其堂兄弟许心旭、许心兰，儿子许乐天、许一龙，叔伯Jocksim④ 等，都被官府视为从事海上贸易、勾结夷人的"巨奸"。⑤ 许心素要帮助李旦将15000斤生丝运出去，必定要勾结官府，许心素勾结的是俞咨皋。俞咨皋是抗倭名将俞大猷的儿子，世袭泉州卫指挥佥事，第二次澎湖危机时，俞咨皋已经升任福建总兵，是对荷作战的军事指挥，他之上是福建巡抚南居益。前面我们已经说过，第二次澎湖危机时，俞咨皋向南居益建议派许心素去澎湖与李旦联系，通过李旦驱散日本人和海盗的船只，使荷兰人孤立无援，南居益因此称赞俞咨皋识见不在古名将之下，殊不知许心素去澎湖还有与李旦勾结，与荷兰人买卖生丝之事。在这之中，俞咨皋不可能没有好处，后来，厦门被郑芝龙攻陷后，监察御史林栋隆弹劾俞咨皋的奏疏中说："总兵俞咨皋以虎党吴淳夫（魏忠贤义子）为冰山，以剧贼杨六为外府，以奸民许心素为过付，二万之金一入，招抚之策坚持。"⑥ 说明俞咨皋是收受了好处的。俞咨皋和许心素因此交结至深，时任同安知县的曹履泰说："俞总兵心中止有一许心素，而许心素心中止有一杨贼。多方勾引，多方恐吓，张贼之势，损我之威，以愚弄上台。"⑦ 可见俞咨皋收受了好处⑧之后，并未尽全力攻打荷兰人，糊弄南居益，且默许荷兰人占据大员，维持贸易。俞咨皋在升任福建总兵之前，任副总兵分管福建水军南路事，驻扎厦门，控制

---

① 今属漳州龙海市角美镇。
② 沈有容：《闽海赠言》。
③ 曹履泰：《靖海纪略》卷一，《答朱抚台》。
④ 此姓名见于荷兰文献《热兰遮城日志》等，很难还原成中文，有人音译成许耀心，是否准确很难说，一般就保持古荷兰文原样，荷兰文献中还有许多同样的例子。
⑤ 参阅杨国桢：《郑成功与明末海洋社会权力的整合》，载氏著《瀛海方程：中国海洋发展理论和历史文化》，北京：海洋出版社，2008年。
⑥ 《兵部尚书阎鸣春为备陈郑芝龙海上活动题行稿》，《历史档案》1982年第1期。
⑦ 曹履泰：《靖海纪略》卷一，《上过承山司尊》。
⑧ 这好处来自私商，同时，荷兰人也可能行贿，后面我们还将看到荷兰人向福建官员行贿。

漳州、厦门水域,而漳厦水域是明代后期海外贸易的出海处。俞咨皋即使升任总兵,为了经济利益,仍然牢牢地控制着漳厦水域。

李旦死后,他和荷兰人的关系,他在闽南的商业关系,都由许心素继承了。而俞咨皋则给许心素一个把总的军职,两人勾结,企图垄断对荷兰人的贸易。荷兰人最想要的是在沿海的自由贸易,对于许心素垄断贸易十分不满,但也没有什么办法。8年后,荷兰人在答复福建官方的一封信中还耿耿于怀地说:"我们撤离澎湖城堡……但我们得到了什么?只有得到一个许心素,他使我们信托到100000里尔给他,却仅仅有六个月,看到他运货回来,然后就随他的意思,不照市价支付了。"①郑芝龙虽然获得了李旦的大部分财产和颜思齐的人马,拥有了武装船队,但闽南方面、荷兰人方面的人脉都落入许心素手中,而做生意,人脉关系是极其重要的,这不能不使郑芝龙对许心素耿耿于怀。在此之前,许心素窝藏杨六(杨禄)、杨七(杨策),已经与郑芝龙结下梁子。杨六、杨七原为郑芝龙伙党,因为与许心素的关系而受招抚,但却撇开郑芝龙,郑芝龙因此怀恨在心。曹履泰说:"去年(天启六年)抚贼杨禄等,原系郑芝龙伙党。禄等领龙银,备器械为贼具。及招抚时,则撇出芝龙,龙之所以怀怨。"②当时人也说:"初,巡抚朱钦相招抚海寇杨六、杨七等,郑芝龙求返内地,杨六给其金不为通,遂流劫海上。"③杨六、杨七上岸后,一直住在许心素在充龙的家中,曹履泰说:"杨禄、杨策俱在许心素家,总镇提之不出。"又说:"今素与杨禄等,俱在充龙地方同室而居,招兵五百余名,扃户自卫。"④郑芝龙攻陷厦门后,杀了许心素,俞咨皋则弃城而逃,后被朝廷斩首。前面我们已经说过,郑芝龙受抚后担任福建海防游击,驻扎厦门,这下他以为可以独揽对荷兰人贸易的利益了,没想到半路杀出个程咬金,这次是李魁奇。

李魁奇原为郑芝龙部下,随同郑芝龙受抚。崇祯元年(1628年)年底,他趁郑芝龙去福州参见巡抚熊文灿之机,抢了郑芝龙七条满载货物准备驶往大员的船只,以及两条同样满载货物准备驶往巴达维亚的船只,叛变了郑芝龙,重新下海为盗。在短短的四个月中,李魁奇已经聚集了四百多艘船,形成为一股庞大的海上武装力量。李魁奇之所以重新下海为盗,主要是为了脱离郑芝龙自立,因此,他很快就向闽抚熊文灿请求招抚。熊文灿禀报了朝廷,崇祯皇帝命他"相机剿抚",熊文灿遂招抚了李魁奇。熊文灿自然明白郑李之间的仇怨,于是,要求两人"推心置腹,同为王臣,永释仇怨",并要两人"歃血定盟,共捍疆土",⑤熊文灿并分配地盘,漳厦海域由李魁奇防守,泉州及以北海域由郑芝龙防守。泉州虽然是宋元时海上交通的大港,但后来淤积,明代的海外贸易以漳州月港为中心。月港是九龙江的出海口,时间一久,未免也淤积,明代晚期,通洋口岸已经转至厦门。占据漳厦海域,就控制了对外贸易的基地,李魁奇既占据了漳厦海域,郑芝龙实际上已经被

---

① 《热兰遮城日志》,1629年7月24日条。
② 曹履泰:《靖海纪略》卷一,《答朱明景抚台》。
③ 《古今图书集成》职方典,卷一一一〇,《台湾府部·纪事》。
④ 曹履泰:《靖海纪略》卷一,《答朱抚台》。
⑤ 《崇祯长编》卷三〇;《明实录类纂》福建台湾卷,第503页。

排挤出了对外贸易中心了。郑芝龙对此也只能忍气吞声,伺机而动。

李魁奇本是海盗出身,据载:"李魁奇者,渔父也,泉州惠安人。从幼出入湄州沿海,深识水性,身藏海底,半日不起,口能转气,眼见诸物。年二十九,两臂有七百斤之力。纠合诸渔船,劫掠商艘。"①但他看到海外贸易的重大利益,未免也想沾手,因此也和荷兰人联系,屡次写信给荷兰人,向荷兰人说了许多漂亮话,许诺在厦门安排贸易。② 因为李魁奇占据漳厦海域这个贸易重地,所以荷兰人对他也寄予希望,向他送礼,要求他开放自由通商。③ 但荷兰人在整个1629年(崇祯二年)中,并没有等到商人前来通商。"李魁奇那边完全没有人来交易。偶尔从一些私人买到微量的cangan布④,纽扣、带子,他们都是偷偷地来的。我们问他们,为什么不带值钱的商品来,我们会善待他们,并用好的价钱收购。他们回答说,因为害怕李魁奇所以不敢带来。据说,没有他的许可而带来卖给我们,会受到严厉处罚。如果去申请许可,必须付他很多税,多到无利可图。因此商人都深居不出,但如果可以自由跟我们来往,将会有大量的商品过来,多到让我们惊讶不已,因为缺的不是商品,而是许可。"⑤可见李魁奇是想垄断对荷兰人的贸易,但他本人却没有什么价值高的商品可供交易,他两次派到大员去的船,载运的都是盐、橘子和麦酒等价值低的货物。⑥ 李魁奇唯有一次提供给荷兰人15担生丝,但那些生丝质量粗劣,外面是好的丝,里面的却腐烂了,因此被荷兰人退回。⑦ 最终,李魁奇提供给荷兰人500匹cangan布,这是荷兰人收到的李魁奇的全部商品。⑧ 但这并不是荷兰人盼望的商品,他们要的是生丝、上等丝绸、精美的瓷器、蔗糖、黄金等等。显然,李魁奇无法提供这些东西,荷兰人对李魁奇渐渐失望,考虑联合郑芝龙消灭李魁奇。东印度公司驻大员长官普特曼斯亲自去泉州晋江围头湾联系郑芝龙。⑨ 另一方面,李魁奇的部下钟斌因为缺饷,想将他拥有的一些生丝卖给荷兰人,李魁奇不但不准,还威胁要杀了他,钟斌一气之下带了几十条船和人去围头投奔郑芝龙。⑩ 郑芝龙因厦门海域被李魁奇占去,当然想夺回来,且他的

---

① 江日升:《台湾外记》,崇祯元年九月条。
② 《热兰遮城日志》,1629年10月27日条;11月1日条;12月11日条。
③ 《热兰遮城日志》,1629年12月13日条;12月20日条。
④ 江树生译注:"cangan布,原指印度东北岸Coromandal附近生产的一种粗制棉布,后来荷兰人对其他地区生产的类似那种的棉布,也就称为cangan布。"见《热兰遮城日志》,第11页。
⑤ 《热兰遮城日志》,1630年1月3日条。
⑥ 《热兰遮城日志》,1630年1月2日条。
⑦ 《热兰遮城日志》,1629年12月31日条;1630年1月5、6、7日条。
⑧ 《热兰遮城日志》,1630年1月5、6、7日条。
⑨ 《热兰遮城日志》,1629年12月29日条。
⑩ 《热兰遮城日志》,1630年1月11日条。

结拜兄弟陈衷纪等人被李魁奇所杀,也要报这个仇,①郑芝龙于是决定向李魁奇发起进攻。郑芝龙联络荷兰人,希望荷兰人助攻。荷兰人脚踩两只船,一方面答应郑芝龙并开出条件,要求在郑芝龙获胜后允许自由通商,并禁止中国商人与西班牙人、葡萄牙人通商;另一方面,则顾虑李魁奇的实力,要郑芝龙、钟斌推迟进攻日期,以观望李魁奇的情况。郑、钟及荷兰人的动向李魁奇并非没有觉察,于是荷兰人告诉李魁奇,除非他有货物进行交易,否则要对他进行攻击。李魁奇赶快派人送了一些商品过来。而郑芝龙与钟斌对消灭李魁奇的态度坚决,1630年(崇祯三年)2月9日,钟斌率船队从围头湾向厦门进发,李魁奇船队也拔锚准备迎击,事态至此已公开,荷兰人才决定帮助郑方进攻李魁奇。据荷兰人自己的记载,他们和钟斌前后夹攻李魁奇的船队,李魁奇大败,向外海逃去,被钟斌捕获。②

李魁奇被歼灭后,荷兰人要求郑芝龙履行先前的约定,郑芝龙答应荷兰人在漳厦海域和大员享受通商,③并贴出布告,"所有的人都可以完全自由地带货物去随意跟荷兰人交易,毫无限制"④。至于禁止中国商人与西班牙人及葡萄牙人通商,郑芝龙则说做不到。郑芝龙贴出布告后,有大量的商人带商品来到船上和荷兰人进行交易,⑤闽南沿海从事对外贸易的商人还是很多的,他们一直在等待这个机会。从1630年2月中旬到4月上旬,商人们络绎不绝地来到荷兰人船上进行交易,荷兰人赶快从大员增加资金,以吸引更多中国商人前来交易,⑥但好景不长。

李魁奇覆灭之后,漳厦海域只平静了短短的两个月。钟斌在崇祯三年(1630年)又重演了一次叛变、受抚及与郑芝龙争夺厦门的事情。本来,钟斌随郑芝龙剿灭李魁奇之后,也获得了官职,但他于当年4月进犯厦门,在当地烧杀抢劫;其后,率舰队南下东山一带,要去攻打李魁奇的残部Nooting⑦;6月,则抢劫荷兰船只,杀死船上人员,最后烧掉船只,这是荷兰人到中国东南沿海后最重大的一次损失。其后,钟斌率军北上,先在福州一带,后北上温州一带抢劫,他的所作所为,大约都是海盗行径。明朝廷此时忙于应付北方的战事以及农民起义,无暇顾及东南海上之事,对钟斌仍然采取招抚政策。钟斌再次受抚后,朝廷又将郑芝龙调往福建北部防区,厦门由钟斌防守。在钟斌得势期间,他和他的

---

① 据江日升:《台湾外记》,陈衷纪等人在郑芝龙第一次受抚时,因不愿意受抚,回到台湾,在台湾感染疫病,后来听说郑芝龙又回到海上,乃从台湾出发要去会合,在行到澎湖时,遭遇李魁奇船队的围击,陈衷纪、杨天生、陈勋等病刚好,乃不敌李魁奇,为李魁奇所杀。见《台湾外记》卷之一,崇祯元年九月条。

② 参阅《热兰遮城日志》第一册,第14~17页。但据江日升《台湾外记》,李魁奇是在海战中被郑芝虎、陈秀等所杀,见《台湾外记》卷之一,崇祯二年四月条。

③ 《热兰遮城日志》,1630年2月13日条。

④ 《热兰遮城日志》,1630年2月14日条。

⑤ 《热兰遮城日志》第一册,第18页。

⑥ 《热兰遮城日志》,1630年3月24日条。

⑦ 这是荷兰文献中的姓名,难以还原成中文。

部属所作所为类似李魁奇,横行霸道,商人们都怕他们。① 荷兰人难以判断福建沿海混乱的形势,不知道要把宝押在钟斌还是郑芝龙身上,7月下旬,郑芝龙和钟斌都来信给荷兰人,郑芝龙想联络荷兰人进攻钟斌,而钟斌则答应赔偿攻击荷兰人船只所造成的损失。见钟斌盘踞在漳州、厦门海域,荷兰人婉拒郑芝龙,又和钟斌打交道。12月3日,东印度公司驻大员长官普特曼斯派商务员与钟斌达成贸易协定,钟斌基本上还是秉承朝廷不许外国人上岸自由贸易的原则,不许荷兰人擅自到中国沿海或上岸贸易,但中国商人可以自由到巴达维亚或大员贸易;荷兰人也可以自由用中国帆船运货到厦门贸易。但十多天过去后,钟斌就被郑芝龙击败,钟斌虽一度逃脱,但次年3月中旬在郑方追击他的海战中,其座船被郑方船只犁翻,本人淹死。② 漳厦海域重新回到郑芝龙的控制中。

明代中后期,从日本到南洋的水面上存在着许多亦商亦盗的水上武装集团,有人把他们统统都视为明朝海禁政策下的武装走私商人,甚至连倭寇都被视为中国私商,这难免有失偏颇。亦商亦盗的水上武装集团中,有偏向于盗的(亦盗亦商),有偏向于商的(亦商亦盗)。像李魁奇、钟斌,还有后来的刘香,他们出身海盗,习惯烧杀抢劫,但在晚明海外贸易的背景中,他们难免也想沾手商贸活动,但他们没有商业网络,无法组织货源,而一般商人对他们避之唯恐不及,他们因此无法走上从商之路,最后难免穷途末路,走向败亡;而从事海外贸易的商人,在水面不安全的情况下,他们要拥有自己的武装,有时难免也有抢劫行为,但他们主要从事的是商业活动,像李旦,在大陆、在海外,都拥有庞大的商业网络,商业利益是他收入的最主要来源。他之后,郑芝龙铲除了许心素,继承了他的商业网络,后来郑芝龙进一步发展这个网络,并把它传给儿子郑成功。在郑成功手上,这个网络发展成陆路五商(金木水火土五商)和海路五商(仁义礼智信五商),后面我们对此将有叙述。商业网络之外,郑芝龙以及他的儿子郑成功还拥有一支强大的海上武装力量,不仅扫除了李魁奇、钟斌以及后来的刘香等大小海盗,还能抗衡并压制外国的武力,保护自己以及其他海商的商业利益,在世界贸易史以及海洋史中占据了一个重要的位置。

四、海商至官商

郑芝龙消灭钟斌,重新控制漳厦海域后,台湾海峡的形势趋于稳定,但这时可能是因为海盗屡屡横行,官方的海禁政策却趋于严厉,私商们只有在晚上才敢到荷兰人的船上进行交易,贸易几乎完全停顿。③ 2月下旬,荷兰人被告知,"都督"要来厦门,为了免得"都督"看到荷兰人的船,他们的船只要停泊到漳厦海域外面的岛屿边上去,或者其他"都督"看不到的地方,在"都督"在厦门的日子里,漳厦海域以及安海的交易活动都停止了。"都督"在厦门一直待到3月上旬,荷兰人自然是很难受的。在传闻"都督"要去东山后,

---

① 《热兰遮城日志》,1630年5月18日条。
② 以上关于钟斌的事情,参阅江树生译:《热兰遮城日志》第一册,第21~37页。
③ 《热兰遮城日志》,1631年2月24日条。

才有很多商人来船上交易。① 接下来,郑芝龙通知荷兰人,以后将不许荷兰人的船只开到漳厦海域,但持有船引(荷兰人称通行证)的船只将会到大员去和荷兰人交易,这些船只将会运去很多货物。② 船引制度始于隆庆元年(1567 年),当时,明朝廷实行东西洋贸易制度,开放漳州府海澄(月港)为出洋贸易的口岸,"航海商贩,尽由漳、泉,止于道、府,告给引文为据"③。即,持有漳州、泉州两府发的船照的海商,到月港向督饷馆申领船引,缴纳引税,然后驾船自月港或安海港至中左所(即厦门),验货放行,从浯屿出海放洋。天启、崇祯年间,海盗横行,"因天启六年以后,海寇横行,大为洋舶之梗,几无孑遗,饷额屡缩,自是不复给引。"④ 再加上月港淤积,洋船(出洋贸易的海船)不再驶入月港,而以厦门为始发港,海澄的督饷馆遂形同虚设,于崇祯四年、五年之间停止发放船引。但这时海外贸易的税收是晚明财政收入的重要来源,于是,船引改由福建当局和海防官员发放。⑤ 船引的发放,是有定额的,与官府有勾结的大商人,或直接就是官商,才有可能获得船引,荷兰人已经观察到这一点,他们说:"在安海、海澄和厦门,约有二十艘戎克船是由官员或他们的儿子,或朋友装备的,这些都是为军门所不知情的。"⑥ 说不知情也未必,前面我们已经看到俞咨皋和许心素之间的官商勾结。其他私商,包括漳泉两府以外的海商,只能作为散商搭乘漳泉海商的船只出海。这无疑是不公平的,但当时许多私商乃小本经营,无力打造海船,也只好搭乘大海商的船只出海贸易。郑芝龙告诉荷兰人,官方已经发放六张船引(这六张船引为福建巡抚熊文灿所签发),其中两张已经给了两个商人(后来的事实表明,这两个商人仅是他个人的代理人而已),其他的四张,将给荷兰人,由荷兰人再给他们认为可靠的商人。⑦ 荷兰人最希望的是在沿海进行自由贸易,但既然做不到,福建商人能到大员进行贸易也是不错的。不过,他们还是一直派出船只到漳厦海域,希望在那里直接交易,只是在海禁政策趋于严厉的情况下,贸易并不顺利,一直"萎靡不振"。⑧ 1631 年 5 月底,荷兰人在大员等来了商人 Gampea⑨,6 月底,则等来了商人 Bendiock。⑩ Gampea 所载来的货物大部分是糖和明矾,有少量的生丝。Bendiock 则载来 200 担砂糖和 200 担糖姜。明代中后期,蔗糖已是闽粤地区广泛生产的消费品,但在很多地方则还

---

① 《热兰遮城日志》,1631 年 3 月 4 日、5 日条。
② 《热兰遮城日志》,1631 年 3 月 4 日;3 月 15 日;4 月 5 日条。
③ 顾炎武:《天下郡国利病书》卷一〇〇,《广东四》。
④ 崇祯《海澄县志》卷六,《秩官志》。
⑤ 杨国桢:《17 世纪海峡两岸贸易的大商人》,载氏著《瀛海方程:中国海洋发展理论和历史文化》,北京:海洋出版社,2008 年,第 244 页。
⑥ 《热兰遮城日志》,1632 年 2 月 26 日条。
⑦ 《热兰遮城日志》,1631 年 3 月 4 日条。
⑧ 《热兰遮城日志》,1631 年 5 月 28 日条。
⑨ 《热兰遮城日志》,1631 年 5 月 29 日条。Gampea,有人译为颜伯爷,与闽南语发音颇为切合。并有人推测他为郑芝龙妻子颜氏娘家人。
⑩ 《热兰遮城日志》,1631 年 6 月 26 日条。Bendiock,有人译为郑明禄,并推测他为郑氏族人,与郑成功同辈分。

是比较稀罕和畅销的,荷兰人不但把糖运回欧洲,而且还沿途销售,譬如,在波斯,他们就销售了许多蔗糖,日本也是他们销售蔗糖的一个重要市场。以后,Gampea和Bendiock还载货到大员来,11月底,"Gampea的戎克船又满载货物(从厦门)出来,有糖、明矾、布料和一些生丝。但那些生丝因为太缠绕又太掺杂,无法接受,所以予以退回"①。12月中旬,Gampea搭一艘戎克船载来一些糖和生丝,②而Bendiock则搭乘一条从日本来的戎克船,载了一些糖和生丝去大员,③除此而外,去大员的商人很少,几乎没有。事实上,"军门(当指巡抚)"禁止商人到大员与荷兰人贸易,除了Gampea和Bendiock,其他商人都在被禁止之列,看来郑芝龙所说的两张船引,就是给了Gampea和Bendiock,另外答应由荷兰人分发的四张船引则迟迟不见踪影。11月,荷兰人的船队去到厦门海湾,停泊在烈屿(小金门)附近,但除了Gampea,没有其他商人敢到荷兰人的船上贸易,④Gampea将他的戎克船停靠在荷兰人的船旁边,荷兰人将他船上的货全部买下来,Gampea和荷兰人的交易,是在浯铜游击⑤睁一只眼、闭一只眼的情况下进行的,Gampea是郑芝龙的人,其他人则无此背景。荷兰人感觉到无论在大员,或在厦门海湾,"交易进行得非常缓慢"⑥,荷兰人明白,郑芝龙控制了厦门湾与闽台海域,没有他的许可,就很难开展贸易。⑦为此,东印度公司驻大员的长官普特曼斯派代表去安海和郑芝龙交涉,但郑芝龙的答复是,他为了荷兰人的贸易,已经受到上司很大的猜疑,为此,每年要用五千两的银子去疏通上司,贸易的状况不能再有所改善了。⑧ 此外,荷兰人却在安海和郑芝龙的继母(荷兰文献中称为郑妈)进行了大量的交易,买到了大量的生丝、糖和黄金,用去了携带的全部资金6000里尔,赶快回大员补充资金。⑨(此时郑芝龙被福建当局派到闽西去镇压钟凌秀起义)荷兰人赶快补充了8000里尔的资金,并且又准备了8000里尔的后继资金。荷兰人在安海不断地买到生丝、糖和黄金,用去了大量的资金,12月中旬,又运去了12000里尔的资金。⑩ 实际上,荷兰人在这一段时间内基本上只和郑氏家族在进行交易,郑芝龙已经垄断了对荷兰人的贸易。次年,有个商人Jocktay告诉荷兰人,说:"一官在为中国政府工作的期间,都由他自己一人包办所有荷兰人的事务,因此不准任何没有他的许可的商人航往大员,用以独享所有的利益,就像以前许心素所做的那样,也因此,他只用Bendiock和Gampea来秘密进行他的计划,既不用其他商人,也不准其他商人来通商贸

---

① 《热兰遮城日志》,1631年11月25日条。
② 《热兰遮城日志》,1631年12月11日条。
③ 《热兰遮城日志》,1631年12月14日条。
④ 《热兰遮城日志》,1631年11月7日条。
⑤ 《热兰遮城日志》原文为gontongion,江树生注释为浯铜游击,见《热兰遮城日志》第一册,第49页。浯当为浯屿,铜当为铜山,即东山。
⑥ 《热兰遮城日志》,1631年11月20日条。
⑦ 《热兰遮城日志》,1631年7月4日条。
⑧ 《热兰遮城日志》,1632年1月11日条。
⑨ 《热兰遮城日志》,1631年11月26日条。
⑩ 《热兰遮城日志》,1631年12月15日条。

易,除非他们事先同意愿意支付生丝5%、布、糖、瓷器和其他粗货7%给他。他直到现在都在享受这项收入。这使很多自立的商人无法运货前往大员交易。"①荷兰人对此自然是深感不满的。在垄断对荷兰人贸易的同时,郑芝龙还进行南洋贸易和日本贸易,1632年第三季度,就有17艘船只从南洋各地贸易回到安海和厦门,②无疑,这其中有许多是属于郑芝龙的。实际上,Gampea 和 Bendiock 去大员的次数并不算多,这可能是因为还要他们去南洋贸易。比如,1632年1月4日,Gampea 便装船去巴达维亚,荷兰人还托他带信去给巴城总督。③这样,郑芝龙便完成由亦商亦盗而官,再由官而官商的道路。当初,许心素勾结俞咨皋,也成为官商,短暂地垄断过对荷兰人的贸易,但他的武装力量小,主要是依靠俞咨皋,走官商勾结的路子,最终被武装力量庞大的郑芝龙击败。

但郑芝龙既然有了官的身份,他也就要在封建体制内行为,要去适应晚明时紧时松的海禁政策。在海禁政策收紧时,他也不得不要求荷兰人有所收敛。崇祯五年(1632年)海禁政策进一步收紧,一艘没有船引要去马尼拉的商船被抓,在海商中引起很大恐慌。最后是"……将每年批准8艘戎克船到大员进行贸易,不许荷兰人去大陆进行贸易"。实际上,从崇祯五年(1632年)年底到崇祯六年(1633年)年中,荷兰人只是偶然地买到一些生丝和糖,也就是在此期间,热兰遮城日志中开始频繁出现小戎克船与渔船的记载,小戎克船和渔船虽然也进行贸易,但他们的货少,且大多是粗货。

五、战争中商人充当信使

面对当时世界上利润最高、数量最大的商品,却无法开展贸易,大员商馆的资金,每年只用去四分之一,④荷兰人感到非常窝火,他们和两百多年后的英国人一样,决定对中国发动一场"严酷的战争",并在中国沿海一带烧杀抢劫,以迫使中国打开贸易的大门。1633年(崇祯六年)7月7日,荷兰人制定计划,"……要遵照总督阁下与东印度议会的指令,要用最猛烈、又尽量少流血的办法,向中国作战,去攻击、夺取他们的船只……把所有泊在岸边或搁在陆地上的船只统统烧毁,把夺得来的货物保存下来"。⑤具体部署是两艘船去汕头湾南部的马耳角、两艘去诏安湾、一艘去东山,而主力九艘则取厦门湾,这里不仅是对外贸易中心,也是明朝廷南方水师基地以及郑芝龙船队的驻扎地。7月9日,荷兰人的舰队从南澳湾起航。7月11日夜,荷兰人的舰队停泊在鼓浪屿与海澄县的海岸之间。此时,明朝廷的水师舰队也停泊在这里,郑芝龙的船队追击海盗刘香刚回来,也停泊在这里,有几艘船还搁岸清洗。因荷兰人经常来厦门湾做生意,明军水师与郑芝龙舰队均未疑有他。12日黎明,荷兰人突然发起偷袭,明军猝不及防,共有25至30艘配备

---

① 《热兰遮城日志》,1633年9月15日条。
② 《热兰遮城日志》,1632年9月11日条。
③ 《热兰遮城日志》,1632年1月4日条。
④ 《热兰遮城日志》,1633年7月24日条。
⑤ 《热兰遮城日志》,1633年7月7日条。

有20至30门大炮的大舰船和25至30艘的小船被击毁,荷兰人并烧毁与破坏所有的船只。① 接下来,荷兰人在闽南沿海一带烧杀抢劫。7月24日,Bendiock,Gampea和郑芝龙方面两个代表带信来,谴责荷兰人的偷袭行为,要求荷兰人返还夺取的戎克船,并退回大员,答应在荷兰人退回大员后,将和他们进行交易。② 荷兰人回信,辩称他们发动战争是因为得不到贸易自由,因而遭受到损失。(荷兰人认为他们资金闲置,没赚到钱就是损失)Bendiock和Gampea以及两个代表将荷兰人信件带回。③ 次日,Bendiock和Gampea再次来到荷兰人的船上,他们带来80两黄金和一些货物,以抵还Gakmpea欠荷兰人的债务,并要求荷兰人归还他们抢去的一艘从马尼拉返航的戎克船。第三日(7月26日),Bendiock,Gampea以及两个代表又来到荷兰人船上,带来泉州巡海道的,以及郑芝龙本人的书信,再次谴责荷兰人背信弃义的袭击,并要求荷兰人赔偿中国方面的损失,要求荷兰人退回大员。郑芝龙在他的私人信件中并痛斥荷兰人乘他不备偷袭的卑劣行径,说荷兰人如果向他宣战,他将以战士的姿态应战,到那时,谁战胜才算光荣。荷兰人答复Bendiock等人说,这是一件重大的事,大员长官和议会将要商议,然后再以书面答复。④ 7月28日,Bendiock,Gampea偕同官方一个代表再次来到荷兰人船上,要来取荷兰人的答复,荷兰人说还没有写好,Bendiock等人乃宿在停泊在鼓浪屿边上的一条船上,次日再到荷兰人船上取荷兰人的答复,荷兰人在信中宣称,他们得不到自由贸易,所以发动战争,他们认为他们这样做是正当的,并开出他们的条件:他们要在厦门湾、安海、大员巴达维亚等地跟所有的人自由地贸易;他们要在鼓浪屿修造建筑物,以进行交易及存放货物;他们的人员要毫无阻碍地随意在海澄、漳州、安海、泉州以及其他邻近地区通行、贸易;他们的船只要毫无干扰地在鼓浪屿、厦门、烈屿、浯屿及其他优良港口停泊;他们还要派人驻在省城福州,以代理他们的利益;同时还要求不许与马尼拉、鸡笼等他们的敌人西班牙人占据的地方通商。⑤ 澎湖危机时明朝廷的底线就是荷兰人撤出澎湖,对比一下,可以看出,荷兰人这次的要价是如何之高,显然,荷兰人以胜利者自居。

商人之所以充当信使,是因为在明朝廷和荷兰人之间并没有联系的机制。明朝的朝贡体系并不包括西洋诸"夷",闽粤浙地方政府虽然和佛郎机等诸"夷"有接触,但以防守为主,也没有对话的机制,而商人则和双方都有联系,而且懂外语(郑芝龙本人就是翻译出身),自然而然就成为信使。在商人没有来到他们的船上时,荷兰人也无法和明朝政府联系,他们为了要和明官方取得联系以探寻明政府的态度,将一份"通牒"贴在一块大木板上,插到陆地上,希望能被看到。⑥ 8月中旬,荷兰人在诏安湾虏获一艘从广南回航的中国商船(戎克船),在抢劫了船上的货物后,将船上的两个商人放上岸,并要他们充当信

---

① 《热兰遮城日志》,1633年7月9日条,7月11日条,7月12日条。
② 《热兰遮城日志》,1633年7月24日条。
③ 《热兰遮城日志》,1633年7月24日条。
④ 《热兰遮城日志》,1633年7月26日条。
⑤ 《热兰遮城日志》,1633年7月29日条。
⑥ 《热兰遮城日志》,1633年8月12日条。

使。在接下来将近一个月的时间里,两个商人来往于荷兰人和海澄县之间,荷兰人借助他们再次表达了他们在 7 月 29 日信中表明的要求,而海澄县方面则答复,如果要通商则要用和平的方式表达,并要退回到大员去等待。① 估计海澄县应该是向上级进行了汇报,对荷兰人的答复符合明朝廷的原则。8、9 月,荷兰人的舰队一直在闽南沿海游弋,一路烧杀抢劫,既上岸对无辜的村庄农户进行攻击,抢劫他们的牲畜以补充给养,也抢劫海上的中国商船。但荷兰人也发现中国人在集结力量,不仅集结了许多大船,也准备了许多火船,荷兰人想再次袭击厦门,但明军有备,他们已经无法进入厦门湾。此时,福建巡抚邹维琏亲自到漳州督师,他已经调集了 150 艘船只,其中 50 艘为大型舰只,准备跟荷兰人决战。明军于 10 月 15 日誓师,10 月 22 日黎明在金门料罗湾向荷兰舰队发起攻击,而郑芝龙为先锋。是役明军大败荷兰人,郑芝龙也实现了自己先前的豪言壮语。10 月 27 日,荷兰人退回大员。经此一役,荷兰人无力再战,乃收起先前的条件,期待与中国重开贸易。11 月 23 日,郑芝龙派商人 Sidnia 携带信件到大员,谴责大员长官普特曼斯为发动战争的罪魁祸首,但同时也表达了愿意进行和平贸易的愿望。② 大员长官与议会决议派遣东印度公司认为可靠的、住在大员的中国商人 Hambuan③ 携带信件前往福建,商谈重开贸易的事情,并向官员进行贿赂。④

Hambuan 和李旦一样,经营南洋到日本这一条线的贸易,是一位成功的商人。他一直住在大员,郑荷战争时,他就在大员。Sidnia 到大员后,也曾和他联系,打探荷兰人的消息。Hambuan 到福建后,不断地通过去大员的小戎克船和渔船传递消息给荷兰人,显见他在闽南有广泛的人脉。他在 12 月 30 日抵达安海水头⑤,然后见了好几个大官,并送了礼,也和郑芝龙见了面。此时,福建巡抚易人,沈犹龙接替邹维琏,海禁政策有所松动,Hambuan 写信给大员的荷兰人,告诉他们官方将准许贸易,前景看好,将会有大量商品运到大员。⑥

Hambuan 的福建之行,固然是为荷兰人充当信使,但他同时还做了些什么,则沉入历史永远的黑暗之中,无人知晓。我们只看到,他在充当信使的同时,也不忘做生意。1634 年 2 月 3 日(崇祯七年正月初六日),Hambuan 的船只从安海载运 40 担生丝、200 篮子糖和一些姜到大员。Hambuan 此举意义重大,在此之前,与荷兰人交易的事务被郑

---

① 《热兰遮城日志》,1633 年 8 月 24 日条。
② 《热兰遮城日志》,1633 年 11 月 23 日条。
③ Hambuan,台湾学者翁佳音根据发音,推测他是同安乡绅林亨万,以后许多论文、著作对 Hambuan 径书林亨万。但杨国桢先生指出,林亨万系同安嘉禾里塔头村(今厦门市思明区塔头村),两榜进士出身,崇祯元年官太常寺卿,疏乞终养。明代乡绅势力极大,现任官都得礼让几分。林亨万因表弟被官府抓去,派干仆去县衙将差役抓到家中毒打,表现出一个典型的晚明乡绅的做派,他和冲风冒浪,最后死于海难的海商 Hambuan 是完全不同的形象。今据杨国桢先生,仍书 Hambuan。
④ 《热兰遮城日志》,1633 年 12 月 9 日条。
⑤ 原文为 Suytau,水头是闽南最常见的地名之一,江树生注明这是安海湾内的水头。
⑥ 《热兰遮城日志》,1634 年 1 月 22 日条。

芝龙包办，上面我们已经说过，郑芝龙不许其他商人和荷兰人打交道，或者向他们课以重税，使得他们与荷兰人贸易无利可图，除了Bendiock与Gampea以外，到大员贸易的商人很少。Hambuan在见福建的大官时，如何行贿，我们无从得知。（他替荷兰人"送礼"是见之于文献的，有没有借机自己也"送礼"，则不得而知。）但他应当不会放过这个和大官建立关系的机会。另一方面，他以及后面我们将看到的一些住在大员的中国商人与荷兰人关系密切，在有了这两方面的关系后，Hambuan就能够打破郑芝龙的垄断，从事对荷兰人的贸易，而其他许多商人也跟进。1634年3月7日，Hambuan的商船回到大员，运来130担又半担的生丝和各种丝货。同时跟他来的还有2艘小戎克船，装载普通的货物。① 在金门料罗湾之役后，小戎克船与渔船就一直来往于海峡两岸之间，但他们的货物不多，且多是粗货，荷兰人盼望的是大商船，以前他们寄希望于郑芝龙，现在，Hambuan带来了许多商人。在以后的记录里，我们就看到有商人跟随Hambuan来大员做生意，②并且荷兰人也要求Hambuan招徕更多的中国商人来大员贸易。而Hambuan告诫荷兰人，要善待中国商人，对于那些到大员贸易的商人，"要以合理的方式让那些前来的商人交易，并且要用日本银支付他们，但不要收取规费，使他们有利可图"③。因为荷兰人老想用滞销的胡椒支付给中国商人。

另一方面，荷兰人原来打算，如果中荷贸易不能开展，将联合刘香等海盗，来获取中国商品。据《巴达维亚城日志》载：

> 海贼杨格劳又率前交涉中的全部兵力至澎湖列岛，通过书翰及特使屡次提出用其兵力反对中国，虽然他到达该地区，会使我们正在启动的交涉和事情的进展造成不少麻烦，但总督及参事会命令长官普特曼斯就还是对他表示友情和好意，将其一部分兵力招募至澎湖列岛和台湾的港口，并提供方便。如果现在正在开始谈判全部落空，达不到完全自由贸易的目的，我们也可以用已经交付的以及今后还要交付的资金，依靠海贼充分获得中国的砂糖、布匹、生丝和其他货物。如果没有办法与中国进行贸易通商，也利用他的好意，对中国开战，借助上帝的帮助，体面地了结此事。④

此处的海贼杨格劳当指海盗刘香⑤。刘香，"时诸贼咸称其'香老'，姓刘，漳（州府）之海澄人，五短身材，性极骁勇，勾引无赖，驾小船出金门，劫掠商舡。突起猖獗，聚众数

---

① 《热兰遮城日志》，1634年3月7日条。
② 《热兰遮城日志》，1635年1月11日条。
③ 《热兰遮城日志》，1634年2月3日条。
④ 《巴达维亚城日志》，1634年5月14日条。
⑤ 中村孝志在校注《巴达维亚城日志》时认为这个海盗杨格劳"是1630年代前半期出生于华南沿海一带的海贼"，并推定他可能是杨禄或杨六（按：杨禄或杨六应为同一个人），参见松浦章：《中国的海贼》，北京：商务印书馆，2011年，第90页。但据《热兰遮城日志》，当时在澎湖和大员、魍港一带活动的是刘香而不是杨六，刘香为何在《巴达维亚城日志》中有个名字叫杨格劳，不得而知。

千,有船大小百余号,杀伤官军,横行粤东碣石、南澳一带地方"。① 他在 1634 年 3 月 15 日率领其船队(十三四艘戎克船)到达澎湖,在此之前的几天,刘香打败郑芝龙的部将陈斌②,在厦门海域抢劫十几艘准备出航南洋的洋船,那些洋船因海面刮着强烈的南风无法出海航行而在厦门海域等候。刘香将抢得的货物出售给荷兰人。③ 从上引的《巴达维亚城日志》的记载我们可以看到荷兰人视海盗抢劫来的货物为获得中国商品的一个渠道,在无法从其他渠道获得中国商品的情况下,这也被他们视为一个通商的方法,荷兰人为做生意真是无所不尽其极。在他们偷袭中国舰队,后来又被中国舰队击败,退回大员后,他们感到在中国东南沿海的通商已经无望,因此曾经想联手刘香等海盗,在东南沿海继续骚扰、抢劫,并购买刘香等海盗抢劫的货物。但这一段时间里 Hambuan 一直来往于两岸,沟通双方,他在 3 月 7 日从闽南回到大员时,带来郑芝龙的信,"一官在他的来信里没有说到特别的事情,只有一部分证实 Hambuan 的报告说,我们的馈赠,大官们很喜欢悦纳,会得到贸易是无须怀疑的。"但同时,郑芝龙也要 Hambuan 转告荷兰人"用战争是捞不到好处的"。Hambuan 还说,他已经斡旋来大员的船引(通行证)了④。荷兰人当然想和中国进行正常的贸易,从海盗手里获取中国货毕竟不是一个正常和稳定的渠道,但他们毫无来由地偷袭中国舰队,在中国沿海烧杀抢劫,可能因此心虚,在贸易前景尚未完全明了时,他们还不想和刘香等海盗撕破脸皮,只是告诉刘香,他们以贸易为重,并要刘香离开澎湖。⑤ 3 月 15 日,大员长官普特曼斯与议会派了一个商务员和翻译带信去澎湖告诉刘香,"如果他要来大员跟其他商人一样在公司之下居住,我们将欢迎他们来,但是如果不能这样做,(若要跟公司保持友谊)就请离开澎湖,并且要让来往此地的戎克船都能安然航行,否则,我们将不再是他的朋友,而(虽然不得已)必将成为他的敌人;相反地,如果让我们没有妨碍地进行交易,就不必害怕我们回来对付他,因为我们打算将来如果被拒绝交易,就要经过他来进行交易"⑥。这封信完全表达了荷兰人生意第一的原则和首鼠两端的心态,从稍后的记载来看,荷兰人倾向于判断贸易可能开展,而刘香将成为一个障碍,6 月 4 日,有三艘戎克船从安海,载有大量的生丝、丝绸、上等的糖和瓷器来到大员,这都是荷兰人渴求的商品,两个持有"临时通行证"的商人告诉荷兰人两个信息,一方面,中方坚持要求荷兰人道歉,另一方面,他们的船在两个月以前就将货物装载

---

① 江日升:《台湾外记》,崇祯六年癸酉冬十一月条。
② 在《热兰遮城日志》中作 tampingh,江树生注释为陈斌,与闽南话发音切合。
③ 《热兰遮城日志》,1634 年 3 月 15 日条。
④ 《热兰遮城日志》,1634 年 3 月 7 日条。
⑤ 在这里我们可以看到信息在大员和巴达维亚城之间的传递有一个时间差。信件在大员和巴达维亚城之间的传递靠的是来往于两地之间的商船,首先是荷兰人自己的商船;其次,荷兰人也往往利用中国商船或其他商船来传递信件。在 1634 年 5 月 VOC 巴达维亚城总部关于对刘香的策略中,还保持两可的态度,但 3 月,大员商馆已经从 Hambuan 那里等到了有望通商的信息,究竟是因为这个信息尚未充分得到肯定,或巴达维亚城总部尚未得到大员商馆的来信,则不得而知。
⑥ 《热兰遮城日志》,1634 年 3 月 15 日条。

完毕,而刘香待在澎湖和漳厦海域,使得他们无法前来大员。① 这种形势当然会促使荷兰人抛弃刘香。刘香对荷兰人态度的转变感到惊讶,他于次日(3月16日)答复荷兰人,希望跟东印度公司联手对付郑芝龙,并要跟荷兰人缔结稳固的契约。② 但荷兰人明白,刘香并不是一个商人,甚至亦盗亦商都不是,他就是一个海盗,他那里并没有稳固的货源,而Hambuan的沟通和斡旋看来很有希望,因此,他们坚持要刘香离开澎湖。接下来的时间里,荷兰人和刘香双方之间不断交涉,关系越来越坏,住在大员的中国商人感到局势的紧张,Hambuan等人要求住到荷兰人的城堡里以确保安全,荷兰人也答应了。刘香向荷兰人提出购买一些大炮的要求,并要求到魍港修理船舶,荷兰人都予以拒绝,只答应卖给他两桶火药(每桶50磅)、两根大梁、5担铅,并要他离开,荷兰人告诉刘香:"我们完全不能同意他把他的舰队开来魍港,因为那将造成商人的埋怨恐慌。他留在澎湖不知道已经使公司遭受多少损失了,若再来魍港,必将使公司遭受更大的损失。因此,他如果想要保持跟公司友好的关系,不去自找毁灭,那么就要尽快离开澎湖,越快越好。"③刘香终于恼羞成怒,于4月9日黎明前攻打热兰遮城堡,但遭到失败。④ 自此,荷兰人和刘香的关系破裂,刘香的舰队也离开台湾海峡。

刘香离开台湾海峡后,Hambuan继续来往于闽南和大员之间做生意,此时荷兰人和福建官方尚在沟通之中,但Hambuan和一些商人已来往于两岸之间进行贸易,他们同时也充当信使。1634年6月4日,3艘来自安海的戎克船运来许多货物,同时带来信息,如果荷兰人要想正常的交易,先要就他们发动战争之事道歉并赔偿损失。7月13日,荷兰人派Hambuan充当信使,与福建来的上述两个商人一起与福建官方沟通,并为此支付他们几个人的费用。⑤

经过Hambuan等商人的沟通和斡旋,对大员的贸易逐渐走上坦途,10月,福建巡抚终于发出三张去大员贸易的船引(通行证),一张给Bendiock,一张给Sidnia,一张给许心素的叔伯Jocksim。Jocksim是一直住在大员的。这三张船引是在钦定的东西洋贸易定额中拨出来进行大员贸易的船额,而郑芝龙则垄断了泉州府的船引额度。⑥ 另外,福建巡抚以他自己的名义又签发了一张船引,以"使所有的商人都能自由地用上述戎克船(于缴付国税之后)来大员跟荷兰人交易"。⑦ 实际上,向来在与荷兰人的贸易中,最大的利益落入郑芝龙的口袋中;而对于福建官方的贸易决策,也只有郑芝龙有足够大的影响力,但他此时是明朝廷官员的身份,站在与荷兰人对立的立场上,因此,沟通的事情只能由私商们来承担。而私商们在沟通的过程中,也打破了郑芝龙的垄断,在对荷兰人的贸易中

---

① 《热兰遮城日志》,1634年6月4日条。
② 《热兰遮城日志》,1634年3月16日条。
③ 《热兰遮城日志》,1634年3月30日条。
④ 《热兰遮城日志》,1634年4月8日条。
⑤ 《热兰遮城日志》1634年6月4日;7月13日条,等。
⑥ 杨国桢:《17世纪海峡两岸贸易的大商人——商人Hambuan文书试探》,《中国史研究》2003年第2期。
⑦ 《热兰遮城日志》,1634年10月21日条。

分得了一杯羹。虽然郑芝龙还处处排挤他们,但毕竟,缺口一旦被打开,越来越多的私商加入对大员的贸易中来。Hambuan在写给大员长官普特曼斯的信中说:"一官的心腹亲信排挤他,跟他抢生意,使得商人Jocksim与Jocho都不想去申请通行证(船引),通行证都必须每三个月换新一次,因为一般的商人大多倾向于要搭乘一官的商船,而不想搭乘他们的商船(益处一半),因为他们搭乘一官的商船,在中国就不必缴纳应缴的税金。但Hambuan最后还是说服上述商人继续申请通行证。"

六、中国商人和中荷在台湾贸易的兴衰

刘香从台湾海峡撤离后退到广东海面,进犯海丰。1634年6月中旬,郑芝龙亲率舰队往广东剿刘香,双方在南澳海面遭遇,刘香击败郑芝龙手下将领Oubooglauw[①],夺取郑方一艘大船,烧毁两艘,击坏两艘;郑芝龙乃率领舰队退回安海,厦门海域戒严。[②] 不久,刘香诈降,将船队停靠在潮州海面,表示要接受招抚。原福建巡抚,此时已升任两广总督的熊文灿派守道洪云蒸、巡道康承祖、参将夏之本和张一杰上船受降,结果四人被挟持入海,刘香重又流窜海上。[③] 崇祯下诏切责熊文灿,熊文灿乃于崇祯八年(1635年)三月会同福建巡抚邹维琏檄令郑芝龙剿灭刘香,郑芝龙舰队于四月初八日会刘香舰队于广东田尾洋海面,鏖战两日夜,终灭刘香。[④] 自此,郑芝龙控制了中国东南海域,"海舶不得郑氏令旗不能往来,每一舶列(例)入三千金"[⑤]。"通贩洋货,内客夷商皆用飞黄(郑芝龙)旗号,无儆无虞,如行运河。"[⑥]郑芝龙海上武装力量的强大,一方面使得海上贸易有了一个相对安全稳定的局面,另一方面也促使荷兰人待在大员,而许多大小商人纷纷来到大员和荷兰人贸易,使得台湾海峡两岸的贸易走向繁盛。

但是大员的贸易繁荣没有持续多久,以郑芝龙为首的闽南海商集团力量强大,很快就掌控了东西洋贸易,大员的贸易急剧衰落。此时中国的局势剧变,清朝入主中国,郑芝龙降清,被裹挟北上,其子郑成功以海商集团的资金和船队为基础,坚持抗清,并驱逐荷兰人,收复台湾。收复台湾后不久郑成功即病亡,子郑经继承其事业。郑经不久即丢失厦门、金门等沿海岛屿,退守台湾,其时台湾仅南部的一些地区略有开发,农业经济不发达,物产匮乏,遑论商业。整个郑氏时期,台湾的商业乏善可陈,尚未发现有突出的商人。明郑时期,英国人想步荷兰人和西班牙人之后,与明郑做生意,明郑也想购买西方军火,但明郑所能提供的仅有糖,且数量有限,双方虽然定有合同,但具体执行情况如何,不得而知。

---

① Oubooglauw,江树生指当为Oubooylauw,并注释为胡美老。
② 《热兰遮城日志》1634年6月29日条。
③ 曹履泰:《靖海志》卷一;江日升:《台湾外记》卷一,崇祯七年甲戌夏五月条等。
④ 江日升:《台湾外记》卷一,崇祯八年四月条。
⑤ 邹漪:《明季遗闻》卷四。
⑥ 花村看行侍者:《谈往》,"飞黄始末"条。

第三章

清代中后期在台湾的闽商

第一节 清代台湾的郊商

清朝时期,在市场扩大、货币流通、资本积累、竞争激烈的商业贸易形势下,商人们为了追求更大的利益及贸易保障,便会通过各种方式集结成商业团体,各依祖籍、行业、宗教结合,构筑更加广大和稳定的社会网络,团结共谋利益。台湾地区最广为人知的商人组织就是"行郊"。"郊者,商会之名也。"①与大陆的工商行会类似,但"郊"的称法,仅见于闽南,以台湾最盛。台湾之"郊",又叫"郊行"或"行郊"。

在台湾行郊中,最早形成的是"台南三郊"。《台湾私法商事编》中记曰:"配运于上海、宁波、天津、烟台、牛庄等处之货物者,曰北郊。郊中有二十余号营商,群推苏万利为北郊大商。配运于金厦两岛、漳泉二州、香港汕头、南澳等处之货物者,曰南郊。郊中有三十余号营商,群推金永顺为南郊大商。熟悉于台湾各港之采籴者,曰港郊……有五十余号营商,共推李胜兴为港郊大商。"②此外,台南还有许多其他小郊。到嘉庆二十一年,鹿港已设有八郊。咸丰年间,还增加台北三郊。"一府二鹿三艋舺"为行郊的集聚地,还有台湾各港埠率多有行郊组织。由于台湾土产与农产品输出及日用品输入,均赖于港口转运,并且市集多形成于口岸,因此台湾之"行郊"多集中于沿海或内河之各港口。

商人加入"行郊"多依自愿原则,具有一定的自发性,政府较为放任。在维系行郊组织上,订立有郊规,郊规为其自治规范,规定郊员的权利义务以及各种商事规约,郊员须恪守勿违,并且郊规的效力往往及于郊外的商人。《台湾私法商事编》中就收录有关台南三郊的郊规条约。并且他们还以共同宗教信仰维系组织,连横在《台湾语典》中对"郊"的解释是"为商人公会之名,共祀一神,以时集议"③。由于要经历种种自然环境与社会间

---

① 《台湾私法商事编》,台湾文献史料丛刊第九辑,台北:大通书局,1987年,第11页。
② 《台湾私法商事编》,台湾文献史料丛刊第九辑,台北:大通书局,1987年,第11页。
③ 连横:《台湾语典》,第21页。

的搏斗,先民求神祈福之心特炽,所谓"有会必有神"①,可以说行郊的组织形态为神明会,特别重视祭祀活动。妈祖和水仙王皆为航海守护神,由闽南商民传入台湾,为台岛各地行郊所信奉。

总的来说,清代台湾商人多是闽南族群的移民,因此多有闽南传统族性色彩——重乡谊,商人远赴千里贸易有无,人地生疏,最需患难相济,因此同行相处久了,感情日深,自然形成一股力量,行会组织因实际需要而增强。以此发展起来的,不仅仅有同业商人组合,还有往同一地区经商组成者、某一籍贯的商人组合、同一条乡街组成的商人团体等等。这些郊商社会网络建构的文化逻辑,深受闽南传统文化之影响,以血缘、地缘、业缘、宗教为纽带,构建追求共同利益的人际关系。

随着台湾商业的发展与繁荣,市场多层次化,流通领域更广,台湾商人的经营方式也更加多元化,并跨越多种商业领域的经营业务,从事多元经济活动。这时期的台湾商人,尤其是中小商人,以兼营垦殖和商业、渔业和商业、航运和商业最为普遍。由于台湾气候、地形适宜水稻种植,清代大规模水田化运动,使稻米产量大增而出口至大陆,超过糖成为最大出口品。还有山区特产樟脑、茶叶的外销,促进台湾社会发展"农商连体经济"②。渔业与航运业作为台湾的传统经济模式,商人们将其纳入商业网络,使其结合不同商业领域、不同行业,扩大商业经营领域,提高效益。

由于商业经营具有自负盈亏的风险性,清代商人大多通过合伙制,与商业伙伴合股经营,这是最一般的途径和方式,可使风险分散化。在《台湾私法商事编》中就收录了许多台商的"合股字",并将其称为"公司"。如光绪二十八年(1902年),台南蔡国琳、黄殷经、黄加记、罗文旺四个合伙人的合约书:"今因合议采买菜糖,制造白糖,开张广逢春。其股份分作十四股,每股资本六八秤银一千二百大元:蔡国琳五股……;黄殷经三股……;黄加记三股……;罗文旺三股……交付黄加记执掌,兼理买卖之事。倘有得利,以一九抽分,为黄加记酬劳之金,余照十四股均分。蚀本亦照十四股均分。如明年股友欲将资本银抽回自营已业,亦听其便。"③可见清代台湾的合伙经营模式颇具当今的股份公司形式。但当时中国尚未订制相关法条,因此这些组织并不具有法定的法人地位,也无法担负近代意义上的有限责任。在清末民间的合股行号中,家族式经营方式、财产权与经营权不分的经营方式,和财产与经营权基本分离的经营方式同时并存。④

此外,清代商人的资本投资也具多元化色彩。如许志湖家族除独资经营谦和号和春盛号两家郊行外,还与王金波合伙经营振丰成商号,与所阿合伙有益号,并插股投资庆隆

---

① 卓克华:《清代台湾行郊研究》,福州:福建人民出版社,2006年,第37页。
② 黄富三:《台湾农商连体经济的兴起与蜕变》,《比较视野下的台湾商业传统》,台北:"中央研究院"台湾史研究所,第26页。
③ 《台湾私法商事编》,台湾文献史料丛刊第九辑,台北:大通书局,1987年,第108~109页。
④ 陈支平、卢增荣:《从契约文书看清代工商业合股委托经营方式的转变》,《中国社会经济史研究》2000年第2期,第27~38页。

泰号和永宁东益号。① 通过多样化的投资,可以降低投资风险,取得稳定收入。

自清代台湾开放对外通商口岸之后,洋行进入台湾,一些南部的郊商同时也担任买办商人。他们因为拥有优势的社会地位、人脉和资金,又掌握集货、销货网络,方能担任外商买办。但他们仍经营自己的商铺店号,也以中式帆船进行两岸贸易,同时还投资土地、放贷业、店铺出租等。从对清代台湾商人资产估算的文献资料中,可以看出商人的多元化、多领域、多方位的商业投资经营活动,使其兼具多重身份角色。

随着商人间贸易往来增加,商业信誉是贸易有无的保障,特别是在远程贸易中,促使商人的信誉文化逐渐形成与发展起来。清代鹿港与泉州的"对交"委托贸易即表现出对商业信用的依赖。鹿港是清代三大正口之一,该港主要是与泉州地区贸易,始终维持传统两岸中式帆船贸易的格局,由于腹地范围覆盖整个中部区域,贸易范围大,因此逐渐发展出泉州、鹿港两地固定商行直接"对交"的委托贸易制度。这种机制是指两地固定商号之间互相代兑与代办商品,即使从厦门、上海进口的商品,也完全透过泉州商号居间中介和代理。以鹿港谦和号为例,该号即使由上海、厦门地区进口商品,也委由泉州的丰盛号居间代理。② 换言之,委托贸易是为别人利益而经营的商业,互相代办与代兑商品,因此商业信誉在其中发挥举足轻重的作用。

这种固定商行间委托机制的形成,包含泉、鹿两地商业集团讯息的交换以及过账、对账和汇兑等资金交易形式的运作。帆船贸易需要随时掌握两地市场行情,泉、鹿商人即透过委托贩卖的各家商行,取得多重管道的市场讯息,以进行最有利的商品买卖。在现金往来上,两地商人常透过可信赖的船只传递现金,或者通过对交的商号代为收取,并用来购买轻货。除现金交易外,复杂的金钱交易,大多以亲友、同乡及合伙关系建构出的商业信用为基础,透过几个商号之间相互对账、过账的交互计算方式,或是透过泉、港两地本号和分号之间的汇兑,来核销账款,解决彼此的财务问题。在《台湾私法商事编》中就有收录不少商号间的汇票,有见票即付汇票、定期支付汇票、凭单即付单、支付单、取物字等。③ 此时鹿港始终没有出现中国内地相当流行的钱庄、票号等金融机构,商人间交易也少见经由钱庄来运作。④ 因此,委托贸易机制的交易活动基本上依赖商人间相互的商业信用。这种委托贸易制度也出现在台湾府城和台北,府城主要与厦门、宁波商号,台北则与福州和镇江商号互相委托代理商品买卖。⑤

商人在获得财富之后,十分重视提高自身的社会地位以及取得某种政治身份。究其

---

① 林玉茹、刘序枫:《鹿港郊商许志湖家与大陆的贸易文书》,台北:"中央研究院"台湾史研究所,2006年,第54页。

② 林玉茹:《从属与分立:十九世纪中叶台湾港口城市的双重贸易机制》,《台湾史研究》第17卷第2期,第16页。

③ 《台湾私法商事编》,台湾文献史料丛刊第九辑,台北:大通书局,1987年,第255~270页。

④ 林玉茹:《商业网络与委托贸易制度的形成——十九世纪末鹿港泉州商人与中国内地的帆船贸易》,《新史学》第十八卷第二期,2007年6月,第68~70页。

⑤ 临时台湾旧惯调查会编:《台湾私法附录参考书》第三卷下册,1902年,第158~169页。

原因,一是中国历来有着轻视商人的文化传统,商人们在发家致富之后,普遍有着提高自身社会地位的逆反心理;一是,中国传统对财富的观念较为偏执,在轻利思想下,商人作为巨大财富的拥有者,若是不对社会有所贡献,极有可能被扣上"为富不仁"的罪名;三是,在大一统专制的政治体系里,政治官场势力掌握着太多的社会资源和经济资源。

虽然台湾一直是重商地区,但清代的台湾商人在商业发展,积累财富之后,也会通过积极参与所在地的慈善公益事业活动、文化活动等社会活动,来提升自己的社会地位和声望。根据林玉茹的研究,竹堑地区在地化商人时常与地主士绅一道,捐资修桥、铺路、筑亭,设立义渡、义仓、义冢,资助养济院、育婴堂、回春院等慈善机构,捐建文庙、考棚,或是捐献学田、儒学公款、义塾仓谷等。① 在台湾许多地区的修路、建桥、浚河道的碑刻中也都有记载捐款商人的名字。对于基础设施的建设,商人不仅便利了自己贸易往来,也加强了和乡民间的关系,在地方提高了声望,从而也有利于其稳定商业基础,扩大贸易版图。

郊商往往乐于捐建寺庙,并参与、主持所在的祭祀圈、信仰圈活动,来提升自己的地位和声望,使得在地方政治中拥有话语权。"多有一地修建寺庙,他地郊商共同捐输襄建者,而郊商既兼寺董,复为当地之地方领袖,故寺董之决议,颇能改易执政者之决策。"② 在台湾学者黄典权、刘枝万与邱秀堂分别编辑的《台湾南部碑文集成》、《台湾中部碑文集成》、《台湾北部碑文集成》中可以看到,商人常常是历次修建寺庙的主要捐款者。

此外,商人还培养家族子弟考取科举功名,拥有士绅地位,成为"绅商"。如许朝华、许建勋父子为生员;陈福谦捐奉直大夫,其弟陈北学捐中书科中书,陈福谦长子陈日翔为举人,次子陈文远是秀才;张仰清捐监生、候补同知,长子张大河是拔贡生,张大川、张大江是举人。③ 在明清中国社会,科举是使社会身份向上流动的唯一途径。清朝时期的台湾商人们也都受到儒家传统价值观的影响,在积累了财富之后,愿意投资取得功名,来提升社会地位。同时士绅身份对其经营商业,或与官方交涉,都有实际上的帮助。

第二节 施世榜家族的中部拓垦与水利工程

台湾气候温暖湿润,土壤肥沃,非常适合甘蔗生长,加之海上贸易发达,蔗糖可便利地销往中国大陆、日本及东南亚各地,因此汉人移居拓殖台湾之初即广泛引种,甘蔗由此成为台湾最重要的经济作物。相对于蔗糖业的优势地位而言,当时台湾的稻米业仍十分薄弱,仅能勉强自给。然而进入18世纪以后,福建地区人口激增,粮食生产却近于饱和,

---

① 林玉茹:《清代竹堑地区的在地商人及其活动网络》,联经出版事业公司,2000年,第281~340页。
② 卓克华:《清代台湾行郊研究》,福州:福建人民出版社,2006年,第121页。
③ 李佩蓁:《依附抑合作?清末台湾南部口岸买办商人的双重角色》,《台湾史研究》第20卷第2期,第50~51页。

亟待从外部进口米粮。由于台湾与大陆仅一水之隔,本身的自然条件也适宜稻米生产,因此随着需求的日益旺盛,台湾的稻米业在这一时期也得到了充分的发展,逐渐成为与糖业并驾齐驱的另一大出口产业。施世榜家族以其卓越的识见把握住了这一独特的历史机遇,适时将经营范围从蔗糖业扩大到稻米业,从而迅速成为显赫一时的豪富家族。施世榜的拓垦事业不但奠定了鹿港、彰化地区繁荣的基础,更开启了台湾"水田化运动"的序幕。

施世榜之父施启秉原籍泉州晋江,与施琅系出同族,曾随之征台并立下军功,此后开始在闽台与日本间进行糖业贸易,积累了可观的财富,康熙三十二年(1693年)被调往台湾凤山落籍。来到台湾后,施家在继续经营蔗糖业的同时亦积极开拓稻田。随着米价的节节攀升,施家经济活动的重心也逐渐由糖业转向了稻米业。到了康熙四十年,施家更进一步前往台湾中部的半线地区(今彰化平原)进行拓垦,然而不久后施启秉逝世,家族事业由其长子施世榜接手。

施世榜生于康熙十年(1671年),康熙三十二年(1693年)随父到台,康熙三十六年被取为凤山县拔贡生,然而他并不热衷科举功名,尤其是继承了施家在彰化平原的拓垦工作以后,更一心投入到了家族事业的经营之中。彰化平原系由浊水溪与大肚溪冲积而成,面积广大、土壤肥沃、气候温润舒适,在发展稻米业方面具有一定的潜力,然而其不利条件在于水资源难以得到有效利用,近岸处泛滥无定,平原中心区域又缺乏灌溉水源,若要充分开发则必须建立起完善的水利灌溉系统。因此康熙四十八年(1709年)施世榜继承乃父遗业之初即决意在平原东南部的东螺保着手筹建"施厝圳",力图将浊水溪之水引入广袤的平原地区。

施厝圳工程浩大,耗时十年方才竣工,然而完工后的施厝圳却又面临"圳道难通"[①]的窘境,传说此时有一自称"林先生"者求见,亲授以通渠筑堰之法,果然使圳路复通,当地百姓感戴恩德,遂建"林先生庙"供奉其牌位,数百年间香火不绝。施厝圳灌溉面积广阔,时称"彰邑十三保半,此水已灌八保也"[②],因此施厝圳此后又以"八堡(保)圳"之名为人所熟知。

此后施家及当地乡民还进一步扩大八堡圳的灌溉规模,在其周边修造了多条支圳和其他水圳,使得整个彰化平原都得到了有效灌溉,极大促进了该地区的农业开发。借水圳之力施家的拓垦事业也蓬勃发展起来,施世榜家族垦号"施长龄",名下的田园广泛分布于八堡圳灌溉区各处,总面积超过5000甲,[③]施家通过向佃户收取田租和水租,每年租谷净收益可达35000石以上,[④]由此成为一方巨富。为了有效管理庞大的家业,施世

---

① 周玺:《彰化县志》,台湾文献丛刊第156种,台北:台湾银行经济研究室,1957年,第56页。
② 周玺:《彰化县志》,台湾文献丛刊第156种,台北:台湾银行经济研究室,1957年,第264页。
③ 黄富三:《台湾水田化运动先驱——施世榜家族史》,南投:台湾文献馆,2006年,第96页。
④ 黄富三:《台湾水田化运动先驱——施世榜家族史》,南投:台湾文献馆,2006年,第89页。

榜将名下的田园分给子弟管理,并设十二租馆具体负责收租与水圳维护工作。

八堡圳是台湾历史上第一座大型水利工程,总灌溉面积近13000甲[1],其建成与成功运营为台湾的农业开发起到了良好的示范作用,一时间各地修造水圳的风气蔚然盛行,大量平芜化为良田,台湾的"水田化运动"自此开始。在"水田化"的热潮下,台湾的稻米产业得到了前所未有的发展,水稻种植面积扩大,产量和生产技术都得到了空前提升。尤其是雍正年间,清廷逐渐开放米禁,更多稻米源源销往大陆,促使了米价的上扬,越来越多的农民投入到了稻米生产领域当中,[2]稻米甚至取代蔗糖成为台湾最主要的出口产品,台湾更由此成为中国东南沿海地区的重要"粮仓"。

作为水田化运动的发祥地,彰化平原的发展尤其引人瞩目,稻米产量跃居全台之冠,并因米谷贸易而兴起了许多商业市镇,其中以鹿港为盛。鹿港位于彰化平原海滨,当地所产的稻米可在此集中装船运往大陆,特别是乾隆四十九年(1784年)清廷开放鹿港与福建蚶江口渡以后,更奠定了其作为台湾中部经济中心的地位。俗谚有云:"一府二鹿三艋舺",描述台湾自南而北相继兴起的三大商业港市,其中"二鹿"即指鹿港。

"水田化运动"亦深刻影响了台湾的农业区位分布。台湾早期的开发多集中在南部地区,因此以蔗田为主,而稻米业兴起以后以施世榜家族为代表的垦户开始大量越过浊水溪,来到台湾北部开拓水田,由此形成台湾"南糖北米"的农业格局。

总的来说,清代台湾稻米业的兴起与施世榜家族的中部拓垦是互相促进、互为因果的。18世纪以后的人口激增导致了大量的粮食需求,台湾的稻米业开始兴起,施世榜家族恰瞅准这一时机,果断将经营重点从蔗糖业转向稻米业,并大胆前往当时还是荒野的彰化平原地区进行拓垦工作,更积极投入水利工程建设,将广袤平芜灌溉为万顷良田。施世榜家族的成功经验带动起了一波轰轰烈烈的"水田化运动",各地人民纷纷兴修水利、灌溉田园,台湾的稻米业也在这一过程中迅速崛起,成为与蔗糖业分庭抗礼的又一大支柱产业。

第三节　清代台湾乡村企业

传统台湾农村产出,茶、糖、樟脑、稻米是大宗,其他还有许多物产,19世纪末20世纪初,日本殖民当局的临时台湾旧惯调查会将稻米、茶、糖、切烟、芝麻、姜黄、龙眼、沙金等列为主要的产业对象,在各行政区的调查中,各地地方物产则有樟脑、苎麻、黄麻、木蓝、竹纸、蔺草、柑橘等,如此一来,基本上包含了近代台湾主要的输出物产。

对于清代台湾乡村企业,传统载籍记述极少,有些企业,比如碾米业,基本未见文献记载,日据初期,殖民当局的临时台湾旧惯调查会对乡村产业有许多调查,这些调查大多

---

[1] 黄富三:《台湾水田化运动先驱——施世榜家族史》,南投:台湾文献馆,2006年,第84页。
[2] 林仁川:《明清时期台湾的稻米生产》,《中国农史》2002年第3期,第7页。

是在 19 世纪末 20 世纪初进行的,这时台湾农村尚保存传统形态,因此,下面就以这些调查为主,对台湾的传统乡村企业作一些分析。

茶、糖、樟脑、米(稻谷碾后的糙米)是台湾乡村企业最重要的产出,是我们论述的主要对象。竹纸在台湾的传统物产当中仅占据很小的比例,但它作为一种中国农村的传统手工业产品,在乡村企业的研究中具有代表意义,因此,我们将对台湾乡村的制纸业做一些分析;苎麻、黄麻、木蓝、姜黄都是作为农产品输出到大陆的,虽然台湾的稻米业、制糖业等农产品输出需要大量的麻袋,但并没有麻加工业,而是从大陆输入麻袋。龙眼、柑橘作为水果,最多只是农家做一些加工,比如说晒龙眼干,只能算农家副业而已,这里不加论述。芝麻是清代嘉南平原的重要物产之一,基本上都输出到大陆,但在集散地,输出商兼有少量加工,以供本岛之需。① 但这种加工业为数极少,不仅清代资料里未见,日据时期的资料基本也未涉及,临时台湾旧惯调查会也不做调查,它在台湾传统产业里没有地位,因此我们予以忽略。切烟是将去梗后的烟叶切成烟丝,以供抽用。烟草作为一种普遍的消费品,其需求量必定不小,尤其闽南是中国烟草的传入地,明清以来,抽烟是一种普遍的现象,台湾移民大部分来自闽南,抽烟者必也多。台湾平埔族素有种烟习惯,但仅供自己抽用,清代台湾所需的烟草大抵由漳州、温州等地输入,主要为烟丝,供直接抽用。晚清刘铭传时期锐意改革,鼓励经济,遂大量输入烟叶,加工成烟丝,不仅供应台湾所需,且能输出到大陆。② 日据初,台湾切烟业进一步发展,但切烟业者集中在台北与台南两地的市街,③并非乡村企业,此处不予论述。至于沙金,是晚清刘铭传时期修铁路造桥时,工人在基隆河里发现的,淘金人遂渐多,溯流而上,乃发现金矿。日据初期,日资垄断金矿,禁止私人采掘。沙金业应属矿业,也不在我们的分析范围内。

以下依次对茶、樟脑、碾米、糖、竹纸、草编等各乡村产业进行分析论述。

一、晚清与日据初期台湾乡村制茶业

茶业,是晚清台湾最重要的产业之一,对晚清台湾社会经济的发展变迁起着主要的作用。台湾学者林满红对此有深入的分析,指出,茶、糖、樟脑业为晚清台湾主要出口商品,而茶占据第一位置。茶的生产与出口,对人口已渐饱和的台湾社会经济(应该说是台湾北部地区),提供了大量的就业机会,抚养了大量人口,也促进了阶级关系的变化。由于茶叶产于北部,因而促进北部经济发展,城镇扩大与增加,台湾的经济重心北移。④ 我们上面的分析和林满红有些不同,我们认为稻米业仍然是台湾最重要的产业和输出的物产。

制茶业作为一种农村产业,在它原有的基础上,其生产制作过程中是否会发生变化,

---

① 临时台湾旧惯调查会第二部:《调查经济资料报告书》上卷第一册,第 309 页。
② 临时台湾旧惯调查会第二部:《调查经济资料报告书》上卷第一册,第 268 页。
③ 临时台湾旧惯调查会第二部:《调查经济资料报告书》上卷第一册,第 281～284 页。
④ 林满红:《茶、糖、樟脑与台湾社会经济变迁》,台北:联经出版事业公司,1997 年。

并导致其生产组织(企业或经济组织)的变化或发生,这种变化或发生是否会导致传统产业向近代产业的演变以及经济关系可能发生何种变化。

晚清茶叶生产分两个阶段——粗制与精制。茶叶的粗制主要是在乡村进行的。采下的生茶叶(茶菁)如不及时处理会损坏变质,因此除了靠近河边的茶叶有可能运送到城里粗制外,交通不便的山区必须在当地进行茶叶粗制。粗茶制成后运送到城里再经拣选和精制,形成最后出口的产品——乌龙茶与包种茶。这里研究的是第一阶段,种植和粗制。

粗茶生产亦分生产种植与加工两个阶段,先看种植阶段。

茶是一种适宜山地种植的作物,但它对土壤、气候有特殊的要求,并不是到处都能种出好茶,晚清台湾南部亦曾试种过茶,但品质不佳,遂作罢。据日据初期调查,台湾茶叶种植集中在北部,最南边到达彰化嘉义,但台北以下,新竹,苗栗所产的茶质量已较差了。台北盆地周围的山地丘陵是最适宜的茶叶产地,大科坎溪及新店溪两岸山地所产茶叶最佳。这些地方由于缺水及土质问题,不宜种植水稻,原来以蓝靛、甘薯等旱作物为主,茶叶试种成功后,农民纷纷拔掉蓝靛、甘薯,改种茶叶。晚清英国领事报告说:"到处可以看到中国人拔掉他们的甘薯,在有些地方拔掉价值较少的蓝靛以扩张茶叶。"① 除了原种蓝靛、甘薯的旱地改种茶叶以外,晚清台湾的山地丘陵还有许多尚未开垦的土地资源可以辟成茶园,但这些地方往往是少数民族居住的"番地"。在茶园垦辟过程中,汉人农民和少数民族免不了发生冲突,如最重要的产茶地文山堡,其位于新店溪上游的地方是最适合种茶的地带,刘铭传时代曾垦成一些茶园,后因"番害"而放弃,面积有百余甲,而未曾开垦的土地还有二三百甲。苗栗地区,海拔六七百米的地方,还有许多地方可以垦成茶园。② 当然,如同清初稻田的拓垦一样,尽管存在"番害",许多山地最终还是被垦成茶园。那么,晚清的这些茶园是如何经营的呢?

由于许多茶园是从荒地垦辟而来的,在拓垦过程中自然会产生许多自耕农。据殖民当局1898年的一次调查,一甲茶园(可种茶100丛)的开垦费用为221元。

1甲茶园开垦费用:

未耕地购买费	70元(普通的土地)
开垦费	40元
苗种费	30元
种植费	18元
第一年整修费	20元
第二年整修费	20元
第三年整修费	20元
农具损耗	20元

---

① *Comercial Report*, Tamshui and Kelung, p. 117.
② 《台湾协会会报》第21号,"台北县下における茶业实况"。

合计　　　　　　　　221元

资料来源：台湾总督府民政局殖产部：《台湾产业调查表》，第9～10页。

这对农民来讲是一笔不小的投资，境况好的农民，可能会借贷进行投资，境况差的农民，就得当佃户了。而晚清茶叶贸易的看好，使许多富人投资于茶园开垦，因此，传统租佃关系不可避免地也会出现在茶园当中。日本殖民当局调查认为，茶叶种植中存在许多自耕农，也存在不少租佃关系，茶园的租佃期限视土地好坏，从15到20年不等，同时也存在永佃权现象。①

我们知道，清代台湾土地关系与大陆并无二致，并且中部、北部平地还盛行与大陆东南沿海地区一样的一田二主制。这些土地关系也被引进晚清垦辟的茶园中。我们来看两张契约：

赎荒埔承耕约字

同立赎荒埔永耕约字人业主林浚哲、佃人邱送德，缘因浚哲有荒埔一处，址在桃涧堡大南庄，送与德自备工本，永远栽种茶树。自种之后，二比到场检点，计有四万丛，约定每万丛地租银十二元，计赎全年地租银四十八元。分作两季完纳，春季先纳一半，夏季完纳清楚。此系永远耕种，并无年数有限。至于茶树枯槁，佃人自当补种，不得以损失之额扣抵地租银额。爰立赎荒埔永耕约字样二纸，各执一纸存照。

批明：庄中有大小诸费，佃人自理，不干业主之事，批照，行。

批明：佃人有不欲耕种者时，向业主相商，补还佃人工本几何，二比约定，各为喜悦从事，批照，行。

光绪十二年十二月　　日
代笔人　简鸿
保认人　邱紫来

同立赎荒埔永耕约字人

佃人　邱送德
业主　林浚哲

这是一田一主的例子。再看第二个例子：

赎埔种茶认纳税银合约字

同立赎埔种茶认纳税银合约字人业主林本源、佃户林清泉等，缘本业主有自置埔地，址在桃涧堡八块厝下庄仔。此埔高旱之区，水源难通，不能成田，于光绪六年，有佃户林清泉到本业主酌议。赎种茶丛。当日送银二元，付业主收入，即踏明埔地及茶寮地四段毗连一所，东西南北均至本源田及埔为界，其中横直曲折，绘图可据，交付佃户林清泉自备工本，栽种茶丛。于今三年满限，前来请业主到地点明，北畔及

---

① 台湾总督府民政局殖产部：《台湾产业调查表》，明治二十九年三月发行，第30～31页。调查者为农学士原熙。

南畔并中大段计植茶三万三千九百八十七株;作三万四千株算,言定每万株,年连大租应纳税银一十元,自己酉年起,全年应纳银三十四元,订约至秋间纳清。银不拘年,若将来年久,茶丛败坏,茶头枯槁,无可收成,佃人应将埔地并茶寮尽行送还本业主掌管;业主即将前送无利定银二元,仍付还佃人收回。其茶寮或贴税,到时商议,不得异言。此乃业佃相依,信义相接,同堂明约,各无反悔,口恐无凭,合同立贌埔种茶认纳税银合约字一样二纸,各执一纸为照。

批明:佃人交还业主字内无利定银二元正足讫,再照。

再批明:界内佃起盖茶寮居住,宜守份经营,不准聚赌窝匪;如违察出,听业主革逐,将茶丛充公,不得违约,合此声明,再照。

再批明:该大租每万株年应纳银三元,议归本业主自完,与佃无干。

光绪十年十二月　　　日
代笔人　苏锡兹

同立贌埔种茶义纳银合约字人

业主　林本源
佃户　林清泉

资料来源:《台湾私法物权编》第三章第五节,台湾文献丛刊第150种。

这是茶叶生产中一田二主的例子。其小租主林本源,是台湾最大的地主。清代后期,林家购买了大量的小租,其中包含了许多茶园。在订立这份契约时,林家拥有茶丛896447丛。但林家不是自己经营,而是采取传统的租佃方式。这是普遍的做法。

如上述契约所显示,茶园的租金不但计算面积,还要结合所种茶的丛数,据进行上述1898年调查的日本殖民当局殖产部调查者原熙说,租金在每万丛30~70元之间。

传统租佃关系是以小农生产为基础的。晚清台湾茶农的经营规模都很小,据美国人W. Davidson 1903年的报告,茶农的茶园最大的有10~15英亩(约合5~8甲),但一般茶农只有2~3英亩(约合1~1.6甲)①。台茶的出口,最初被西方商人所控制,后来也有华商跟进。西方商人在印度、锡兰等地都是自己经营大规模的茶叶种植园,但在台湾,他们却无法突破传统的租佃关系。据原熙1898年的访查,晚清台湾也曾有过少数商人经营茶园的事,但至19世纪末这种情况已极稀少,大部分茶商都向农户购买粗制茶。他们通过贷款给茶农而保证粗制茶的来源,总的说来,晚清台湾茶园是由小农经营的,这些小农,或是自耕农,或是佃户。

上面的分析表明茶叶种植如同其他农作物一样,是由小农进行的,但茶的制作从采摘到烘焙都要许多人工,是否仍由小农经营呢?

茶叶生产中最需要劳力的时节之一是采摘,这一般是由女工担任的。采摘季节的山坡茶园上,到处是穿红着绿的女工,形成一幅美丽的图景②。采茶是计件工资。日据初

---

① W, Davidson, *The Island of Fomorsa*, chapter XIII。
② 台湾惯习研究会:《台湾旧惯记事》第二卷第一号,第34页。

一般每斤茶叶采摘工钱为 2～3 钱(日元)。各地之间有些差别。

日据初采茶工钱举例

季节	海山堡(台北)	桃涧堡(今桃园)
春季	1.8～2.5 钱	1.3～2.3 钱
夏季	2～3.5 钱	1.8～3 钱
秋季	2～2.8 钱	1.3～2.5 钱
冬季	2～2.8 钱	1.5～2.5 钱

资料来源:《台北县下に於ける茶业实况》,《台湾协会会报》第 21 号。

这种采茶工与雇主之间形成雇佣关系(且人身自由)应当是毫无疑问的,但只要小农经营的茶园没有转变成大种植园,这种季节性的雇佣关系也不会发展成资本主义雇佣关系。

茶叶采摘后要经过翻晒、踩(踏)、炒制等程序以制成粗制茶,所需人工大致如下:

1. 翻茶手(或称生叶手):青茶叶放在大簸箕里要不时翻动以阴干。
2. 炒茶(或称熬手):熏蒸阴干的茶叶。
3. 踏茶(或称揉手):用脚去踩,揉炒好的茶叶。
4. 火焙:在灶上烘干研过的茶叶。
5. 撒茶燥(或称燥手):最后将茶烘干[①]。

制茶一锅要配备生叶手 8 人,熬手、揉手、燥手要 9 人;二锅 12 人,三锅 15 人[10]。一般一甲地所产茶叶可制 2 锅茶,需时 5 天。

对上述五个阶段的工作详加观察的结果如下:

1. 茶叶采摘后用直径 3 尺 5 寸的竹箕晒大约 30 分钟,在生茶叶尚未显著萎凋之时,将竹箕置于棚架上阴干。

2. 将竹箕里的茶叶倒入直径 7 尺左右的大竹箕里,七八个男人围立其旁,用手频频翻炒茶叶约 15 分钟,然后又倒回直径 3 尺的竹箕里,置于棚架上阴凉,如此反复 4 次;茶叶渐渐柔软,至第 4 次,茶叶已略显褐色。但茶叶仍显叶状,犹未萎凋,这一阶段主要是为了发挥茶叶的香气。

3. 将茶叶放炒锅内用手频频翻炒,茶叶渐渐柔软后,移入旁边另一锅内翻炒如前。两锅翻炒时间约 20 分钟。该锅直径 1 尺左右,深 7 寸。

4. 将炒后的茶叶放于屋内的席上,"揉手"手抓上悬的木棍以支撑体重,然后用脚搓揉茶叶,使之渐渐卷起。搓揉的时间约 20 分钟,将搓揉后的茶叶置于拐内,如同前法翻炒,时间略短,炒后再用脚揉。

5. 将揉完的茶叶置于焙笼内放于灶上用文火烘干,时间 1～2 小时。其间将焙笼上

---

① 台湾惯习研究会:《台湾旧惯记事》第二卷第一号,第 34 页。另,台湾总督府民政局殖产部《台湾产业调查表》第 10～14 页,对制茶过程有更细致的描述。

下翻转两次,以求烘得干。烘干后用筛分选茶叶和茶屑。

上述观察表明,粗茶制作完全是手工操作的。(实际上,即使茶的精制也完全是手工操作,无非就是进一步拣去茶屑、茶枝,吹去浮尘,进一步烘干,分等级,将各等级按不同比例混合等等。茶的制作完全是手工操作的。)

从上面对茶叶粗制过程的记述来看,粗制过程还是需要许多人手的,小农家庭一般都会充分利用家庭劳力,但显然对于粗制阶段所需求的人工来说恐怕还是不够的,假如乡村制茶业成为农民的家庭手工业,那茶农就要雇佣帮工,假如茶农不自己加工,那就会集中而形成专门的粗茶制造业,情况是如何的呢?

日据初期对于乡村制茶业曾进行调查,但统计对象仅为制茶户,没有种茶户。据1901年的调查,当时台湾的制茶户有20129户,其中96%在台北和新竹两地①。2万多户是一个很大的数字,从晚清和日据初台茶生产规模来看,不可能存在2万多户不种茶的专业制茶户,这些制茶户同时也就是种茶户(茶农)。当然,也还存在着一些不制茶的种茶户。实际上,1928年首次对种茶户和制茶户都进行统计,种茶户为21251户,制茶户为20844户②。可见大多数茶农都自己制茶。一般认为,市场与商品经济会促进农家经济与乡村手工业者的分化,制茶业也没有被当成例外,那么,台湾的情况如何呢?实际上,据日据初的调查,有少数产茶很少的种茶户或有其他原因的种茶户,将青茶叶(茶菁)卖给或委托给其他茶农加工,从而就发展出一种称为"做茶"的规模大些的制茶户。"做茶"的自己都拥有茶园。③ 但从上述1928年的数字来看的话,其时不制茶的种茶户仅占种茶户数的约2%,可以推知日据初期(19世纪末20世纪初)这个百分比更小,绝大多数茶农都是既种茶又制粗茶,"做茶"只能从那2%不制茶的茶农买进青茶叶,其规模极其有限。因此,粗茶制造可以视为晚清台湾北部的一项农村家庭手工业。

作为家庭手工业的乡村制茶业规模可以从制茶户拥有的炒茶用的锅灶数来辨别。据1896年的统计,台湾共有茶农8367户,锅数10455个。平均每户只有1.2个锅④,规模是很小的。而且越是茶利丰厚的地方,制茶分散越明显。以1900年,台湾最重要的粗茶产地台北文山堡和次要的产地新竹相比,文山堡每个制茶户平均只拥有1.1个锅,而新竹每个制茶户拥有2个锅。

表3-1 文山堡制茶户数及产额表

庄名	A. 制茶户数(户)	B. 制茶锅数(个)	产额(斤)	B/A*
景尾街等20庄	80	80	3000	1
安坑庄等20庄	500	500	11500	1

---

① 台湾总督府民政局殖产部:《台湾产业调查表》,第30~31页。
② 台湾总督府殖产局出版品第一、二、三号,《台湾茶に关する调查》。
③ 台湾惯习研究会:《台湾旧惯记事》第二卷第一号,第38页。
④ 台湾总督府:《第一统计书》。1896年茶农户数颇低,可能与当时造报制度尚不完备有关。

续表

庄名	A. 制茶户数(户)	B. 制茶锅数(个)	产额(斤)	B/A*
新店街等30庄	900	950	123800	1.05
木榔庄等20庄	400	440	40000	1.1
头廷魁街等20庄	470	470	100000	1
深坑待等20庄	400	450	44000	1.1
枫仔林等20庄	219	219	12000	1
石碇街等20庄	500	500	27000	1
坪林美街等40庄	700	792	200000	1.1
润濑等40庄	500	720	180000	1.4
合　计	4669	5121	741300	1.1

表3-2　新竹制茶茶户数及产额表

地名	A. 制茶户数(户)	B. 制茶锅数(个)	茶园甲数(甲)	产额(斤)	B/A*
新竹	11	22	25	10000	2
竹北一堡	421	840	396	15800	1.99
竹北二堡	1380	2760	1470	588000	2
竹南一堡	31	62	50	20000	2
苗栗一堡	25	50	95	3800	2
苗栗二堡	29	58	119	47600	2
苗林三堡	21	42	44	17600	2
合计	1917	3834	2199	879600	

＊据A、B两栏做出。

资料来源：《台北县下に於ける茶业实况》，《台湾协会会报》第21号。

新竹、苗栗平均每户制茶数高出文山堡许多，一个原因是其所产的茶质次价低，耕作和制作都比较粗糙(新竹、苗栗所产茶比台北价低30%，而文山堡产茶又是台北质量最上乘者)。

以上分析表明，输出到国际市场上去的，在晚清台湾社会经济中占有最重要地位的茶叶，是由小农家庭生产的。那么，这种小农经营的粗茶制作业有多大的发展前景呢？这当然首先取决于制茶户的经营规模。

日据初期，殖民当局的经济部门和旧惯调查会都对台湾农村产业做过调查。这些调查一般将农家视为一个追求利润的经营单位，计算他们在茶、糖、稻米等生产上的收支。因此，调查人员将农家自己的劳动等同雇佣的劳动，再按当时的工资、物价水平折算成工资。由于农民对自己的劳动并无精确的计量,这种折算有时并不很准确,但是这种调查比之个人的观察,比如清代后期海关人员闲暇时的观察、描述要精确许多。

日本殖民当局调查人员对台北、桃园、新竹、苗栗的制茶户经济都有调查。台北地区是清代后期台湾最重要的产茶区,台湾协会对台北八里垄堡的粗制茶经济有个调查。据调查,茶园收支情况有如表3-3。

表3-3 台北八里垄堡茶园一年收支(日元)

(茶树1万丛,面积约1甲。)

收入:(日元)160.00 (收获生茶叶1600斤,可制粗茶400斤,每100斤40元。)

支出:	金额
耕作费	3.20元
茶叶采摘费(每斤0.022元)	35.20元
薪炭费	9.24元
制茶工费	12.00元
制茶器具损耗	4.00元
运费(至大稻埕)	2.00元
制茶税	9.80元
资金利息	23.70元
合计	108.74元
收支结余	51.26元

资料来源:《台北台中县下に於ける茶业实况》,《台湾协会会报》第21号。

在表3-3的支出中,工资(耕作费、茶叶采摘费、制茶工费、运费)为52.40元,占总支出的43%;设备(器具损耗)4.00元,占3.08%。劳动投入与设备投入之比为14:1,可见劳动在茶叶制作过程中的作用。种一甲茶园总支出为108.74元,卖出粗茶所得为160元,收支结余为51.26元,利润率约49%,是相当可观的。但这个调查对象乃是茶园而非农家经济,如果茶农是自耕农,那他一般要付出土地开垦费和茶丛栽植等费用;如果是佃户,则他要付出地租。据旧惯调查会第二部1902年的调查,茶农有三种:(1)自耕农,茶园与茶丛都是自己的。(2)佃户,土地是租入的,但茶丛是自己的。(3)佃户,土地和茶丛都是租入的。旧惯调查会第二部根据当年粗制茶的平均价格27日元72钱计,一万丛茶丛可生产粗制茶500斤,卖得138日元60钱,扣除生产费用56日元,约可得80日元左右。自耕农要付出土地购买费、茶园建置费(栽种茶丛等)、耕作费等各种费用及相关利息,以投资四年计,平均每年约20元,则每年收入为70日元左右。第一种佃户不要土地投资及相关的利息,但他要交地租(时称山税),扣除各种费用后,大概年所得为67日元84钱。第二种佃户不要土地与茶丛的投资及相关利息,但他的土地与茶丛都要交租,年所得为50～60日元。① 同据第二部的调查,茶园长雇的耕地的劳力,每年收入约为30日元。② 如此看来,茶农的收入约相当于两个壮劳力。上面我们说过,在茶园的投入中,劳动占有重要的地位,在上述劳动中,有许多要雇人,如采摘、制茶都非雇人帮工不可,但农家自己所有的劳动都可以利用得上,而且有时邻里之间也可实行帮工互换。农家自己的劳动力绝对不会闲置。考虑到这一点,茶农的境况可能还要好一点。

就境况不错的茶农来说,假如他的制茶业要发展,比如说,引入粗茶机械制作(从而使得粗茶业向近代产业发展或使得粗茶业当中发生资本主义萌芽)是否可能呢? 这主要基于三种情况:(1)粗茶业当中本来存在着某种原始机械(如同蔗糖业那样),从而使得机器的引入即使不是很容易,也有个基础。(2)制茶户之间存在着合伙经营,从而拥有足够引入机器的资金。(3)拥有大量资金的商人进入粗茶业。从我们上面的分析来看,这三种情况都不存在,因此,晚清至日据初期,台湾农村粗茶业一直保留着手工制作的小农经营状态,其中的雇佣关系没有发展成资本主义生产关系的可能,其自身也没有从早期工业向近代工业转型的前景。1898年,殖民当局在桃园县安平镇进行机器制茶的试验,其后的30年间都无法进行推广。1928年,三井物产在新竹经营大茶园,为台湾机器制茶之嚆矢。

19世纪后期,台湾的茶业迎来了繁盛发展的局面,无论茶业经济整体或生产茶叶的小农境况都很不错。关于晚清台湾茶业和社会经济的状况,林满红已有论述。晚清台茶的良好发展状况,无论就整个社会经济而言,或就农家经济而言,都基于这样一个事实:台湾的土地资源尚未耗尽,茶叶的引进,使得原来缺水或土质不好不宜种植水稻的土地资源得到了开发利用。对此,一个印度茶业专家有深刻的印象。1904年,印度茶业专家哈奇逊在参观台湾制茶业后说:"台湾茶业者可谓幸福。印度产茶地别无他业,人民生活全靠茶业维持。台湾产茶地皆有他业,主要产物是米而不是茶。缺乏水利不适合其他作物的山地才开来种茶,茶仅是副业,茶业者失败后很容易转到他业。而且他们不必计算付给劳动力的工资一天有多少,他们利用劳动的余暇栽茶,他业完成后的闲时制茶。他们的茶业经济十分宽裕,这是台湾茶业的莫大幸福。"③

然而经济的发展最终要依赖效率的提高,以小农经营为基础的台湾制茶业,在效率改进方面是没有什么作为的,小农在经济上力量是十分薄弱的,即使是境况不错的自耕农,扣去其家庭生活费用,所余还是十分有限的,他扩大再生产的能力十分微弱。晚清台湾制茶业在国际市场竞争中所遇到的最大问题自然是质量问题。虽然由于自然条件良好,台湾茶有独特香味而颇受欢迎,但是晚清台湾粗制茶加工全凭手工操作,前引1898年台湾总督府民政局殖产部的调查人员原熙是一位农学士,他对粗制茶的生产过程了解得十分细致。他指出,粗制过程中翻晒、炒、揉、干燥各个阶段制茶工的经验、技巧对于茶

---

① 临时台湾旧惯调查会第二部:《调查经济资料报告书》上卷第一册,第76～82页。
② 临时台湾旧惯调查会第二部:《调查经济资料报告书》下卷第二册,第487页。
③ 《哈奇逊,台湾茶业视察谈》,《台湾协会会报》第70号。

的质量都有十分重要的作用。制出的茶好坏主要依靠经验,质量难以保证。① 而此时,台湾茶的主要竞争对手日本茶,已推广、采用机器制造了。从19世纪后期台湾茶、日本茶在美国市场的竞争情况来看,虽然总体情况还不错,从1871年到1895年,台湾茶的增长速率超过日本,但发展之中已潜藏着危机。1881年以前,台湾茶发展迅速,日本茶则显停滞,1881年以后,虽然台湾茶继续扩展,但日本茶叶的扩展更迅速。

表3-4　1871—1896年台茶、日茶输美数量比较表

单位:磅

年次	台茶	日茶
1871	1502100	17258000
1876	6487800	17608000
1881	11978600	22460400
1886	13798000	26502000
1891	15029509	32770500
1896	19327500	52748500

资料来源:*The Island of Formosa*.

19世纪80年代后,日本茶叶在美国市场迅速扩展的一个原因是它推广机器制茶,品质提高。而台湾茶叶生产则囿于小农经济,难以扩大规模和采用机器。

二、晚清与日据初期台湾山地樟脑业

台湾的樟脑生产始自清代康雍年间,其时军工修船需要樟木板,军工匠入山采伐樟木,遂私自熬制樟脑,其他人则跟进。但其时樟脑仅作为一种中药材,于药铺中出售,销量有限,且清政府采取隔离"番"汉的政策,对进山熬脑大加限制,虽然不能完全禁绝,但产出终究有限。

自晚清台湾开港后,樟脑进入世界市场,产量急剧上升,尤其19世纪后期,樟脑成为制造赛璐珞的原料,西方市场需求大增,各方人等纷纷进入樟脑产销领域,竞争其利,平地的樟树很快就被砍光,樟脑的熬制生产遂完全在山地进行。由于樟脑生产干扰了山地少数民族的生活,且由于山地少数民族有"出草"猎首的习俗,熬制樟脑遂成为一项危险的事情。在长期的实践中,遂形成一种不成文的惯例,由"换番人"向山地少数民族提供盐、布、烟草、铁器、火药等物品,或缴纳"山工银",取得"番人"对制脑的同意,不对制脑者进行袭击。所谓"换番人"多为客家人,他们从清代前期起,长期在山地从事对少数民族部落的贸易。晚清刘铭传时期及日据初期,他们继续得到当局的特许,从事该项事业。

---

① 台湾总督府民政局殖产部:《台湾产业调查表》,第30~31页。

但山地土著并无统一的部落,各少数民族族群的小部落散布于各处,"换番人"的"换番"只能限于就近的部落,对于远处部落长途袭击制脑者的行为则无能为力,因此,制脑仍为一项危险的事情,多由社会上的"无赖"即无业者进行。

此外,清代后期台湾山地土地开垦中的"隘制"也实行于制脑业中。所谓"隘",乃是在土地开垦的边缘设立的一些铳楼,由武装的隘丁驻守,防备"出草"的"番人"。对于隘丁的报酬之一,就是允许他们开垦一块自己的土地,但他们要缴纳"隘大租"。隘线的建立,由传统的业主与商人进行投资,他们的回报就是隘大租。晚清制脑业中的隘线,由商人与地方豪强进行投资,目的在于樟脑,而隘丁的报酬之一,就是允许他们制脑。隘的出现,始自乾隆末新竹平地土地资源基本消耗完毕之时。而隘之被运用于樟脑制作之中,则是晚清樟脑业发展之时,并延至日据初期。日据初,殖民当局的山地政策原本以"抚番"为主,但未获成功。其时,日本的樟树资源已消耗殆尽,一些制脑业者乃来到台湾进行投资,但碍于"番害",殖民当局在许多地方只得又恢复晚清的隘制。

这样,在晚清和日据初期制脑业中,乃形成由商人投资,由地方豪强实际运作的制脑业。基层的制脑工作,则由"换番人"、隘丁等实际进行。台湾学者林满红对晚清台湾山地中制脑业的关系有如下归纳:

脑丁(股首)——脑长——脑商(外商,华商,政府)——香港或本地洋行

林满红认为:"在制脑业之中,脑丁是实际制脑的人,但因多为社会上的无业游民,多半是受雇者。股首是介绍脑丁的掮客,本身也兼制脑。脑长则为脑业的实际经营者,要负责脑寮的一切业务:修路、建灶,向'原住民'缴纳'山工银',给脑丁准备供给品,向政府缴税,领取制脑执照等;只有在召集脑丁时,由'股首'协助召集,并由之代为监工。脑长若独力,所制脑即可自由买卖。但制脑业有所谓之'没有贷款,即没有樟脑',贷款在制脑业中实极为普遍。脑长的资金事实上多由资本家提供,甚而脑长即是替资本家运用资金的经理。若是经理,则将所制脑全部交给资本家,脑长、脑丁、脑首只抽取其中几成利益。若仅为贷款,则只偿还价值该贷款本金的樟脑即可,其余可自由买卖。"①这里的资本家即上述脑商,他们不进入樟脑生产过程,仅提供资金,以保证获得樟脑制品。而脑长之类的制脑业者,则为地方豪强或上述"换番人"。如光绪十三年(1887年),德商即曾向林朝栋贷款四万五千元以制作樟脑,②其时林朝栋组成栋军,为刘铭传"开山抚番"的中坚,以林朝栋为首的雾峰林家,是晚清台湾中部山区的著名大族,控制了中部山区的制脑事业。在初期,脑商多为外商,后来也有许多华商跟进,他们不进入樟脑的生产过程,仅从事在台湾收购樟脑运销到香港或西方市场,即获利不菲。而樟脑生产过程中的关系,即形成于脑长与脑丁之间。

无论脑长的资金来源如何,他雇佣脑丁开路(以运送樟脑制作器具及成品樟脑)、平

---

① 林满红:《茶、糖、樟脑业与台湾之社会经济变迁(1860—1895)》,台北:联经出版事业公司,1997年,第126~127页。

② 台湾总督府民政局殖产部:《台湾产业调查表》,明治二十九年三月印行,第136~137页。

地(搭建脑寮)、熬制樟脑。这期间的雇佣关系,和明清时期大陆许多山区存在的雇工进行商品作物的种植生产及其加工制作中形成的关系没有什么两样,是一种对自由劳动的雇佣关系。那么,这种雇佣关系是否会进一步发展变化?如同前述,这和基于生产技术的企业扩展可能相关。那么,清代和日据初期台湾制脑业中的技术状况如何呢?其基本方法就是将樟木置于锅中熬煮,其所产生的蒸汽含有樟脑,将这含有樟脑的蒸汽引至冷凝用的陶罐中,就在陶罐上形成为樟脑结晶。① 可见这种技术是相当原始的。作为企业,山上的脑寮也就是找一块比较平的土地,清除掉杂草树木后,搭建一个草棚,在其中建造脑灶。一个脑灶可置十个锅,锅上置一开孔的木板,木板上置一木桶,用以熬煮樟木片,这一切都用泥土粘住固定。在木桶的上方倒置一陶罐,用于结晶樟脑。一般来说,樟脑熬制大约需要十天,在这期间,每天取掉桶中下部的樟木片,在上部加入新的樟木片,十天后,取下陶罐,罐中的结晶遇冷空气进一步结晶。日本和台湾采取同样的技术原理,但脑灶的结构有所不同,其主要区别在于冷凝器有没有和木桶直接连接。林满红指出,日本式脑灶的效率比中式脑灶要高,用中式脑灶,200斤樟木片制取4斤樟脑,用日本式的脑灶,300斤樟木片能制取6.5斤樟脑,并有副产品樟脑油。然而,从技术角度来说,这仅是五十步与一百步的差别。这种原始的技术并未呈现突破与企业发展成长的前景。日本就用这种技术将其樟树资源消耗殆尽,台湾的樟树资源没有被消耗殆尽有两个原因:一是上述少数民族的"出草"等干扰,使得晚清与日据初期制脑业不能尽兴开展;二是西方人造樟脑的发明,使得天然樟脑的需求下降。在制脑这个产业中,我们不能指望企业的扩展及个中生产关系的发展变化。

三、晚清与日据初期台湾乡村碾米业

我们在上面说过,稻米生产是晚清与日据初期台湾最大的产业。稻米生产主要是农业的事情,但如果稻米的商品化程度很高,则将产生、带动碾米业。李伯重指出,由于要满足江南的大小城镇的粮食需求(上有南京、苏州、杭州这样的大都市,下有许许多多的中小城镇),江南地区存在很大的碾米业。在以往的研究中,碾米业却往往被忽视。② 晚清与日据初期台湾的商品化稻米自然不能跟江南地区相比,但数量不小的商品化稻米,却也带动了碾米业。

由于晚清台湾北部制茶业的发展,减少了粮食作物的生产,且由于每年制茶季节北部增添许多劳动力,对粮食需求不小,因此北部粮食供应不足,需从中部以及岛外输入补充,使得有些人误以为晚清整个台湾粮食供应不足,因此这里花点篇幅再来谈一下台湾的粮食生产问题。

从传统经济的角度来看,台湾岛有几个重要的经济区:台北盆地、台中台地、彰化平

---

① 参阅林满红:《茶、糖、樟脑业与台湾之社会经济变迁(1860—1895)》,第89~91页。
② 李伯重:《江南的早期工业化(1550—1850年)》,北京:社会科学文献出版社,2000年,第12页。

原、嘉南平原、屏东平地与宜兰平地等。台北盆地在清代前中期盛产稻米,还有蓝靛等经济作物。至晚清,因为制茶业的兴起,吸引大量人口等原因,所产稻米不敷本地所需,往往得从大陆(宁波、上海等港口)以及本岛中部地区、宜兰地区等输入稻米。位于本岛中部的台中与彰化地区,水资源丰富,土壤肥沃,整个清代与日据时期,都是最重要的稻米产地,向对岸、本岛北部以及日本输出大量稻米。嘉南平原(包含嘉义地区与台南地区)是台湾岛最大的平原,但水资源不足,存在大量的旱地,甘蔗成为本地区最重要的经济作物。但在有水利灌溉的地方,农民还是种植稻米,所产稻米及番薯等粮食作物基本能保证本地区所需,嘉义地区还略有稻米输出。屏东地区的情况与嘉南地区略似,而宜兰,则以稻米种植为主。此外,还有一些小的地区,比如基隆、苗栗、斗六等,难以划入上述大区,下面亦将有所涉及。

从日据初期的调查来看,晚清和日据初期,台湾传统的产米区域还是一直向对岸福建输出稻米的。

据统计,日据之初,台中地区向对岸的稻米输出有如下情况。

表 3-5　台中地区向对岸输出稻米

年　　份		年　　份	
1899 年	197778 石	1900 年	375784 石
1901 年	191852 石	1902 年	371701 石
平均:284028 石。			

资料来源:临时台湾旧惯调查会:《调查经济资料报告书》上卷第二册,第558页。

《调查经济资料报告》称,除了向对岸输出,台中地区还向本岛北部和南部地区输出稻米,但无由统计。

彰化地区输往对岸的稻米比台中要少,但也有十几万石之谱:

表 3-6　彰化地区向对岸输出稻米

年　　份		年　　份	
1899 年	65558 石	1900 年	157180 石
1901 年	100013 石	1902 年	197477 石
平均:130053 石			

资料来源:临时台湾旧惯调查会:《调查经济资料报告书》上卷第二册,第590页。

台中与彰化是稻米输出的主要地区,其他地区的稻米生产视年冬丰凶,收成好,亦有余米输出,收成不好,就要从其他地区输入稻米。比如南投地区,"四五年前(约 1897—1896 年),南投、北投两地方产米量超过当地消费量,超过部分常常向鹿港地方输出;同样,年成凶时,又仰给于鹿港"。[1] 由于传统台湾农产品商品化程度高,非主要稻米产区的余米,亦能顺畅地销出。苗栗是一个山区地区,境内丘陵延亘,仅西南部大安溪沿岸平地因灌溉便利,种植稻米,传统上亦有稻米输往对岸,日据初期,因殖民当局的政策,改输往本岛北部。[2] 类似嘉义、斗六、苗栗这样的非主要生产稻米的地区,亦往往有剩余的稻米输往对岸。

嘉义地区的稻米主要供本地区消费,但有余部分亦输出,输往对岸的稻米仅有几万石。

表3-7 嘉义地区向对岸输出稻米

年 份		年 份	
1899年	11486石	1900年	49067石
1901年	19787石	1902年	2560石

资料来源:临时台湾旧惯调查会:《调查经济资料报告书》上卷第二册,第655页。

据《调查经济资料报告书》,1901年、1902年输往对岸的数量减少的原因是改输往日本。斗六的情况与嘉义相似,但输出量更小:

表3-8 斗六向对岸输出稻米

年 份		年 份	
1899年	1832石	1900年	29136石
1901年	9317石	1902年	198石

资料来源:临时台湾旧惯调查会:《调查经济资料报告书》上卷第二册,第624页。

同样,1901、1902年输往对岸数量减少的原因是改输往日本。

上述数字是临时台湾旧惯调查会第二部的调查,并不全面,比如,宜兰这样重要的产米区就没有调查报告。当殖民当局把输往大陆的稻米改输往日本后,统计造报制度就趋于完善,台湾输出的稻米数字乃有全面统计。

19世纪后期及20世纪前期,日本农业跟不上工业的发展,粮食供应不足,有"米骚动"事件的发生,因此,它极力从朝鲜与台湾输入稻米。对于上述几十万石的输往大陆的稻米,殖民当局采取各种政策,使它改输往日本,并实行米种改良,对输出米进行检查,使之适合日本人的口味。1903年以后,输往日本的台米迅速增加,而输往对岸的稻米则迅速减少,至1907年,输往对岸的稻米仅是输往日本的十五分之一。同时,输出总量也大

---

[1]《调查经济资料报告书》上卷第二册,第607页。
[2]《调查经济资料报告书》上卷第二册,第508页。

幅增长,1906 年已达 1956960 担,为 1901 年以前输出额的 3 倍。①

表 3-9 内外输出米比较*

单位:担

	1896 年	1897 年	1898 年	1899 年	1900 年	1901 年
输往日本			180776	19555	31093	235356
输往对岸	387188	738174	749645	401229	730046	398331
总数			930421	420784	761139	633687
	1902 年	1903 年	1904 年	1905 年	1906 年	
输往日本	373228	1136867	955866	1478354	1963290	
输往对岸	632816	254998	535498	196426	77775	
总数	1006044	1391865	1491364	1674778	2041065	

* 殖民当局将台湾与日本的贸易定义为内部的移出入,与大陆的贸易为对外贸易。
资料来源:据《台湾移出米概况》第 80~81 页表一做出。

据表 3-9,日据初期,台湾输出的稻米已达 200 万担,这是一个不小的数字。

据日据初的调查,台湾"(稻米)买卖均以糙米进行,绝无以稻谷进行买卖的状况"。② 这实在有点令人惊讶,但情况就是如此。100 万~200 万担的输出米,再加上岛内城镇需求的食米,将形成一个不小的乡村碾米业。

传统台湾乡村碾米业,以土砻间的形式出现。之所以叫土砻间,乃是因为碾米的设备为土砻。临时台湾旧惯调查会第二部对土砻的构造有一个描述:"两个用竹条编成的圆筒紧密坚固地装满土,上下结合面并列着一些木片作为臼目。其雄臼高约二尺,上部直径一尺七八寸,下部约一尺五寸,其中心立有铁轴;雌臼高约一尺,上部直径二尺,下部一尺七八寸,恰好适合雄臼的上部,为了容纳上面的稻谷,做成漏斗形的凹状,其最底部为了让稻谷落到下方,穿了一个约七寸见方的孔洞,并且以宽三寸、厚一寸、长四尺许的拨板贯穿雌臼的两侧,拨板的中部容纳了雄臼的铁轴,又其两端为了嵌入称为土砻钩的弦状的长柄的一端,穿有相应的小孔,长柄的另一端做成丁字形,两三个并排着的师傅能方便地握着长柄。这样的土砻安放在固定的场所时,其周围安装有直径四尺,高约一尺的竹编的大大的轮状物,其上方和臼的结合部的正下方之间有竹篾编成的细目的网,搭有板状物,碎米及土沙通过篾网落在土砻和竹轮之间,稻壳与糙米沿着篾网转落到竹轮到外围。如此的装置开始作业时,一个师傅从储藏柜里取出稻谷,装入土砻,其他两三个师傅握着土砻钩的把手推挽之,使得土砻回转,上方的稻谷通过方孔在雄臼与雌臼之间被夹,稻壳破碎,由其间隙漏出,除了土沙和碎米,全都落下并堆积在竹篾轮的周围,然后

---

① 台湾总督府民政部殖产局:《台湾移出米概况》,"绪言",明治四十年十一月印行。
② 台湾总督府民政局殖产部:《台湾产业调查表》,第 98 页。

再用簸箕将稻壳与糙米吹分开来。"①

由这个描述来看,台湾传统土砻的源流可上溯至宋应星的《天工开物》或更早。李伯重指出,宋元以来,民间碾米用石砻、木砻、土砻。石砻损米,渐渐淘汰,木砻则为商业化大规模碾米所用,明清时期民间自给性碾米则采用土砻。实际上可能东亚产米区皆用土砻。上述对土砻的描述是日据初期调查中仅见的一个,和制糖、制茶以及其他行业的调查有多个部门多种调查报告不同,日据初期的调查者对土砻兴趣索然,其原因是日本传统也用土砻碾米,台湾的土砻与日本的土砻并无二致。临时台湾旧惯调查会第二部的调查者说:"用土砻调制糙米的方法和内地(指日本)几乎没有什么不同,土砻的构造亦大略相同。"因此,有关土砻间的资料甚少,为了明了土砻间的来龙去脉,笔者先在闽南乡间做了一个田野调查。土砻和制糖用的石碾子不同,后者至今犹散落在闽南的乡间,土砻因是土做的,今日已难见其影,只能得知于口述。

据笔者访查,土砻多为红土(黏土)制成,要选取比较细腻没有沙子的土,碾细过筛,有的和以红糖、干牛粪,有的和以盐、稻草,拍打结实,装在上下两个竹制的容器里,其对接部分插入竹片或硬木片,竹片或硬木片成圆形排列,上下之间,大圈套小圈,上下相距不到一指宽。其他与旧惯调查会的描述相差不多。

土砻首先运用于日常生活,闽南乡间日常食用的稻米皆用土砻碾制而得,但不必每户农家都备有土砻,也不是每户农家都备得起。一个土砻,其配备设施还有风车(在闽南叫风鼓或风柜),用来煽去稻壳;碓(在闽南多用脚踩的踏碓),用来把糙米舂成精米;此外,还有大小簸箕与筛子等。这一套设施俗称"土砻风鼓碓",放置的地方就叫土砻间。大约土改时期评上富裕中农者,就备得起一套"土砻风鼓碓"。配备不起土砻的农户要碾米,就向有土砻的农家借用,一般不会遭到拒绝,也无须支付报酬,只是"粗糠"(闽南语称稻壳为粗糠)归土砻的主人作为燃料。因此,有土砻的农家,家里多备有粗糠灶,而修造土砻的师傅,也要会砌粗糠灶。一套"土砻风鼓碓"大约可以应付十多户农家碾米所需,在有聚族而居习惯的闽南乡间,相邻十多户人家往往是族中的一个支系,而一个土砻,可以用上三五年。

用土砻碾米,不能将所有的稻谷均碾干净,要用簸箕将这些稻谷分出(不断地用圆形动作平摇簸箕,稻谷会逐渐集中),再用簸箕和筛子去掉没有吹干净的稻壳与碎土等,就得到糙米。做这些事,农妇比男人要灵巧,因此,用土砻碾米是农妇的家务事之一。土砻很轻,一个农妇就能轻易地推挽。在闽南乡间的访查,极少听到受雇于土砻间之事,偶尔有的,也只是帮忙之意,"土砻风鼓碓"在闽南乡间,连家庭手工业或副业都不是,仅是生活用具而已。但在需要大量粮食的场合,它就变成为生产工具,比如,酒坊就要有自备的土砻间,而在有大量稻米输出的台湾,日常生活中的"土砻风鼓碓"就转而变成为稻米贸易服务的乡村碾米业。上述旧惯调查会第二部对台湾土砻的描述中,一个师傅向土砻装入稻谷,两三个师傅推挽土砻。在一整天的砻米过程中,不断地向土砻装入稻谷,取出砻过的稻米并煽去稻壳,碾米变成一项重体力劳动,需雇佣强壮的男性劳力。一个土砻要

---

① 《调查经济资料报告书》上卷第一册,第29~30页。

配备三个师傅,可能传统台湾乡村碾米业中的土砻,比农家日常生活中的土砻要大许多。土砻间师傅的报酬按所砻稻谷数量计,全岛都是每石15钱(0.15日元),工钱付与师傅全体,师傅们再按他们内部的习惯、规约自行分配。据上述调查,配有一个这样土砻的土砻间,一日可碾稻谷约10石。据李伯重引用满铁1941年在上海附近松江乡间的调查,一个木砻一日可碾米2~3石。① 相比之下,台湾传统土砻间的生产能力还是相当大的。

  在传统台湾的稻米贸易中,土砻间占有重要的地位。稻米是传统台湾最大的产业,稻米买卖是台湾商业中最大的交易,各方人等都来竞争稻米买卖交易的利益,出现了形形色色的稻米交易方式与途径。就岛内消费方面而言,米贩到乡间向生产者佃户收买及向大小租户收买,或向土砻间收买,然后卖与城里的米店;当然,也有生产者自己在米市上出售的情况。岛外稻米贸易方面,都是由大输出商来经营的。大输出商直接或派出"出庄"到乡间收购糙米,收购对象为佃户、大小租户和土砻间,这之中,土砻间占据最主要的位置。② 日据初的调查说:"土砻间是一种向一般生产者买收稻谷,碾制成糙米再卖与他人的一种产业,其交易数量最大。"③土砻间之所以会占据糙米交易最主要的地位是因为它处于乡间,直接位于生产者当中,许多佃户都把稻谷卖与土砻间。佃户大多境况不好,"大约收获的一半归头家(业主)所有,其剩余部分即佃户的收入。但佃户大多贫困,没有余裕,不少人收获前要仰给于资金的贷与,而金融机构仅有土砻间。没有业主即头家给予佃户融通的情况,他们大多刻薄,不顾佃户的利益。地方上的情况是佃户要缴纳称为责地银(押租)的保证金,以此作为贷与佃户资金的情况极为稀少。由于这个原因,佃户在资金上仰给于土砻间,收成后以稻谷直接返还本利是经常的事。又收获后多少要有点资金,稻谷尚未来得及碾制就尽其所有卖给土砻间的情况也有。"由此我们可以看到,土砻间通过发挥乡间金融机构的作用,掌握了佃户手中的稻谷,此外,自己不备有土砻的大租户或小租户一般也将自己收得的租谷卖给土砻间(一般是现金交易),而不是卖给米店、米商(米商为输出商与生产者的中间商)。④ 由此看来,土砻间掌握了大多数的稻谷。考虑到晚清与日据初台湾稻米贸易的巨大数量,土砻间的数量应该相当大,是传统台湾重要的乡村企业,而这在以往的研究当中往往被忽略了。

  土砻间被忽略最主要的原因是资料稀少,但从上面的叙述来看,它内部存在着雇佣劳动,且由于在稻米贸易中,土砻间是一个商业性机构而非家庭手工业,因此,这种雇佣关系应是资本主义生产关系的萌芽,此尚待发现更多的资料加以证明。

  伴随着稻米生产这个永不衰竭的产业,碾米业也将永远存在,而土砻间如何演变,也将成为乡村企业或早期工业化演变的一个重要内容。

---

① 李伯重:《江南的早期工业化(1550—1850年)》,北京:社会科学文献出版社,2000年,第92页。其所引用资料为满铁上海事务调查所《江苏省松江县农村实态调查报告书》,1941年2月刊。
② 《调查经济资料报告书》上卷第一册,第30页。
③ 《台湾移出米概况》,第84页。
④ 《调查经济资料报告书》上卷第一册,第28页。

四、晚清与日据初期台湾乡村制糖业

众所周知,制糖业是清代台湾最重要的产业之一,清代台湾的糖都是由糖廍制造的,由于制糖业被列为能够产生资本主义萌芽的明清时期的手工业之一,且由于清代台湾制糖业为全国之冠,因此对于清代台湾糖廍,在资本主义萌芽的研究中已有许多探讨,一般所依据的资料仅为清初黄叔璥《台海使槎录》"赤嵌笔谈"与20世纪初连横《台湾通史》中的记载。黄叔璥对糖廍有具体记载,而连横则记述了糖廍的各种形式。连横撰写《台湾通史》时,传统糖廍在台湾已趋消亡(详后),但连横作为台湾人,对传统糖廍必有耳闻目睹,对台湾糖廍描述必有根据。但糖廍在《台湾通史》中仅是社会经济部分的农业部分的一小部分,所占位置毕竟极其有限,对糖廍的描述不得不简略,许多在《台湾通史》材料的基础上对糖廍中资本主义萌芽的研究已属推测。这里,我们将主要依据一些专门的调查,并结合田野工作,来对传统糖廍这种乡村企业做一个探讨。由于大家对《台湾通史》中糖廍的材料比较熟悉,我们从连横的描述入手。

连横记台湾糖廍"台湾熬糖之厂谓之廍。一曰公司廍,合股而设者也;二曰头家廍,业主所设者也;三曰牛犇廍,蔗农合设者也。每犇出牛三,为园九甲。一廍凡九犇,以六犇运蔗,三犇碾蔗,照园轮流,通力合作,其法甚善,每乡莫不设之。"①根据连横的记述,牛犇廍被设想为蔗农的合作组织,而公司廍与头家廍则被设想为可能产生资本主义萌芽的生产组织,而黄叔璥的记载中描述的糖廍中有许多分工不同的工人,则成为糖廍中存在雇佣关系的证据。社会生活繁杂纷纭,归纳往往是困难的,连横对台湾传统糖廍的归纳虽不失精当,亦难免失之简略,日据初的调查表明,台湾传统糖廍存在牛挂廍、牛犇廍、公司廍、头家廍四种形态,结合田野调查与文献分析,笔者以为,牛挂廍与头家廍是糖廍的原始形态,在此基础上衍生、发展出了牛犇廍与公司廍,20世纪初,糖廍在牛犇廍与公司廍的基础上继续演变。下面我们先从糖廍的生产状况入手来分析糖廍的生产组织,在此基础上再分析糖廍的各种形态。

清代台湾制糖技术主要可分成压榨甘蔗及将蔗汁煮成糖两步。记载制糖技术比较详细的有黄叔璥《台海使槎录》和光绪二十六年(1900年)成书的《安平县杂记》。②

其记煮糖,《台海使槎录》载:"煮糖须觅糖师、知土脉、精火候、用灰(汤大沸。用砺房灰止之)用油(将成搪、投以蓖麻油),怡中其节。煎成,置糖槽内,用木棍频搅至冷,便③为乌糖(按:闽南语称红糖为乌糖)。"记载甚简略。《安平县杂记》记载较详细,其载:"……车下用桶收汁、付出樋管,流落澄清桶,用石灰以去其滓,转入鼎遨糖,第一四之鼎,

---

① 连横:《台湾通史》卷二七,《农业志》。
② 《安平县杂记》,不著撰者,未标年代,据台湾学者黄典权考证,为日据台湾后第五年,即光绪二十六年(1900年)成书。
③ 黄叔璥:《台海使槎录》卷三,《赤嵌笔谈》。下文引用《台海使槎录》多出此卷,不再一一注明。

用温火以煮其汁,第二四之鼎,用武火滚出汁泡,以枓子掬之,第三四之鼎,蔗汁中之污物浮见,悉用枓子去之,其汁始净,第四四之鼎,火力添强,糖汁沸腾,再用花生油、蚵壳灰二样投入,其汁浓厚,始能凝结。此时移过第五四之冷拌鼎,搅匀成糖,此制红精之法也。"①通观之,清初至清末,煮糖技术基本相同,如参考明末宋应星《天工开物》所载煮糖方法,则数百年间,煮糖技术并未有重大变化。

宋应星记闽广间煮糖方法是:"每汁一石,下石灰五合于中。凡取汁煮糖,并列三锅如品字,先将稠汁聚入一锅,然后逐加稀汁两锅之内。若火力少束薪,其糖即成顽糖,起沫不中用。"②明末至清初,煮糖汁由三锅至五鼎,一方面是技术上较为精致,另一方面也是由于生产规模扩大,糖汁多所需,生产规模扩大之原因,当归于甘蔗压榨技术方面之变化。

《台海使槎录》记载压榨甘蔗的蔗车"今蔗车两石矗立,状如双碾、夹取其汁"十分简略,看不出什么状况。但如参以《天工开物》所载,我们便能得到蔗车的基本印象。《天工开物》记载:"凡造糖车制,用横板二片,长五尺,厚五寸,阔二尺,两头凿眼安柱、上笋出少许,下笋出板二三尺,通筑土内使安稳不摇。上板中凿二眼,并列巨轴两根。木用至坚重者。轴木大七尺围方妙。两轴一长三尺,一长四尺五寸。其长者出笋安犁担,担用屈木,长一丈五尺。以便驾车团转走。轴上凿齿,分配雌雄。其合缝处,须直而圆,圆而缝合。夹蔗于中,一轧而过,与棉花赶车同义。蔗过浆流,再拾其滓,向轴上鸭嘴投入再轧,又三轧之,其汁尽矣,其滓为薪。其下板承轴,凿眼只深一寸五分,使轴脚不穿通,以便板上受什也。其轴脚嵌安铁锭于中,以便捩转。凡汁浆流板有槽规,汁于缸内。"大约都是用牛来带动两个碾子压榨甘蔗,不同的是黄叔璥所记为石车,宋应星所记为木车。《安平县杂记》记蔗车的零部件为"石车应用物:顶枋(按:枋,闽南语,即板)、底枋、车柱、车过、公头、水心、油心、过箭、麻绳、猪腰、扭嘴配。"与宋应星所记对照一下,部件大致相仿,所不同的是石车多了一个"扭嘴配"。据笔者在闽南乡间的访问考察,此为嵌在石碾顶部齿上的硬木,两个石碾直接啮合作传动,石碾会裂开,因此要嵌入木头以作缓冲,而木碾可直接啮合传动,故无此物。这里需说明的是,清代的台湾,不但制糖技术是由闽南漳州、泉州两府的移民带过去的,而且蔗车的石碾,亦是从闽南运过去的(东部除外)。由于地质构造的关系,台湾并不出产大的石料。而闽南却盛产花岗岩,清代台湾所需石料皆从闽南运去。《安平县杂记》载:"台地石少,需石无几,阶庭道路及碑碣用均由清国厦门等地运来者。"众所周知,清代的台湾连砖瓦都极少生产,所需的建筑材料均是从大陆运去的。《安平县杂记》说:"砖瓦亦有从清国厦门运来者。"贩卖台糖、台米的商人赴台湾时,将砖瓦等材料作为压舱物带到台湾,蔗车的石碾,亦如砖、瓦作为压舱物从闽南运到台湾是完全可能而合理的。结合《台海使槎录》、《安平县杂记》的记载和笔者的考察,清代台湾的蔗车,构造原理和明末宋应星所记相同——用牛力带动两个竖立的碾子压榨甘蔗。只是所用

---

① 《安平县杂记·农工业》。下文引用《安平县杂记》多出此部分,不再一一注明。
② 宋应星:《天工开物》卷六,《甘嗜造糖》。下文引用《天工开物》多出此卷,不再一一注明。

的材料由木材改成石料而已。①

一般说来,技术原理的突破,能带来生产力的飞跃并进而改变生产关系。明清两代的榨糖方法,在机械原理上并无不同,只是工具的材料有所不同而已。因此不能期望生产力有十分重大的发展。但新材料的采用也能提高生产力。《天工开物》记木制蔗车的生产能力说:"凡取红糖,穷十日之力而为之……种蔗十亩之家,即制车釜一副,以供急用。"即拥有一副木制蔗车的农家,能够在十天之内榨完十亩田所产之甘蔗,或者说一副木制蔗车只能应付十亩或几十亩蔗田。据《天工开物》的插图,一副木制蔗车只需一只牛带动。这种榨糖手工业还是农民的家庭手工业,生产力低下。而石制的蔗车,压榨能力比木制蔗车大得多,且由于石碾可做得大一些,使得生产能力大大加强,因而石制蔗车要两只或三只牛来带动,如《安平县杂记》说,"每一挂牛三只,以挽车机",说明石碾的压榨能力比木碾大了许多。因此配备一对石车的糖廊,所能榨的甘蔗就非常之多。据《台海使槎录》记载:"每廊用十二牛、日夜夹蔗,另四牛载蔗到廊,又二牛负蔗尾以饲牛,一牛配四甲,现插蔗二甲,留空二甲,递年更易栽种(按:每甲合 11.3 清亩)。"似乎每廊可榨 30 多甲(合 400 多清亩)所产甘蔗。这是雍乾年间的情况。《安平县杂记》载:"廊一张,或用牛六挂,或九挂,十挂为度。每一挂牛三只,以挽车机,日夜夹蔗。"则光绪年间,最大的糖廊用牛 30 头,所能榨的甘蔗更多,已是蛮大的乡村企业了。

清代台湾糖廊一般来说生产规模、设备投资皆不小,雇佣工人不少,工人分工也很细致。

从设备和投资来看,据《安平县杂记》记载"糖廊一张",其固定资产有"廊亭一间(草盖),廊灶五口,廊房一间三所、蔗朴(按,即蔗渣)埕一所"。又,"石车一对、大鼎七口、大木桶五个、漏台十位、漏环二枝、铁环一枝、大叉一枝、棒斗二枝、水桶一担、耳捅二枝、糖槽一个"。其所需资金,"新建瓦廊,费银六、七百元。草廊费银四、五百元",都不算少。

再看糖廊雇工和分工状况。《台海使槎录》载:"廊中人工。糖师二人、火工二人(煮糖汁者)、车工二人(将蔗入石车夹汁)、牛婆二人(鞭牛夹蔗)、剥蔗七人(园中砍蔗、去尾、去箨)、采蔗尾一人(采以饲牛)、看牛一人(看守各牛),工价逐日六七十金。"共计 17 人。《安平县杂记》所载略有不同。"每廊十一人,煮糖司阜二人,火工二人,车工六人(俗称牛婆),饲牛粗工一人(俗称五分仔)"。据日据台湾第二年日人在台湾的观察,各地的糖廊大小略有不同,工人数总在十几人之间。② 分工则如上述,比较细致。至于这些工人,无疑都是自由的雇工。据清代史料,"台湾俗例,要在糖廊佣工的,先给廊主银子十两作定,

---

① 闽南糖廊用石碾代替木碾,乃因闽南地方难以获得硬木。明清两代,闽南善造大船,船型之大,为全国之冠,然均用福建所产"福杉"制造。《筹海图编》卷十三载"广船视福船犹大,其坚緻亦远过之。盖广船乃铁栗木所造,福船不过松杉之类而已"。广东之有铁栗木,乃因"广人自以鱼盐取西南诸番之利"。见《钦定四库全书·史部·筹海图编》。广东糖寮因用木制榨车,规模就比较小,"上农"一人一寮,就足以压榨自己所种的甘蔗,与宋应星所说的"种蔗十亩之家,即制车釜一副,以供急用"相符。

② 小川琢沉:《台湾诸岛志》。

随后陆续还明"。① 雇工要先给定银,可能是雇主预防他们损坏廓器或工作一半离开以致人手不够,无论如何,他们是自由的,不具有任何人身依附则很明显。

清代台湾糖廓规模大、投资多,又分工细致、自由雇工,乃成为一个很好的研究对象。以往的研究多注重生产关系,这是时代背景决定的,对台湾糖廓的研究则多关心其经济关系,比如,认为:"头家廓是独资经营的。投资人有商人,也有地主。他们自置生产设备,雇工生产,并有头目管理业务。如果是商人开设,向蔗农购买原料,加工生产,则其生产关系已完全是资本和雇佣劳动的关系了。如果是地主开设给自己农场生产的甘蔗加工,所用雇工也可能就是自己农场的工人,则其性质可斟酌。"而"公司廓,又名公家廓,是合股组织,商人合股,商人与地主合股,有时也有蔗农以耕牛或提供运费的形式入股,它也是雇工生产,有头目管理,经营方式与头家廓相同。如果没有或只有少量蔗农的入股,那么,它的性质也可以和头家廓同样看待,也就是说,二者都包含有资本主义生产关系了"。② 至于牛𤛮廓,则被认为是小生产者的合作组织,没有资本主义生产关系问题。但是由于连横的资料对三种糖廓的描述十分简略,也未指出资料来源,所以实际上我们并无法真正明了三种糖廓投资者的状况,许多结论只得依靠假设。因此,本书依据有关清代台湾制糖业的一些契据和笔者在闽南乡村所做的一些田野工作,对三种糖廓的结构状况作一番深入的考察。

笔者之所以要做一些田野工作,主要是因为许多糖廓在当日本来可能没有什么文字资料,它们一般无须订立契约,顶多只记些账,至今几无存留。但糖廓这种形式无论在台湾或闽南都一直存在到20世纪。在台湾,它们消失于三四十年代,在闽南,它们消失于五六十年代。由于台湾糖廓的形式完全是闽南糖廓的移植和扩展,因此对闽南糖廓遗迹的考察和对尚健在的糖廓师傅的访问将有助于我们了解它的真实情况。如此,笔者在漳州、泉州等地的农村做了一些调查访问。

据笔者的调查,廓,原是村民的一种合作形式,一般每一自然村(在闽南地区和台湾地区称为社)都有糖廓,小社一廓,大社数廓。如同安县祥桥乡洪塘村有几千人口,立有6~8廓,平和县新桥廓村,以前250户人家,立有二廓。廓屋、石车、廓器等为村社共有,其创置年代久远,后人只知是祖宗所置而已。村社里种蔗的农民都有权使用糖廓,使用糖廓的农户称为廓脚(《安平县杂记》说"廓有廓脚——甘蔗倚廓夹糖之人")。大约一社中每一年各廓的廓脚组成是固定的而较少变动的。每年榨季时廓脚们公推一人为头家,修理廓屋、廓器,经理财务,所需款项公摊。榨蔗的次序由拈阄来定,所用的牛各自牵来。至于廓中的工人,也多是村社里的人,常常大部分就是廓脚们本人。因为各廓脚家的牛都牵来轮流拉石碾,轮到谁家的牛拉碾,赶牛、饲牛的人工即由谁家的人担任。其他车工、烧火、剥蔗、挑蔗渣即由附属本廓的人家担任。人工与牛工的多少皆有结算,多者可领工资或糖,少者付钱或糖。由此观之,糖廓里分工细致云云,在这里回过头来倒又变成

---

① 《明清史料·己编》第十九本,第912~914页。
② 许涤新、吴承明主编:《中国资本主义的萌芽》,北京:人民出版社,1985年,第359~360页。

新形式下的家庭分工。所谓糖师,固然有技术,许多却是种蔗的农民本身,并非专业业此者。笔者曾在漳州平和县新桥村访问一个年届七十的有名的糖师张太川,他平日种水稻为主,兼种 2~3 亩甘蔗。榨季时在糖廊当制糖师傅,其妻则赶牛。同安洪塘村的村民说,榨了几次糖后,廊脚们往往可以学会烧火煮糖,当然所制成的糖质量有优劣。在此,我们看到了传统农村社会的包容能力。清代闽南和台湾,一家一户的农民家庭手工业已无法适应石制蔗车的生产力,但村民却以联合的方式将提高了的生产能力限制在新形式下的家庭手工业范畴之内。

19 世纪末,日据台湾之初,日人佐仓孙三在台湾供职。据他所记:"台南地方多产砂糖,一岁之收,不下数百万金……其制糖厂者,皆系村民共同所筑,虽陋矮不足观,规模甚宏。"①此即与闽南地区糖廊相类似,说它们是小生产者的合作组织固然可以,但还不如说它们是村社共同体的经济体现更为合适。

论者一般都据连横的《台湾通史》,认为这种小生产者的合作组织即牛犇廊,这是连横那一代当中许多人的看法。1901 年 12 月,一个日本人的组织"台湾惯习研究会"在台南进行调查,请晚清举人蔡国琳、商人王雪农(晚清至日据初,王雪农在台湾南部经营农产品输出贸易,糖在他的生意中占据重要地位)等谈台湾传统制糖业情况,蔡、王等人说:"在自己的旱地自己种植(甘蔗),自己设立糖廊,自己榨糖,是为牛犇廊。"②但日据初细致的调查表明,这种合作组织应该是牛挂廊发展而来的。据临时台湾旧惯调查会委员眳田熊右卫门 1907 年前后的调查,台湾传统糖廊有前述牛挂廊、牛犇廊、公家廊、头家廊四个形态,其中牛挂廊是"甘蔗耕作者在契约的基础上设立的。耕作者通常是缺乏资历的佃人,无法各自独力设立制糖所,因此,一庄或一个土名(指具有名字的一个小范围的地方)的人民纠集资本建立制糖所,提供自己的牛只以运转石车。甘蔗收获时节亦常常相互提供劳力与牛只协作。"③之所以称牛挂乃是因为牛只连接在一起牵引石碾,通常一挂是三头牛。压榨一桶蔗汁后再换另一挂。牛挂廊的成员称为牛挂人或廊脚,统称廊众。据眳田熊右卫门的观察,廊脚一般而言都是种蔗的农民,但有时也有不种甘蔗的人,之所以出现这种情况,是因为他们的前辈是廊脚,现在他们虽然不种甘蔗了,但他们对糖廊仍然拥有权利,因此,虽然廊脚通常是具行为能力的成年男子,但有时也有妇女或儿童,这和闽南的情况是相同的。牛挂廊到后来,所榨甘蔗有自己种的,也有买来的,就形成为牛犇廊,牛犇廊就开始从蔗农的合作组织向经营性的企业发展,这下面再谈,这里先谈牛挂廊。

榨蔗煮糖虽然不是高度技术性的工作,但其间牵涉到搭盖"廊亭"、修理大小器具、雇佣帮工、谢神、记账、廊脚与帮工的伙食、廊脚之间榨糖次序、轮流榨蔗之间蔗汁的分割、

---

① 佐仓孙三:《台风杂记》,《制糖》。
② 《台湾惯习记事》第二卷第三号,第 186 页。
③ 眳田熊右卫门:《台湾糖业旧惯一斑》,第 10~11 页。据眳田熊右卫门在序中所说,此为他个人的私稿,是他于 1907 年在旧惯调查会台南出张所进行旧惯调查之余,注意糖业旧惯,随时蒐集资料,于次年成稿,并经旧惯调查会部长岗松参太郎过目。

人工及牛只使用的相互结算等等，十分繁杂，一般所有这一切都用契约的形式确定下来，所以，牛挂廊的契约展示了当日蔗农们榨蔗煮糖的情景，十分生动，下面是眇田熊右卫门蒐集到的一份牛挂廊契约：

牛挂廊合约字

同立合约字人保西里大埔庄林允田、魏大丘暨各牛挂等，窃思任土作贡，自昔定例，筑廊研夹芒蔗，小民至情。念吾侪承先人建置宅仔后廊，各年研夹芒蔗，所以资课命之两图，取自然之美利，其所有来久矣。但江河日下，人心不一，或当创廊之际，参差不齐者有之，或当夹蔗之时，恃强争先者有之，或当过汁之间，私透肥己者有之，种种不法，不胜枚举。允田、大丘等不忍坐视，爰是邀众申立规约，以杜弊端，庶几人心无异。众有同志则田工尽，将见万井享大有之休，百室有盈宁之庆，安在三代之盛世不可复行于今兹也耶？空口无凭，立合约簿一本并七纸一样，每挂各执一纸，永远存照。谨将各款规约列左：

过、过箭、石车、上下枋、车柱、糖鼎、酿酒鼎桶二件、师傅、牛婆、火工、剥蔗四款伙计销银、竖车工银、修理廊内外大小桶工银、补鼎工银、纳廊地税、伙计糖、修理廊壁，以上皆开入大公账内，批照。

杠头、廊结银、柴心仔、造灶土角（按：干打垒）一千二百块、伙计资（按：春节赏银）、廊公（按：糖廊土地公）生日谢公牲醴并油火烛、杉仔、正月起火柴银、锄柄、糖秤、滤机、竹厨竹大门、钮柴、牛担三枝、修理蔗车扑（按：闽南方言，渣谓扑）车二张、廊内大小铁器、廊亭、篱笆、廊内外应用竹、茅草、谢廊公戏身银、做头牙猪腰子、算廊账笔资、黄麻、藤、灯火仔、棉滤帕、师傅牛婆裙仔、面巾、鲎靴（按：用鲎壳做的舀水具）、碗箸、磁灯火仔、竹香、槟榔荖、尖刀、汤匙、席、扫帚、粪箕、新正（按：春节）修理器具红包、埋汁鼎、盐、糟糠、糖水、女钉、铁线、竹蓁、寿金（按：一种金银纸）、笔、墨、粗账簿，以上共陆十款，开入小公司，贴银一百五十元，批照。

一约，廊内外应理公事及小寡（按：闽南语，谓些少）物件，不能尽列款内者，一切开入大公，批照。

一约，费内银定十月初十日交付值头家费用诸事。如初十日不交清者，每园每日行利息钱陆十文照算。

约，八月十五日破土，每牛只先交银一元，至十一月初一日交清，批照。

约，十一月一日拈阄兴车。定十一月十日至十二月头家起火自备，起火八桶仔折大桶六桶四，无抽；至年终，月大夹到三十日，月小夹到二九日，现阉落园付正月初二日起草；初三日，头家办饭菜请伙计，是内费支理。

约，年内贰年夹糖，定抽实糖十六斤，正月定抽实糖十八斤，二月定抽实糖二十斤，到三月初一日，定抽实糖十六斤，定抽实糖，无控钱尾，银分足；定到三月初十日听走，未到初十日不可走；每桶汁定矿五量（按：量，指秤谷子、糖等的大秤；矿五，百分之一百零五）六百二十斤，添二甘斗、二鲎靴，批照。

约，廊井无水，头家淘便，不得推诿，批照。

约，若逢车坏，定挂四桶牛，食一日米，挂牛食一晡（按：晡，指白天）米，蔗主不得亏缺，批照。

约，廊中倘风水不虞，系是廊众公摊。

约，灶坑头灯火，火工自点，日夜油并烟钱，共贴钱四十文，批照。

约，水仔糖定六斤天平，批照。

约，廊身被风雨煸坏，桶器被白蚁破损并铁轴损坏，系是众牛挂公支理，约，请伙计系是公议妥当，不得私请，批照。

约，夜间牛挂在椆牛只失落，作三分开，众牛挂一分，雇竖一分，竖一分，现阄每只贴银二元，批照。

约，廊中定三挂在牛，三挂在人。每夜六挂人在廊。如有一人不到者，失落牛只，众皆对无来一人跟追，不姑宽。

约，廊内铁沚七片，火叉二枝，系是轮流用，若是用坏，众牛挂公需。

约，廊内什物器具，定十一月初十日至十二日头家自备，听众牛挂起车，不得推诿。

约，廊内众伙计每桶分声列左：火工四分三，牛婆二分六，师傅三分三，剥蔗二分，看牛每日六分。

约，上下阄透（按：闽南语，兑水、兑液体之意）沫仔（按：污滓，泡沫），有透不放，定入七分一桶沫过汁。透汁系是师傅支理。

约，现阄夹蔗，上下交接，定夹到日头落山为止。

约，存三桶，能得过汁。

约，挂四桶牛，另贴下阄七三银一元，批照。

约，夹过暗桶，下日起早车坏，头家，上下阄公做，批明存照。

约，头家辛劳桶定三十桶，定接二年尾，批照。

约，新栽、尾阄定六桶无抽。

约，日仔尾清气（按：闽南语，谓干净）上下阄交接。定过四月初一日贴头家七三银六大元，批照。

约，如石车、廊唇损害，众挂金议修理。余廊内外巨细诸务，一概归值东调办；约，着（按：轮到之意）阄如糖兑出，限三日内立将车抽银一齐交值东开发，过限值东立阻停廊。

约，公抽足数外，各挂方轮私抽，限兑糖三日内，立将车抽银一切交给着（按：应该之意）抽之人，过限着抽之人立阻停廊，批照。

约，每日定夹十桶。倘现阄尾日不满十桶，下阄随（按：闽南语，立刻）赶甘蔗到廊补夹是日十桶定额，违者议罚，批照。

约，各挂轮流夹蔗一桶，不论日夜，顶挂（按：上一挂）挂牛时，即催下挂赴夹。不赴（按：来不及）将顶挂夹抵下挂之额，下挂罚油三勉，批照。

约，各挂着阄每桶抽桶身银一角，不论值东酬劳桶，起火、息廊，一切该抽。

约，顶清下清，上坐沫仔四桶，每年每桶各换桶墙一枝，批照。

约,廊内外各器具,不问大小公司,该修治者值东修治,该更换者会众更换,有应修理物件故意延诿,致多开工料,议罚,批照。

约,铁器定九十三斤,上流下接过量,如少斤,每斤贴银二角,批照。

约,牛挂份买卖者,先问同挂,同挂者不承受者,问出牛挂内,牛挂内不承受者,问出本庄之人,批照。

约,牛挂一只,典价六八银六元,批照。

约,牛挂一只,尽根卖价六八银十元,批照。

头挂 陈胡 一只　欧盆 一只　谢各 一只

二挂 陈抄 一只　魏后 一只　陈明 一只

三挂 陈雀 一只　陈水 一只　林早 一只

四挂 陈朝,陈明 计一只,李蚵蛙 一只　魏列,谢古,计一只

五挂 林耳,欧虎,林坠,计一只,林石,林砚,计一只,张庆,林番,林薯,计一只

六挂 李春生 一只,　李宽,李荣,计一只,林松,汪炎,计一只

七挂 林寅 一只,　张和吾 一只,林和 一只①

此契冗长(牛挂廊契约大多类此),之所以不厌其烦全文照录,是因为它生动细致地反映了当日蔗农们利用传统糖廊合作制糖的场景。每年农历十月,蔗农们要凑在一起竖车立廊,缴交公摊费用,起火祭廊公,然后拈阄确定榨蔗顺序。榨季为十月至来年二三月,但过了年甘蔗含糖分最高,所以拈阄是很重要的。确定顺序之后,上下阄之间关系很要紧,甘蔗压榨时会产生许多污滓泡沫,一阄的泡沫澄清后可熬四五十斤糖,我们今天很难知道其技术上的原因,这些泡沫要移给下一阄,一直到最后一阄,再把泡沫还给头阄。如何转移则大有讲究,因此规定要由师傅来兑汁水并详细规定兑的比例、方法。其他还有种种细节,在在牵涉到蔗农的利益,上契中列出的大小支出有六七十项,各种约定有几十项,上至廊厝与蔗车的大部件,下至油灯火,巨细无遗,锱铢必较,在台湾传统糖廊两三百年的历史中,这些事务代代相传,村民们已了然于胸。用契约详细确定下来,并选举一个头家来主持糖廊事务。闽南农村传统糖廊不如台湾发达,但也有类似牛挂廊的糖廊,据笔者在闽南农村的调查,头家并非村中的强势人物,且常常是轮流当的,即所谓"值年"。头家有"辛劳桶"、"车抽糖"等收获,但有些费用是要由他来支出的,头家"有赚"、"无赚"是很难说的。自然,再详细的规定也不能将所有事情都考虑到,冲突还是会有的,但在契约这个框架内,事情能够解决,尤其在谢廊公演戏的酒席上,大家可以联络感情,合作得以延续。从17世纪中期到20世纪初期,这种牛挂廊一直是台湾核心制糖区最主要的糖廊形态(详后),晚清世局丕变,西方资本主义势力入侵,蔗农们依然自在地在牛挂廊里制糖,日本占据台湾后,为其统治需要,强力推行其糖业政策,方才改变这种局面。

下面来谈头家廊,这种形态的糖廊被认为最具备资本主义萌芽的可能,但大多数人

---

① 该契约载《台湾糖业旧惯一斑附录参考书》,第2～24页。眄田熊右卫门有详细解释,并译成日文。

所据的资料仅是连横的只言片语而已,我们还是根据糖廍契约来探讨这种形态。

先看一份乾隆年间的契约:

> 同立约人业主李时协、贌耕人吴升等,缘时协有廍带园,贯在咽喔口,吴升等牛分十只前去耕作,栽插芒蔗,硏夹糖斤。自乾隆十六年起,至二十年止,每年言约租糖一百漏,每漏重一百五十斤入秤,其限年内各阄完一半,正月全完,付与业主完纳国课,不敢拖缺挨延,致误课饷。认贌内之人或将蔗分园底要承顶他人,亦当报明业主斟酌明白,吴升等不敢私相授受,如有,自约愿听业主禀逐,各无异言。

> 每年间或有他人及外庄附廍夹蔗,其糖租听业主照例抽贴廍饷,吴升等不得籍私。乾隆十六年至二十年八月满限,即将园底廍份并廍内家器、杂物,一尽送还业主招耕,升等不敢延据。廍内上下枋车、鼎过、火叉损坏,系业主修理,其余器具损坏,贌耕人修理,不得推诿。其上下枋车、鼎过、火叉各项家器,每年送交于值现年头家收管,如有失落,该他坐还。今欲有凭,立贌约字一纸,付执为照。

> 再立约:准佃人转贌他人,头家不得阻挡等情。

> 乾隆十六年四月　　　　　日具
> 业主:李时协　　　吴升等①

根据这份约字,业主李时协,是将蔗田和糖廍一道租给佃户耕种的,糖廍和蔗田是连成一体的,叫廍份园,而佃户则自备牛、农具,收成后以糖交租,契约言明佃农可将廍和园再转租,可见是大租,因契约未载明蔗田面积,所以无法得知大租率。

我们再看道光嘉庆年间一份可测算租率的契约。

> 立退还园底字人吴佑、吴意、吴杞等。有承祖父吴提向前业主郑兴统、郑光颜认蔗份园二所,共牛挂一只,内廍份廍器九挂得一,年该纳现业主林头家大糖五漏,方头家大租糖五漏,杜头家大租糖二漏,共一十二漏。一所址在大岗山埤仔尾社后……计二甲七分五厘……一所址在岗山头燕仔石沙仔园……计一甲二分五厘……今因积欠林业主大租糖。自道光二年起,至十三年止,共六十漏,无力清还,愿将此园底退还林业主,以抵清完。托中言明,蒙林业主许允,即日将园收管,并积欠伊份内之大租,一概给意等完单收执,以凭洗清。……此系二比甘愿,各无抑勒,口恐无凭,合立退佃字一纸,并缴约字一纸,共二纸,执为照……

> 道光十六年　　月　　日
> 为中人:吴育　吴佑
> 立退园底字人:吴意　吴杞②

此份契约颇具典型性。佃农吴姓三人租种的园地仅4甲,因此仅搭配1/9的糖廍。从佃农向三个头家(业主)纳租的情况来看,4甲园地分属3个业主,糖廍似也随之分割。

---

① 《清代台湾私法物权编》,第693页。
② 《清代台湾私法物权编》,第245页。

和上例一样,糖廍和甘蔗田是连成一体出租的。据契约,佃户每甲只交3漏大租糖。据《安平县杂记》载:"每漏毛重150觔,漏除25斤,实糖125斤。"则园每甲大租糖375斤。又据《安平县杂记》载,糖产量"上则园一甲,红蔗得糖三千五百觔,白蔗得糖三千觔。中则园一甲,红蔗得糖三千觔,白蔗得糖二千五百觔。下则园一甲,红蔗得糖二千五百觔,白蔗得糖二千觔。下下则园一甲,红蔗得糖二千,白蔗得糖一千五百觔"。契约未说明是何等则的园地,以中则园来计算,则大租率为12%～15%。另一例为嘉庆十九年凤山县佃户黄协佃种业户陈公兴上等园1.5甲,规定:"……一其园栽种杂粮,均听业户十分抽二,若种芒蔗,应归本廍研夹,不得私人别廍。每蔗汁二十四桶为一日水,听业主抽净糖二百五十斤。……"据《安平县杂记》载:"每桶蔗汁四、五百斤,熬成糖只得百余觔或六、七十觔者",则业户陈公兴所收大租大约也是二成。和上两例不同的是,佃户租的只是土地而不是廍园,因为他不一定种甘蔗。看来,蔗田的大租和水田流行的分成制15%的大租率差不多。这个例子说明了一个问题,即佃户对业主仅交纳大租糖即可,无须因利用业主的糖廍而再另交租金。这种情况和租种廍份园的情况是相当的。日据初日人竹越与三郎在他的《台湾统治志》中认为,佃户除了交纳大租糖以外,因利用业主的糖廍还须另外交一半以上的糖作为租金。① 这个看法经著名日本学者矢内原忠雄引用后②被辗转引用,几成定论。现在看来不一定是这样的。

同水田一样,佃户可以再把园地租给现耕佃人来耕种,收取的小租糖比大租糖要多得多。下面是一份现耕佃人向佃户租种蔗田的贌耕字:

> 立贌耕字新廍社刘东海,今向吴德昌官备出凤邑嘉祥里新廍社后园一甲七分,分作三段,计四坵,又社东南角大石头脚园三分,计一坵,自备工本前去耕种,俟冬成备好糖一千七百觔,明过糖廍交纳吴德昌官小租,不敢小缺。共装糖笼蓆,及运到草仔寮,即船头寮所有用费,俱业佃对开。

> 另东海应代完方夸老官大租糖四漏,实重五百八十觔,取给收单交吴德昌官存照。约至道光八年正月,耕限一年完满,将园送还吴德昌官任招别佃,不放异言。令欲有凭,合立贌耕字一纸,送执为照。

> 道光七年二月　日
> 保认人:陈赞司
> 立贌耕字:刘东海③

现耕人不仅要交小租糖,而且要代佃户交纳大租糖,这种现象在贌耕水田的现耕人中也常见,而且水田的小租通常也是大租的三倍。

类似契约还有一些,无须一一列举。根据对以上契约的分析,似乎可以得出一个结论。头家(业主)采取的是和出租水田一样的地租剥削方式,将蔗田和糖廍一道出租给佃

---

① 竹越与三郎:《台湾统治志》,第十六章"产业"。
② 矢内原忠雄:《帝国主义下的台湾》第二编第三章。
③ 《清代台湾私法物权编》,第670页。

户,收取大租糖,而小租糖是由现耕佃人交给佃户的,现耕佃人用业主的糖廍榨糖,所交大租糖亦只二成,这是清代前中期的状况。业主的糖廍(头家廍)只是业主进行地租剥削的设备而已。当然,业主置买廍器要进行投资,但这种投资如同购买土地一样,目的是封建地租,此即头家廍的基本生产形态,这里面并未包含资本主义的因素。连横说:"头家廍,业主所设者也。""业主"一词,在清代台湾特指大租户,连横没有多加解释,难免引起许多不必要的推测。上述蔡国琳、王雪农等人在回答台湾惯习研究会的问题时说:"所谓头家廍,比如说佃人向人租入园税(闽南语称地租、房租为税)为十元的园地的话,先向园主借入种植甘蔗的费用三元,收获时将甘蔗运送到园主处进行压榨,(所产)砂糖百元的话,按佃人五十五元,佃主四十五元的比例分割。最初借去的三元和园税从佃人的五十五元里支出。这是近年的习惯。"①看来,一直到晚清,头家廍还是保持其固有形态。20世纪初,日本殖民当局实行地租改正,取消大租权,头家廍顺理成章应成为小租廍,但过后不久,殖民当局即进行糖业改造,传统糖廍归于消亡,去探讨小租廍就无必要了。

据眐田熊右卫门的调查,和土地脱离关系,专门制糖取利的头家廍,是在殖民地当局实行殖产兴业政策鼓励制糖业时方出现的,而这时的台湾已不是传统社会形态了,下面我们还将谈到这个问题。

了解了台湾两种原始形态的糖廍,我们就可以在这基础上来谈糖廍形态的发展演变。令人惊讶的是,无论蔡国琳、王雪农或眐田熊右卫门都说牛犇廍和公家廍没有契约,仅凭信用和口头约定,因此,对这两种廍的理解只能靠调查材料。

上面已经说过,蔡、王等人和连横一样,认为牛犇廍是甘蔗耕作者的合作组织,他们并没有提到牛挂廍,但眐田熊右卫门因在台湾核心制糖区台南一带进行调查,发现了许多牛犇廍的基本形态——牛挂廍,因此,他努力要去区分牛挂廍与牛犇廍,据眐田熊右卫门的看法,牛犇廍也是甘蔗耕作者的合作组织,但其目的并非仅限于自己栽种的甘蔗,而是利用自己拥有的廍份,买入甘蔗制糖,或接受他人的甘蔗,制糖后与蔗主分割(习称委托制糖)。牛犇廍与牛挂廍的一个不同,在于人数上,牛挂廍成员从十几人到三四十人,牛犇廍只有几人而已。牛犇廍的组成单位即为犇,一个牛犇廍通常在六犇至八犇之间,(犇的原意如同牛挂廍的挂,也是挽石车的三头牛,在屏东平地有时是两头牛),也就是六份到八份,牛犇廍的成员根据自己的资力拥有廍份。很多时候,牛犇廍成员的牛不是自己的,而是出资雇来的。② 实际上,在牛挂廍和牛犇廍之间并没有一条截然的界线,所以连横、蔡国琳、王雪农等人和眐田熊右卫门对牛犇廍的解读有所差别。

牛犇廍再往前发展,就是公家廍了。蔡国琳、王雪农认为"(公家廍)大抵由牛犇廍变化而来"。大致上可以认为一个公家廍由数个牛犇廍合组而成。③ 眐田熊右卫门认为,公家廍是一种合股组织,通常由二人至四人组成。在公家廍,所有的设备都是购置的,牛

---

① 《台湾惯习记事》第二卷第三号,第36页。
② 眐田熊右卫门:《台湾糖业旧惯一斑》,第55~56页。
③ 《台湾惯习记事》第二卷第四号,第26页。

是租入的,甘蔗也是买来的,是纯粹的一个制糖厂。① 蔡、王等人对公家廊有较详细的解说,他们说"公家廊乃数人以植蔗制糖为目的,所以在没有园地(情况下)从他处取得甘蔗榨糖的也有。又有租入园地种植甘蔗者,或接受其附近有园地者的甘蔗,收取压榨费用的"②。在公家廊的场合,已有商人进入生产了。一些糖商为了确保能够收买到糖,出资与地方上精于制糖业务的耕作者组成公家廊。③ 根据他们的描述,公家廊最多拥有十二挂,糖廊日夜运转需要十二挂,俗称大廊,上引牛挂廊契约载明仅运转到"日头落山"的,只需六挂,称为小廊,可见公家廊已是蛮大的乡间企业了。至于公家廊的管理方式,据他们说,仍然是选举值年头家,公家廊所制成的糖,十笼中,六笼归投资者平分,四笼作为糖廊运作费用,有余则归值年头家所得,但即使有余其数亦甚少。从管理方式上来看,公家廊还是属于传统糖廊系谱的。

综上所述,我们可以看到,存在一条牛挂廊—牛犇廊—公家廊这样的发展线索,头家廊则不在这条线上。这条线索最初在牛挂廊的场合里就被埋下了,在上面所引用的牛挂廊契约里,我们可以看到,糖廊变成一种权利,可以买卖,其计算单位为"牛只"。如契约最后注明的,"约,牛挂一只,典价六八银六元;约,牛挂一只,尽根卖价六八银十元"。拥有糖廊权利的人,他自己没有那么多甘蔗来榨的话,可以买入甘蔗;他自己没有牛或牛只不够的话,可以雇牛使用。④ 他不要这个权利了,或缺钱花,可以将牛只典卖,这样,糖廊就有了脱离甘蔗种植,向纯粹制糖的方向发展的可能,这第一步就是牛犇廊,拥有牛犇廊权利的人(其计算单位是犇或份,这两者往往是一致的),买入更多的甘蔗,也更多地雇佣牛只;最后到公家廊的场合,则基本自己不种植甘蔗了。在这一过程中,我们看到,联合的家庭手工业演变成私人乡村企业。但我们对这个演变要有一个评估,这个评估将是理论探讨的基础。

据1901—1902年制糖期的调查,台湾有1117个传统糖廊,⑤在这1000多个糖廊中,牛挂廊与牛犇廊占据主要地位。眇田熊右卫门对各种形态的糖廊在台湾的地理分布有一个调查,据他说,牛挂廊主要分布在今台南一带,牛犇廊主要分布在下淡水流域的阿候、凤山一带,公家廊则主要分布在由嘉义湾里至盐水港一带地区,特别是斗六,头家廊则主要在盐水港以北地区。我们知道,清代台湾主要产糖区以台湾府产区(今台南一带,北至北港,南至安平)、打狗产区(以今高雄一带为中心,北至茄定港,南至琅峤)为主,即眇田熊右卫门所说的台南、凤山、阿候这一片地区。这里始终是台湾最重要的甘蔗产区,从荷据时期、郑氏时期就产糖,至清代更是台糖的集中产地,日据时期,日本垄断资本在

---

① 眇田熊右卫门:《台湾糖业旧惯一斑》,第61～62页。
② 《台湾惯习记事》第二卷第三号,第38页。
③ 眇田熊右卫门:《台湾糖业旧惯一斑》,第62页。
④ 在上引牛挂廊契约中,关于牛只夜间在糖廊丢失的赔偿办法中说"夜间牛挂在椆牛只失落,做三分开,众牛挂一份,雇竖一份,竖一份",眇田熊右卫门的解释是,雇竖为拥有牛分的人,但牛只不够,要雇牛,竖则为雇出牛只的人。
⑤ 转引自周宪文:《台湾经济史》,台北:开明书店,1980年,第553页。

台湾最早建立的现代制糖厂也在这里。斗六则是台湾南部地区与北部地区的连接点,过了斗六,就进入中部平地(彰化平原与台中台地),而中部平地历来是台湾最重要的稻米产地,在清代产糖极其有限。北至斗六,南至嘉义,为嘉南平原的北部,我们上面在分析碾米业时指出,这里虽然水资源不足,种了甘蔗等许多旱作,但嘉义地区还是有少量的稻米输出的,不似台湾府地区(今台南一带),农民全然以种蔗制糖为主。我们可以得出一个结论,主要产糖区的糖廊形态以牛挂廊、牛犇廊为主,而公家廊、头家廊则分布在次要产糖区。实际上,从气候与土壤来说,全台湾都能种植甘蔗,在产米与产茶为主的中部、北部地区,缺水的小块地种植甘蔗也是常见的事,但这里的农民种的甘蔗既少,也就不会自己去设立糖廊,头家廊也就变成这里糖廊的主要形态。譬如,苗栗地区以丘陵山地为主,在有水的地方种稻,也有少量的稻米输出,而在旱地,也种了一些甘蔗。至于糖廊,都是个人独资创立,榨季时,农民都来倚夹,制成的糖四六分成,农民得四,糖廊得六。(对照前面蔡国琳、王雪农等所说的佃农与业主的分成,这里的农民应该也是佃农)苗栗的产糖量占全台湾的比例,从1898年到1902年,为0.0019%～0.0098%,不足万分之一。①总之,产糖多的地方,糖廊形态多为蔗农合作的牛挂廊与牛犇廊;产糖少的地方,公家廊与头家廊方出现。

前近代台湾的传统糖廊,经过两三百年的发展,产生出了公家廊这种形态,从"萌芽"问题的研究角度来看,它似乎应该包含资本主义生产关系的萌芽。我们看到,牛挂廊都有了雇佣劳动,都要"倩伙计",其他糖廊形态更不用说。应该说,这是传统台湾制糖高度商品化的结果,笔者在闽南乡间调查时,基本上没有问到糖廊雇工的情况。但台湾蔗糖生产的商业化程度比闽南要高,糖廊可能也要大许多。台湾糖廊一挂牛是两只或三只,但在闽南,没有牛挂这个词,拉石碾的牛只有一只(徐光启《农政全书》与宋应星《天工开物》中的插图,拉木碾的牛也是一只)。笔者没有看到过台湾糖廊遗留的石碾,但在闽南乡间看到的石碾不止一种尺寸、形状,可能台湾的石碾要大一些,因此要用两三只牛来拉,生产力比较大,遂要雇工帮忙,但这在牛挂廊仅止于劳动雇佣而已。到了公家廊的场合,公家廊的成员不是蔗农,是一群投资者,因此,糖廊中的劳动雇佣关系应当演变成资本与劳动的关系的萌芽。但仅发现"萌芽"是不够的,重要的是它能不能发展。以往对商品经济问题的一个研究逻辑是:随着商品经济的发展,小生产者将分化,商人和其他资产者将进入生产,控制生产,从而资本主义生产关系将发生、发展,然而,我们在台湾传统乡村制糖业中并没有看到预期的小生产者的分化,他们仍然占据制糖业的主流,公家廊被挤在一旁,因而,即使有"萌芽"的发生,也不能得到成长壮大的机会。小生产者为什么没有分化,我们将在后面分析。

从早期工业化问题的研究角度来看,传统台湾制糖业无论在整体规模或企业规模上,在全国乃至全世界皆属翘楚,现在的问题是,它能转型为近代工业吗?历史的回答似乎是否定的,但倘若我们深入历史深处,我们还能发现什么有意义的东西吗?这也是后

---

① 临时台湾旧惯调查会第二部:《调查经济资料报告书》上卷第二册,第543～547页。

五、晚清与日据初期台湾乡村制纸业

传统制纸业在台湾并不发达，清代资料甚至不涉及，旧惯调查会第二部的调查发现，在嘉义和斗六的山脚地带，存在着一些乡村造纸企业。嘉义的乡村制纸业分布在打猫堡及县城以东靠近"番地"的地方，旧惯调查会第二部估计约有造纸企业——纸寮186所，年产量3348000斤左右，产值约117180日元。斗六的纸寮分布在沙连堡、鲤鱼头堡、打猫东顶保一带的村庄，1902年产量有437900斤左右，比嘉义少很多。① 实际上这是两个相邻的地方，因位于山脚盛产造纸原料的桂竹。另一个调查表明，嘉义管内的梅仔坑、后大埔、竹头崎等地的山脚地带，二十几庄中约有制纸业者230户，产值约15万元，有2500人的生计中的一部分要靠制纸业来维持。② 1903年对全岛的粗略调查表明，除了嘉义，在台北八里垒堡、桃仔园桃涧堡、新竹竹北堡、斗六斗六堡尚有二十几户制纸业者，全岛制纸产值20万元，而输入的纸价额为此四倍。③ 传统制纸业所生产的是用于宗教用途（做"金银纸"）及包装用的竹纸。调查表明，台湾竹纸原料丰富，市场也不小。一则资料表明移民运用原籍带来的造纸技术进行生产。闽西山区是我国重要的传统造纸业地区，所产毛边纸闻名天下，台湾的移民虽然大多数来自闽南，但也有粤东山区及少数闽西地区的客家移民，他们带来原乡的造纸技术是很自然的事。

造纸的方法如下：每年农历三四月待竹笋长到一丈长左右时，从离地三四寸的地方砍下，去掉三四尺的头尖部，余下的是纤维多的部分，将其浸泡在石灰池中，十天后用清水洗净，再用石灰水浸泡四十天，然后洗净，再用清水浸泡四十天，如此反复浸泡以后，竹子已腐烂，然后捞出，将竹皮、竹肉分开。竹皮用牛拉的石滚子碾烂，竹肉用脚就可以踩烂，然后再放到石碓里进一步舂烂。如果是做较差的纸，碾一遍、舂一遍就可以了，如果是做好一点的纸，就要反复几遍，做最上等的纸，还要将烂了的纤维平铺在竹帘子上，进一步踩烂，叫作"脚开水"。经过这些工序后，纤维已经绵烂，即将其放入纸槽中搅拌四五十分钟，即可用竹制的器具捞起，晒干；如果做上等的纸，还要将捞起的纤维放在"较纸仔"（一个平台）上用力将水压干，然后焙干，即成纸张。④ 由此观之，传统台湾的造纸业还是比较简单的，所产纸张也比较粗糙。但这种纸张在台湾有广阔的市场，一个用途是消费量极大的金银纸；其次是各种包装用纸，除了生活用以外，像茶叶装箱时，也要用以

---

① 临时台湾旧惯调查会第二部：《调查经济资料报告书》上卷第二册，第669～670页，第636页。
② 《台湾协会会报》第31号，"嘉义地方的竹纸业与大箐"，第40页；第39号，"嘉义制纸会社的补助金"，第37页。
③ 《台湾协会会报》第59号，"台湾的制纸业"，第27页。
④ 临时台湾旧惯调查会第二部：《调查经济资料报告书》上卷第二册，第636～637页，第670～672页。

为衬里以防潮吸湿。但嘉义、斗六所产竹纸不敷台湾所需,传统上台湾所需的纸均从大陆输入。日据初期从大陆的输入额如表3-10:

表3-10 日据初期从大陆的输入额

单位:日元

1899年	1900年	1901年	1902年
354017	332029	275271	304409

资料来源:《调查经济资料报告书》上卷第二册,第668页。

输入中有九成是书写用和其他方面用的上等的与质量高的纸,一成是如台湾所产的包装用的较差的纸,调查表明,制茶业对包装纸的需求最大,呈上升趋势。输入总额呈下降趋势则是因为日据初日本纸开始输入台湾。

综合上述嘉义、斗六两地的造纸年产值,台湾从大陆输入纸的总值及上等纸与较差的纸的比例,台湾传统制纸业还存在25%左右的发展空间,这个空间不是很大。

对于台湾的纸寮,尚未见到更多的资料,但旧惯调查会调查人员认为制纸人家的劳力都用得上,比如,竹子腐烂后,是由妇女儿童进入池内捞出并将竹皮、竹肉分开的。我们可以谨慎地推测,传统台湾制纸业是家庭手工业,并可能雇有帮工。

六、晚清与日据初期台湾草编业

清代台湾的草编业并不普遍,仅苗栗、台北、新竹等北部地区出产草编制品,然苗栗的大甲席在对岸福建久负盛名,为馈赠佳品。关于大甲席的来源有两个传说,苑里地方的传说是,嘉庆年间,苑里坑的平埔族妇女采集溪畔的水草,织成各种盛东西的物件,携带到苑里街,汉人见而喜之,平埔族妇女遂将此技术传授给汉人妇女。随之,各种草编物件出现,其中,席子成为一个重要的内容。起先,席子与各种草编制品乃用于馈赠,后来,得到广泛的喜爱,乃进入市场,除了本岛,还畅销于福建。原料也从溪畔采集变为水田种植,从业人员则从妇女转变为男性劳力为主,当然,妇女儿童仍然参与编织。大甲地方的传说也类似,但具体到发明人身上。传说乾隆初,大甲东番社平埔族妇女纳希乌毛及德化番社平埔族妇女蒲氏鲁礼采集水草制成各种装东西的容器,当时对于水草茎的利用,仅分别其大中小。乾隆三十年(1765年),双寮社平埔族妇女加流阿买进一步区分茎的粗细大小,织出精巧的席子,附近番社妇女竞相传习,加流阿买担心野生水草不足供应,且不易选取适用的草茎,乃改水田栽植,遂传遍附近番社。随着平埔族妇女嫁入汉人家庭,草席编织也传入汉人社会。最初,草席与其他草编制品仅作为自家使用及馈赠用物品,后来渐渐进入市场,大甲成为一个集散地,附近的番社和汉人村社都来大甲贩卖他们的草编制品,至刘铭传时期(光绪十年前后)达于顶点,一般大甲席卖价为三五元,最低一元,最好的可卖到十元。日据初,来台日本人亦喜爱大甲席,其市场进一步扩大,制作也愈加精巧,并输往日本。因日本人偏爱草帽,草帽产量遂大增。

台北的草席产于芝兰一堡、芝兰二堡、溪州底庄、中州庄等一带。最早也是农民采集野生盐草织席自用,后来进入市场,乃改用水田培植席草。但草席在台北是一个很小的产业,席草的种植面积不上十甲。

草席及其他草编制品适于家庭劳力的运用,因此是一个家庭副业。但草编制品进入市场后,男性劳力渐居主要地位。至于用于织席的机械,因与日本使用的相同,调查者一语带过。①

以上我们考察了台湾传统的制茶业、碾米业、制糖业、制纸业、樟脑业、草编业,它们都为市场而生产。从产业规模来讲,制纸业没有岛外市场,且只占有岛内市场的次要部分,与此相适应,其产业规模十分有限;樟脑业虽然为世界市场生产,但樟脑需求量毕竟有限,人造樟脑之发明,更限制了其市场空间,且由于资源的限制,其产业规模也很小;草编业虽然为市场而生产,但它主要表现为一种地方特产,范围有限,产业规模很小;而制茶业、碾米业、制糖业则为远方市场(区域市场与海外市场)而生产,市场空间巨大,因此产业规模很大。

19世纪中期,台湾茶叶面对印度茶、锡兰茶、日本茶的激烈竞争,市场空间减少,但它在美国、东南亚有传统的消费群体,因此还能保有很大的市场份额,台湾制茶业还能维持很大的规模。至于碾米业,由于对岸福建是一个缺粮的省份,台湾从清代前中期就成为福建的粮仓。19世纪后期,台米输往福建虽然受到暹罗米的竞争,但它基本上能保持住它的市场份额。日本占据台湾后,台米改输日本,且输出量稳步上升,因此,传统台湾碾米业是有稳固的市场基础的。至于台糖,大陆长江以北地区及日本是其传统市场。台湾开港后且输出到一些海外市场,但由于热带低成本糖的竞争,这些市场份额很快又失去。② 但台糖能保持住它传统的华北市场与日本市场。闽南与台湾糖廍所产的糖为红糖(在本地称为乌糖或青糖),是含糖蜜的粗糖。精制糖(白砂糖)出现后在世界市场上排挤粗糖,但数世纪以来,中国与日本的消费者已习惯红糖的口味,③台糖的华北与日本市场十分稳固,台湾传统制糖业得以保持它固有的规模。

从企业规模来讲,糖廍的运作起码要十几个人,且分工明确,是台湾传统乡村企业中规模最大者;土砻间与纸寮的情况不是很清楚,但从上面引用的资料来看,一个土砻要配备两三个师傅,再加上帮手,大概几个人总是需要的;纸寮亦配备有牛拉的石碾子等设备,同样也需要几个人,因此,土砻间与纸寮大约是较小规模的乡村企业。而制作樟脑的山上的脑寮,仅是搭盖一个草棚子、砌一个脑灶,一个人就能管顾得过来,是最小的乡村企业。至于粗茶制作,全系手工操作,是乡村家庭手工业。草编业最早是作为一项家庭

---

① 临时台湾旧惯调查会第二部:《调查经济资料报告书》上卷第二册,第526～527页,第494页。

② 关于清代后期台湾茶、糖、樟脑市场份额的变化情况,可以参考林满红:《茶、糖、樟脑业与台湾之社会经济变迁(1860—1895)》,第二章"茶、糖、樟脑之出口市场分析",台北:联经出版事业公司,1997年。关于台米输出,可参考周宪文:《台湾经济史》。

③ 印度是世界上最早生产糖的国度,但糖成为大众消费品最早是在中国,并向海外输出。日本不产糖,最迟在明清时期就大量输入中国的糖,数百年来已习惯红糖的口味。

副业,在市场销路扩大以后,男性劳力成为主要从业人员,也就演变成为一项家庭手工业。

从技术上来讲,前近代中国的制糖技术为世界领先,糖廍形态传播到琉球、东南亚等处,而台湾的糖廍,我们在上面讲过,虽然在技术原理上没有突破发展,但在生产能力上高于闽南糖廍,而闽南糖廍要高于广东等地利用木碾的糖房。前近代台湾的糖廍,在技术上和生产能力上是处于领先地位的。至于土砻间,从日据初期旧惯调查会与其他机构的调查人员懒得观察、调查、记述的情况来看,和前近代整个东亚地区的碾米技术并无二致,但台湾的土砻为适应稻米的大量输出所需,可能做得比较大,生产能力也就可能大一些。制茶、制纸技术同样都是从大陆传过去,粗制茶技术没有什么变化,实际上,传统粗制茶纯系手工操作,仅凭经验与人工,没有什么技术含量。至于制纸,仅停留于初级阶段,只能造低品质的纸。樟脑制作技术据信是乾隆年间从漳州、韶州等地传过去的,但大陆樟脑制作极为零星,情况不明,从晚清台湾樟脑熬制情况来看,它是一种对环境资源破坏极大的粗犷的传统产业,结合日本樟脑业的情况来看,技术上没有什么变化的前景。草编业方面,虽然织席采机械,但主要还是手工。

以上的分析主要是在生产领域,我们可以看到,作为米商的砻户规模比较大,他们已经是专门的企业家,而糖廍则主要是由小生产者组成的乡村企业,在出口贸易繁盛的时候,有人专门投资设立了公家廍,但尚属少数,至于茶、樟脑、纸张等则基本由小生产者生产,但由于晚清台湾的茶、糖、樟脑输出极大,在输出领域形成为一些大商人,这将在下面分析。

七、清代中后期的台湾巨贾——板桥林家

(一)板桥林家的起家

板桥林家是清代台湾最为富有的家族之一,林家的后代至今仍旧活跃在台湾工商界,在台湾商业史上有举足轻重的地位。板桥林家祖籍福建漳州龙溪,清乾隆四十三年(1778年),林应寅移民台湾,居住在台北地区的新庄,其父林廷竹是没有功名的读书人,林应寅继承衣钵,设账授徒,教书为业,生活清苦。

乾隆四十七年(1782年),林应寅年仅十六岁的儿子林平侯赴台寻父,并在台湾定居发展。由于生活的需要,来台不久林平侯即受雇于米商郑谷家,小小年纪即开始从事米粮贸易,由于林平侯处事明快决断,表现不俗,深得东家赏识。郑谷见他颇有生意头脑,便予以栽培,在林平侯储蓄数百元之后,郑谷便"贷与千金,促其自立商号,独当一面"[①]。在独立经营后,为了不与郑谷的生意发生冲突,林平侯开始从事两岸间的贸易,将淡水一带的米谷运往大陆,由于正值闽浙沿海缺米,因而获利颇丰,在短时间内其财富甚至已超

---

① 司马啸青著:《台湾五大家族》,台北:玉山社,2000年,第245页。

过旧东家郑谷。林平侯感恩图报,将创业之初老东家郑氏所提供的资金加上利息一并奉还,但郑谷则婉拒其好意。为了报恩,林平侯将这笔钱在蕉脚庄(今新北市中和乡)置产,以每年收取的租息赠予郑氏,体现了林平侯报恩方式的独特,也看出其精于理财的商业思维。随着林平侯商场事业的开展,他还与竹堑的林少贤合办全台盐务,从而获得了大量的利润;其次又因贩米至大陆,熟稔两岸贸易,为进一步拓展商务,林平侯大量购置帆船,做起北至天津、营口,南至华南沿岸的近海贸易,主营米谷与台湾其他特产的贩售,利润丰厚,不出数年拥资数十万,已然一方富绅。① 在其从商期间,林平侯善于把握商机,也能够将个人经营与民间相结合。据传曾经有艘商船从香港满载燕窝运往上海,途中遭遇强风,被迫漂流至台湾的水港,林平侯闻讯后立刻前往洽商,说服货主将全部燕窝由其代售,最终林氏收获十万元的厚利。此外,由于从事两岸贸易的商民,时常遇到海盗的侵扰,不堪其苦,林平侯为此挺身而出,呼吁商民组织起来维护航运安全,在博得民间赞誉的同时,也使自身的航运贸易受益,生意更为兴旺。

(二)转向土地投资

林平侯的发家致富,源于其从事两岸间的米谷和杂货贸易。然而土地投资,乃是其成为台湾第一富豪的最大资本。清朝中期,台湾的土地逐步得到开发,农业经济由此发达,土地的价值得到凸显。林平侯在为郑谷购买土地,作为回报其恩德的同时,亦认识到土地的价值和重要性。

林家所处的新庄,是漳州、泉州移民交汇集中之地,不同籍贯的移民为了生存空间以及经济利益时常发生争执和械斗,形如世仇。嘉庆十四年(1809年),台北盆地爆发了连续数年的漳泉大械斗,延绵数百个村落。林平侯面临此形势挺身而出,尽力排解两族械斗,逐渐在当地民众中树立威信,对当时许多重大事件的解决发挥了不可忽视的影响力。②

嘉庆二十三年(1818年),为避免林家在新庄的激烈械斗中遭受更大损失,林平侯举家迁往大嵙崁(今桃园县大溪),在那里建立一座占地四甲余的方形石城,用以防备可能遇到的危险。在此之后,林家的家业开始呈现出新的局面,林平侯开始大规模投资土地,在其商人身份的背景下又发展出大地主的角色。此时的台湾北部已逐渐被开发,林平侯以其雄厚的资金,向官方申请开垦土地,收买了别人的垦权,成为大佃户,继而又出巨资开凿埤圳,引水灌溉,将水田引进大溪当地;与此同时,林平侯根据早年从事盐务经营的经验,利用淡水河帆船水运的便利,再次做起米、盐的运输生意,大溪由此发展起小市集。

林平侯不仅将申请开垦的土地范围局限于大溪、桃园一带,到道光三年(1823年),他大举招揽工人拓辟现新北市的大量荒野,远及噶玛兰一带(今宜兰县)。为了有利于行人及搬运租谷,林家特辟现台北淡水至宜兰之间的通道。③ 与其说林家从新庄一路迁到

---

① 卢锦堂主编:《台湾历史人物小传:明清时期》,"国家图书馆"特藏组,2001年,第105页。
② 司马啸青著:《台湾五大家族》下册,台北:自立晚报出版社,1987年,第10页。
③ 司马啸青著:《台湾五大家族》下册,台北:自立晚报出版社,1987年,第11页。

大溪,最后再到板桥是为了躲避漳泉械斗,不如说林家是随着土地的逐渐扩大至台湾北部,局促于大溪一隅已不足以满足林家开拓发展的要求。

经过努力经营,到道光二十四年(1844年)林平侯过世时,林家已开辟了桃园、宜兰、台北等地的大片土地,拥有资金数十万两,年有租石四十万担,在当时已算得上全台首富。而板桥林家在农业社会的林平侯时代,以经营米业发迹,但其"事业规模仍以农为本,以商为辅","以大地主的身份出现",①历久不衰。

(三)林家的政商关系

林平侯幼承家学,有"仕不至二千石,贾不至千万,安可比于人"之雄心。在商场已有所成之时,便尝试向官场发展。他先遵例捐得县丞,后又在1806年挟资至京师,由县丞加捐同知,分发到广西优先补用。1810年,被派为浔州通判,并摄来宾县事,旋即补桂林同知,后再署南宁府知府、柳州知府,前后在广西任职长达七年之久,政绩不恶,后因在柳州主掌政务时,不畏权贵,继而遭到诬告,虽后来澄清事实,但林平侯对仕途失意,称病请辞,返回台湾。② 尽管林平侯的官宦生涯并不长,但这一身份不仅达成林平侯"仕至二千石"的夙愿,其在官场上的资历及与官家的结交更是保护了林家努力积聚的财富家产,使其获得商业上及土地上的莫大利益。

道光二十四年(1844年),林平侯过世,林家尚未完全迁居板桥,只是"在板桥设立了租馆为林家迁往板桥做了准备"③;1847年,林家在板桥建筑完成"弼益馆",随后开始筹建三落大厝;到了1853年大厝完工,林家举家迁往板桥,并由此定名为"板桥林家",此时林家当家的已是林平侯的三子和五子——林国华与林国芳,取其家号"本记"与"源记","林本源"之称正是由此而来。

---

① 司马啸青著:《台湾五大家族》,台北:玉山社,2000年,第251页。
② 司马啸青著:《台湾五大家族》下册,台北:自立晚报出版社,1987年,第9页。
③ 许雪姬著:《清代台湾富商林平侯》,《历史月刊》1993年3月第62期,第68页。

第四章

晚清台湾商人：豪商的崛起

晚清时期，台湾商人在国际贸易繁盛、交通便利的背景下，不仅拓展其商业贸易，且进一步开辟产业，形成为上下游的链条，涌现出一批颇有实力的豪商。

第一节 晚清台湾茶、糖、樟脑贸易的繁荣

清朝中前期，台湾的对外贸易主要是两岸间的互补性贸易。台湾输出米、糖到大陆，然后输入大陆的布帛、纸张、建材以及各类日常用品。鸦片战争后，西方资本主义列强打开了清朝闭关锁国的大门，西方资本与商品开始涌入，台湾的对外贸易亦发生重大的变化。1858年，西方列强强迫清政府签订了《天津条约》，在俄、美、英三国的条约中规定台湾为新增的通商口岸之一，而中法《天津条约》更是规定除了台湾府城口岸外，增加了淡水口岸。[①] 1862年，淡水口岸设关的准备工作完成，7月18日正式开关征税。在闽海关税务司的要求下，1863年10月1日，鸡笼口（现基隆）也开港，南部原定安平港为正口，但实际上以打狗港（现高雄）为正口。至1865年，台湾南北淡水、鸡笼、打狗、安平等四个口岸全部开放。

开港后，台湾的对外贸易发展十分迅速。出口货物以糖、茶、樟脑为大宗。蔗糖一直是台湾的主要出产品，早在荷兰殖民统治时期，台湾的蔗糖就出口到日本、荷兰以及西亚部分地区。清朝前期，台湾蔗糖的出口地区主要是祖国大陆，对外市场则仅限日本和菲律宾。开港后，台湾的糖开始直接销往海外市场，由于台湾蔗糖的质量好，颇受外国消费者的欢迎，出口市场遍及南北美洲、西欧和澳洲。台湾开港后，蔗糖出口的增加，并没有影响到出口中国大陆的份额，以往台湾输往大陆的糖，占台糖出口比例的90%以上，如1868年及1869年均占93%。1870年至1895年间，大陆占台湾蔗糖出口比例则下降到60%以下，其中1877年至1883年更是下降至30%以下[②]。不过，台湾蔗糖出口大陆比

---

① 王铁崖编：《中外旧约章汇编》第一册，北京：三联书店，1957年，第105页。
② 林满红：《茶、糖、樟脑业与台湾之社会经济变迁（1860—1895）》，台北：联经出版事业公司，1997年，第24页。

例的降低,并不是绝对数量的减少,而是因为外国市场的扩大而使其所占份额减少,中国大陆进口台糖的总量大致保持在1868年的24万担以上的水平,所以这只是市场分配上相对比例的降低而已。这也说明了,台湾南北口岸的对外开放,加速了台湾蔗糖出口总量的增长。1868年,台湾输出蔗糖总额仅25.59万担,到了1895年则达到了57.09万担,其中出口量最大的年份是1880年,达到了97.76万担[1]。

清代中前期,台湾本地自然有茶叶的生产,但产量很少,大致只有南投县的水沙连有产野生茶。由于茶叶的生长环境一般在丘陵,雨量和气温均要适合,因此台湾南部的干热土地并不适合茶叶的栽种,北部丘陵地带,如大嵙崁溪、新店溪沿岸、台北深坑、基隆河沿岸以及桃园、新竹等。开港后,由于外商宝顺洋行的职员杜德,发现台湾北部适合种植茶叶,便于1864年引入茶苗,并贷款给台湾的茶农种植,又从福州、厦门请制茶师对粗茶进行加工,提升了茶的品质。1869年,杜德以帆船运载2139担茶叶直航纽约,以"台湾茶"的品牌销售。因为这种茶叶具有独特的芬芳,吸引了众多的消费者,从而奠定了台湾茶在美国市场上的畅销基础。[2] 此后,台湾茶的产量和出口量开始增加,出口的台湾茶包括乌龙茶和包种茶,乌龙茶主要出口地是美国,包种茶则以南洋为主要出口地。1866年台湾茶出口量仅为1359担,到1870年则增加到10540担,是1866年的10倍,到了1885年上升到12万担左右,是1866年的100多倍[3],成为当时台湾极为畅销的出口商品。

樟树是台湾的特产树木,从樟树中提炼的樟脑亦是台湾的特产。樟脑不仅有重要的药用价值,而且随着西方工业革命后的技术发展,樟脑还广泛地用在制造烟火、香水、塑胶制品、各种稳定油漆等方面,在人造樟脑出现前,台湾和日本是世界主要的樟脑产区,因此在樟脑价格高涨的情况下,开港后台湾的樟脑的产量和出口量均有不同程度的增长,出口的樟脑数量年均数千担,尤其1891年至1894年间,出口樟脑均在15000担以上,1894年甚至高达39547担[4]。

可以看出,随着台湾对外港口的开放,茶、糖、樟脑的贸易发展,对台湾的社会经济产生了重要的影响。根据相关研究,1868年至1895年间,茶、糖、樟脑的出口总值占了台湾出口总值的94%,这推动了台湾的就业和城镇发展,促进了台湾经济重心的北移,尤其吸引了大量趋利的商人投入这三项贸易之中,改变了台湾商贸阶层的结构。开港前,台湾的贸易对象以中国大陆为主,主要是国内贸易的结构,郊行在两岸贸易中扮演重要的角色。开港后,台湾的贸易对象,从大陆扩展至英、美、加拿大、澳洲等,外国资本介入

---

[1] 《海关报告》,转引自林满红:《茶、糖、樟脑业与台湾之社会经济变迁(1860—1895)》,台北:联经出版事业公司,1997年,第25页。
[2] 陈孔立主编:《台湾历史纲要》,北京:九州出版社,1996年,第249页。
[3] 《淡水海关报告》,转引自林满红:《茶、糖、樟脑业与台湾之社会经济变迁(1860—1895)》,台北:联经出版事业公司,1997年,第45页。
[4] 林满红:《茶、糖、樟脑业与台湾之社会经济变迁(1860—1895)》,台北:联经出版事业公司,1997年,第36页。

台湾的茶、糖、樟脑的生产和贸易。此时,外商迫切需要有代理人能够协调处理茶、糖、樟脑的生产和贸易,买办商人应运而生,形成新的商人阶层。

第二节 糖商高雄陈家

19世纪初,由于鹿耳门淤积,港口渐废,海上交通的船只改停泊四草湖、国赛港,打狗港(现高雄港)则有取代安平港的趋势。① 台湾开港通商后,打狗港成为南部最为重要的通商口岸。由于蔗糖一直是台湾南部重要的出口商品,所以开港后的打狗,对于糖的出口无疑具有得天独厚的地理优势。为了更好地控制糖业贸易,外商扶持买办商人,实行贷款预购,控制甘蔗生产,进而控制蔗糖的生产和贸易。在这种模式下,形成为洋行提供资金,贷款给糖行和糖商,糖行和糖商再转贷给糖廊,糖廊再转手贷给蔗农,这些糖行和糖商就是洋商所倚重的买办商人。所以,开港后高雄出现了一些糖业买办商人,但也发展出能够独当一面的在地大糖商,陈福谦的"顺和行"就是主要代表。

陈福谦为高雄苓雅人,其祖父陈武渡台后,居住在现高雄阿公店后红处,其父陈货移居苓雅。陈福谦原以驾舟为业,开港后因为结识洋商,担任洋行买办,协助从事对外糖业贸易,因此对高雄的蔗糖市场十分熟悉,掌握了洋行操纵蔗糖生产贸易的方法。后来,陈福谦开始投资经营传统的制糖厂——糖廊,为了获得稳定的糖源和糖价,采取预买甘蔗的贷款方式,向蔗农提前预订甘蔗,蔗农种植甘蔗时即先付头期贷款,甘蔗收成时再付给第二、三期贷款,而贷款的年利率高达18%~36%,并且利率是复利计算,蔗农一旦接受贷款,不仅其要支付贷款利息,而且生产的权利也被债权人完全掌握。通过资金贷款的形式,陈福谦能够控制蔗糖来源,比其他商行更有竞争优势,加上他直接投资糖廊,蔗糖从生产到贸易的系列环节都能为其获得丰厚的利润。陈福谦的糖业贸易开展得有声有色,台糖销售至天津、上海、香港等地。同治七年(1868年),陈福谦开始将台糖直销至日本横滨,一年约5万担,并拓展至东京,进一步开拓国际市场。同治十三年(1874年),陈福谦在苓雅的顶寮开办了顺和栈,市场远拓至英国,与其先前开办的"顺和行"相比邻。此后,陈福谦在台湾的府城、盐水港、东港等地设置行号,兼贩布匹、五谷粮食、鸦片等,在苓雅顶寮兴建店铺,聚散货物,进行贸易,继续扩展商业,被称为"七十二行郊"。② 陈福谦到晚年时,成为高雄地区首屈一指的富商,"顺和行"也是台湾南部最重要的糖业出口商行。

在高雄苓雅的顶寮,集中了当时跟糖业贸易有关的各类商行,陈福谦的"七十二行郊"就是其中的典型代表。"七十二行郊"中每一个行郊的经理称为"家长",分别负责不同类型的贸易,这些家长由总家长陈中和统辖。

---

① 丁绍仪:《东瀛识略》,台北:大通书局,1987年,第51页。
② 杨玉姿:《清代打狗陈福谦家族的发展》,《高雄文献》第1卷第2期,1988年9月,第8~9页。

陈中和祖籍福建泉州府同安县，其曾祖父陈元约在乾隆四十五年（1780年）渡海赴台，定居现高雄的苓雅寮。陈中和出生于咸丰三年（1853年），八岁入私塾就读至十五岁，十六岁开始进入陈福谦的顺和行任职从商，此时正是台湾开港，南部蔗糖生产和外销繁盛的时期。陈中和进入陈福谦的顺和行后，得以施展自己的才干，尤其顺和行与洋商的业务往来频繁，使其能够对国际市场行情有深刻的了解，也为其开创自己的事业奠定基础。① 实际上，陈中和为顺和行的兴起和发展立下了汗马功劳。他加入顺和行的第二年，即曾赴福州、厦门、广州、香港等地考察商务，出售台湾的砂糖，然后购回石油、杂货等台湾所需的货物，积累了丰富的商务经验。另外，顺和行刚成立时，主要经营糖的贩售，多数都需要洋商运至上海、香港转贩东西洋，利益为洋行所掌握，而且运费浩繁。因此，陈福谦获知日本是砂糖消费市场时，便派陈中和赴日考察。1870年，顺和行开始直接运砂糖赴日本横滨售卖，开拓日本市场。在顺和行的发展过程中，陈中和不断展现自己的才华，为陈家的糖业贸易做出自己的贡献。1873年4月，陈中和运送五千包砂糖从高雄出发，经厦门转运日本横滨，与大德堂及安部幸商店交易，完成交易后将货款由正金银行汇至香港，回程时从香港采购各种杂货运回高雄，获利甚丰②。1874年，陈福谦决定在日本横滨设立顺和行分行，将业务交给陈中和及其弟陈维馨主持，并在长崎、神户设立其他分行，建立健全台湾蔗糖的销售网络，至此，陈福谦顺和行的糖业外贸事业取得更进一步的发展。

此后，陈中和成为苓雅顶寮"七十二行郊"的总家长，是陈福谦最为得利的助手，陈福谦去世之前也有"中和必须重用"的遗训。然而光绪八年（1882年），陈福谦去世，顺和行的经营主要由陈福谦的二儿子陈日新负责，但陈日新无心家族事业，且排挤顺和行的得力助手陈中和。原本，陈中和曾经建议顺和行东家组织"和兴公司"，由顺和行出资一半，其他七十二行郊出资另一半，以便壮大实力，进一步开拓日本的蔗糖市场。但这个建议没有被陈日新采纳，陈中和与顺和行第二代东家之间时有龃龉。在这种情况下，陈中和于光绪十三年（1887年）离开顺和行，自己另创"和兴行"，发展自己的糖业外贸业务。③ 由于顺和行第二代都不专心于家族的经营事业，而陈中和则锐意进取，通过自己长期从事对外贸易的经验，使和兴行的商业经营蒸蒸日上，终于逐步取代顺和行陈家在高雄糖业的翘楚地位，成为清末台湾南部最大的糖商。

第三节　买办商人的代表——李春生

台湾南北港口开放后，外商纷纷在台湾设立洋行，但这些外商人地两疏，语言不通，需要有熟悉当地特色商品的代理人。随着对外贸易需求的发展，一批买办商人应运而

---

① 戴宝村：《陈中和家族史：从糖业贸易到政经世界》，台北：玉山社，2008年，第85~86页。
② 照史：《高雄人物评述》第2辑，高雄：春晖出版社，1985年，第8页。
③ 戴宝村：《陈中和家族史：从糖业贸易到政经世界》，台北：玉山社，2008年，第89~90页。

生。他们为外商收购土产,推销洋货,成为外商在台湾从事贸易活动不可缺少的帮手。买办一般与外商洋行订有买办合同,他们直接受雇于洋行。买办商人与买办不同,他们一般没与洋行订立买办合同,但与外商洋行有密切的关系,替他们推销洋货和收购当地土货。买办或者买办商人,通过与外商的接触,洞悉市场行情,转而自己经营贸易而致富,这类的代表有高雄的陈福谦、淡水的李春生等。

  李春生,福建厦门人,生于道光十八年(1838年),自小入乡塾,但因为家庭贫困而无法完成学业,只能早早出来谋生。15岁时李春生随其父加入基督教,并因此学会英语[①],并在英国人处供职。同治四年(1865年),李春生来台湾,在当时台北重要港口淡水的宝顺洋行当买办。这一时期恰是台湾开港后北部樟脑、茶叶、米、煤炭出口的黄金时期,李春生在宝顺洋行协助英国人德克从事茶叶的生产与对外贸易,并从中获得宝贵的商贸经验。后来,李春生建立自己的茶行,将台北的茶叶出口到南洋、美国,"岁卒数万担,获利多"[②],成为台北地区富商。光绪十一年(1885年)台湾建省后,李春生与板桥林维源合作,在台北城外筹建千秋、建昌两条略仿西式建筑的街道,吸引众多的洋商入驻。光绪十六年(1890年),台湾设蚕桑局,林维源任总办,李春生任副总办,两人合作在观音山麓种桑。光绪二十一年(1895年),日本占据台湾后,李春生被任命为保良局局长,其家族经营依旧持续。

  可以说,开港后买办商人利用自身职务之便,兼营商业,在短短的时间内发财致富,成为买办富商。这些买办就有上文提到的陈福谦、陈中和和李春生等人。随着买办势力的发展,台湾本地的买办商业资本也开始形成。并且有些买办资本也逐步向民族资本转化。如李春生原本作为英国茶商的买办,到最后自己经营茶行,摆脱洋商,结束买办生涯,与外商展开竞争,并在当地的社会事务中发挥了重要作用,成为台湾商人集团中举足轻重的阶层。

第四节 雾峰林家

一、雾峰林家的起家

  清朝初期的台湾社会,除了台南地区略有开发外,多数土地仍处于荒芜状态,而且土地肥沃,农业开发的潜力极大。康熙中期,曾经前往台湾北部勘采硫黄的郁永河言:"台土宜稼,收获倍蓰。"[③]乾隆三十七年(1772年),时任台湾海防同知的朱景英亦曾赞叹:

---

① 佟建寅:《台湾历史辞典》,北京:群众出版社,1990年,第244页。
② 连横:《台湾通史》下册,北京:商务印书馆,1983年,第706～707页。
③ 郁永河:《裨海记游》,台湾文献丛刊第44种,第31页。

"台地土壤肥沃,田不资粪,种植后听之自生,不事耘耔,坐享其成,倍于中土。"① 正是因为清初台湾可开发的荒地极多,且土地肥沃,对于地狭人稠的福建省而言,自然极富吸引力。这因为如此,闽粤移民不断移民台湾,从事农业开垦。另一方面,早期的台湾因开发较晚,农业发展潜力极大,传统的手工业及商业亦处于起步阶段,对于海岛上的移民来说,他们所需要的劳动工具、日常生活用品等,均要仰赖大陆输入提供。

雾峰林家的发展最早则是从土地垦荒起步,其后方才步入商业。雾峰林家移民台湾的始祖林石,出生于雍正七年(1729年),于乾隆十一年(1746年)与乡人一起结伴渡海赴台。林石移民所在地点是台湾中部平原地带,即今天的台中、彰化地区,彰化县在雍正、乾隆年间是移民纷至沓来的开垦重点,"愿耕于野,愿藏于市者,四方纷至"。② 随着台湾中部开发的深入,不少地方已经被开垦,于是林石选择了台中地区的大里杙作为开垦事业的起点。大里杙一带溪流交错,灌溉十分便利,具有农业发展潜力,但唯一的缺点就是与山地相接,靠近少数民族的聚居地,这些少数民族多为"生番",时常"出草"杀人。林石正是在这种艰苦的环境下,"治沟洫、立阡陌,负耒枕戈,课晴习雨,勤劳莫敢懈"。③ 经过不懈的拓荒努力,林石垦业取了一定的成绩,家境也大为改善。

林石通过自己开垦土地,然后将已垦好的土地再招佃户承垦,自己做小租户,通过自身的开垦以及小租户的田租收入,积累财富,然后再"购地而耕"。如果说开垦与购买土地,使田地成为林家财富发展的基础,那么将土地所得转化为商业资本,通过商业利润再购买土地,充实自己的土地财富,是早期雾峰林家能够发迹的重要原因。据林家族谱记载,在乾隆二十五年(1760年)时,林石已经每年收入粮食万石之多,而且有能力在荒歉之年,赈济他人。④

早在康熙中叶之后,福建漳州、泉州两地的粮食产量,即使在丰收之年,也尚且只能维持半年,一旦歉收,就只能从外省进米。而台湾因为土地肥沃且随着荒地的开垦,粮食产量日益增多,自然就成为福建米粮的来源之地。如雍正二年(1724年),台湾碾米五万石运至漳州、泉州平粜。雍正皇帝亦曾在其谕令中提到"福州、兴化、漳州、泉州四府人多田少,皆仰给台湾之米",批准台湾运米十万石到福建存储,并准许台湾商贩运至福、泉等府贸易。⑤ 台中、彰化地区平原辽阔,水源充足,清朝中期已经是台湾米粮的重要产区。因为出口米到福建的关系,彰化鹿港在雍正、乾隆年间快速发展成为重要的港口,因为鹿港"为居中扼要之地","年运米谷数万石","郊商之蓄积饶多,水程亦甚直捷,船户莫不争趋"⑥,成为主要的粮米集中出口地。由此可见,林石将自家出产的米粮运至鹿港,然后

---

① 朱景英:《海东札记》,台湾文献丛刊第19种,第32页。
② 余文仪:《续修台湾府志》,台湾文献丛刊第121种,第496页。
③ 《林氏族谱》,第101页,转引自黄富三:《雾峰林家的兴起(1729—1864年)》,台北:自立晚报出版社,1987年,第58页。
④ 《林氏族谱》,第101~102页,转引自黄富三:《雾峰林家的兴起(1729—1864年)》,台北:自立晚报出版社,1987年,第57页。
⑤ 《雍正实录》,第15页。
⑥ 周玺:《彰化县志》,台湾文献丛刊第156种,第202页。

再运销福建,赚取商业利润。另外,随着台湾中部的开发,移民数量的增多,所需的日用品也日益需要从大陆输入。大里杙作为大肚溪航运的要站,米粮和土特产的出口以及日用品的进口必须在此地集散,而根据现有的研究,林石及其子林逊极有可能在利用米郊商人来大里杙收购粮食之际,自己开设店铺收购其他商人批发的大陆日用品,再将其零售。也有可能建店铺出租或售予商人经商。①

然而好景不长,因为乾隆五十一至五十三年(1786—1788年)爆发的林爽文之乱,使林石家族受到牵连,财产被抄没,子孙四散逃生。林石的长媳黄氏带着两个幼子林琼瑶和林甲寅,被迫迁居到了现今台中的阿罩雾,即后来所称的雾峰。由于没有稳定收入来源,黄氏母子三人生活艰难,"筑草庐以蔽风雨;孤苦伶仃,忍饥寒"②。而雾峰林家的再创业,则从林甲寅开始。与其祖父不同,林甲寅振兴家业的起点不是开垦土地,而是从经商开始。林甲寅的经商能力极为出色,其经营能力与捕捉商机的眼光继承了其父亲与祖父的优点。由于某种因缘,林甲寅无意中得到一笔小的资金。③ 他以此为本钱,前往大里杙从商。乾隆年间,大里杙已经发展成为重要的市镇,地理位置上又是水路交通的要冲,且临近周边拓荒的前哨战,自然成为商品重要集散地,商机极多。阿罩雾近山一带野生物产丰富,林甲寅可能将林家的山区特产以及收购到的垦户米粮运送到大里杙贩卖,再将郊商运到大里杙的大陆日用品贩运到阿罩雾出售。靠这种商业运转,林甲寅获得了不少的商业利润,后期可能成为米粮批发商甚至是鹿港的郊商。④

在初步积累了财富后,林甲寅开始进行土地投资,陆续购入周边的土地。此外,利用雾峰附近的山林资源,"伐木烧炭",即将山区的林木烧火取薪,或做木炭或做肥料,供应大里杙市场。由于"伐木烧炭"与"抽藤、吊鹿、做料"一样,利润极高,引人"轻性命若鸿毛,惟趁利之如鹜"。⑤ 可见,林甲寅在此行业中获利匪浅。通过上述各种商业活动和土地经营,林甲寅取得了巨大的财富,很快使得林家在雾峰兴旺起来。

二、雾峰林家之从政与商业活动

林甲寅的后代以林定邦和林奠国最为出色,他们分别奠定了林家下厝和顶厝发展的基础。林家定邦、奠国两兄弟的经济取向持续是以农业经营为主,他们继续购入大量的田地,从事农业生产。其后,林定邦的两个儿子林文察、林文明分别走上仕途,亦从不同

---

① 黄富三:《雾峰林家的兴起(1729—1864年)》,台北:自立晚报出版社,1987年,第63页。
② 《林氏族谱》,第105页,转引自黄富三:《雾峰林家的兴起(1729—1864年)》,台北:自立晚报出版社,1987年,第98页。
③ 传说在阿罩雾草湖附近的土地庙中捡到六枚铜钱,以此为赌本,竟然连赌连赢,获得一笔经商的本钱。
④ 黄富三:《雾峰林家的兴起(1729—1864年)》,台北:自立晚报出版社,1987年,第102页。
⑤ 周玺:《彰化县志》,台湾文献丛刊第156种,第198页。

程度巩固了林家在雾峰大地主的地位。

林定邦和林奠国分别从父亲林甲寅那里继承了数十甲的田地,林定邦所继承的产业中极可能包括其父亲在大里杙经营的商店或者房产,林氏家族在"伐木烧炭"以及米粮批发转运之类的贸易活动,林定邦则继续从事。此外,下厝林定邦和顶厝林奠国的商业投资则主要集中在土地买入方面。由于台湾中、北部的开发迅速,而官府维持地方治安的力量无法及时到位,百姓只能靠自力发展,地方大族为了保护自身的权益,往往会凝聚宗亲族人以及与自己有紧密经济联系的佃农长工,形成具有实力的地方势力,甚至拥有自己的私人武装力量。林定邦和林奠国各为一方之小头人,必属无疑,而这为林家在清朝中后期步入政坛奠定了一个"地利"的基础。当然,林家步入仕途最重要的还有"天时"与"人和"。前者是咸丰年间,福建南部的小刀会举事犯台,后者是林家当时出了一个将才林文察。

因为太平军的兴起,清政府苦于镇压无力,鼓励地方武装参与平乱,此时很多台湾士绅豪强,均不同程度地卷入平乱的捐纳和募勇之中。当咸丰四年(1854年)小刀会攻占台湾北部的鸡笼时,台湾知府朱材哲与北路协副将曾玉明办理相关捐纳和募勇事宜。林文察极为可能是应此征召,募集雾峰一带的乡勇,参加平叛。[①] 因为在镇压鸡笼的小刀会立下战功,林文察此后又捐助饷银,后以游击分发福建补用。咸丰九年(1859年),因太平军在福建邵武、汀州一带行动活跃,闽浙总督檄令林文察募集台湾乡勇赴闽镇压,林文察以其弟林文明为先锋,在顺昌、建阳、邵武、永安等地与太平军多次接战,取得系列战功,于隔年升为参将,后来因其捐助饷银,又加副将衔。此后,林文察历任四川建昌镇总兵、福建建宁镇总兵、福建陆路提督等,其弟林文明也晋升为参将。[②] 同治二年(1863年),林文察奉旨赴台平定戴潮春起事,其叔林奠国协助平叛,授予知府衔,而林文明亦升为副将。自此,林氏家族一门叔侄三人均入仕途,林家的地位和声望可谓达到了一个前所未有的高度。

林家的主要经济活动在于土地经营,但自林甲寅以来,在商业方面的成绩亦是斐然。由于林文察常年在外征战,而家业中的商业经营则较多地由林文明打理。台中大里杙是林家商业主要经营之地,由于大里杙与林家的发迹有着深厚的渊源,加上地缘位置重要,林家自然在此地投入心血。据称,林文明于同治八年(1869年)在大里杙提供资金开设店铺,招徕商贩,助其复兴当地的商业,其中林家所拥有店铺在八间以上,地点均接近大里杙的中心,实现了当地商业三十年左右的繁荣。此外,林家在彰化县城也拥有相当数量的店面。林家对于这些店铺的经营,一般以租赁给他人经商为主,但不排除部分自己经营的米粮批发店,因为林家拥有大量的田产,每年巨额的租谷必然出售以为开支,台湾中部的米粮多经鹿港出售到大陆,林家免不了也从事米粮的批发以及大陆日用品的贩

---

① 黄富三:《雾峰林家的兴起(1729—1864年)》,台北:自立晚报出版社,1987年,第170页。

② 王世庆、陈汉光、王诗浪撰,黄富三、陈俐甫编:《雾峰林家之调查与研究》,林本源中华文化教育基金会,1991年,第6~7页。

入,因此推测其自家经营的商店必然从事米粮批发和大陆日用品的转售。另一方面,林家作为财力雄厚的富绅,难免也会涉入放贷业,因此其开办典当行自属必然。① 总的说来,林家随着仕途的高歌猛进,在经济方面的扩张成果亦是极为丰硕,除了传统的地租收入外,土地房产的增加也是十分迅速,进而在商业经营方面也取得一定的成绩,俨然成为当时台湾中部的头等富户。

好景不长,同治三年时,林文察在福建漳州与太平军作战时阵亡,其叔林奠国因台湾乡勇的饷银问题而滞留福州。林家的一切事宜则由林文明和林奠国之子林文凤治理。同治九年,因在雾峰土地开发中与林家结怨的赖家、洪家等诸家,利用乡人林应时控诉林文明霸占田园一案,设计谋杀了林文明,而当时台湾道则以副将林文明恃强凌弱、结党滋事、霸占田产等罪名定罪。雾峰林家不服此项罪名,进京鸣冤呈控,历经十三年,其间耗财积债,家道中落。② 不过,雾峰林家的后辈当中依然有英才出现。林文察的长子林朝栋、林文明的长子林朝昌是其中较为出色的。

林朝栋与其父亲林文察一样,自小好读兵书,因林文察的关系世袭骑都尉,后来捐资以兵部郎中叙用。此后,林朝栋积极投身台湾的地方建设与海防,尤其光绪十年(1884年)中法之战爆发时,法军侵犯台湾,林朝栋招募乡勇500人,自筹两个月的粮饷,在当时福建巡抚刘铭传的指挥下,在基隆大牛铺、大水窟等地抵抗法军,为台湾抗法侵略的胜利立下功劳,也因此深受刘铭传的赏识。光绪十一年(1885年),台湾建省,刘铭传改任台湾巡抚,致力于开发山地资源,设抚垦局。台湾中路营务处的抚垦交由林朝栋负责,林朝栋也被提拔为抚垦局局长,负责台湾中路的开山抚番工作。

三、开山抚番与樟脑贸易

光绪十四年(1888年),刘铭传不仅将台湾中路的抚垦事业交由林朝栋打理,"许其在中部沿山之野及近海浮复地,招佃力耕,并许其专卖全台樟脑以获利",这成为林家商业事业获取发展的重要契机。因为台湾开港以后,樟脑是最重要的出口商品,而台湾中路近山是樟脑的重要产区。林朝栋偕其顶厝堂叔林文钦组织"林合",以便于合垦中路沿山土地。林家开垦的区域东至番界青山,西至旧垦之地,南至现南投集集山脉,北至大甲溪。当时,在"林合"顶、下厝名下开垦的土地,每年收入粮食高达14万~15万担,仅次于台湾首富北部林本源家族的20多万担。而下厝的地产多重建于林朝栋之手,其财产占下厝总额的十分之七。③ 林家替清政府开发中路山地,承准在垦区从事开垦和制造樟

---

① 麦斯基尔:《雾峰林家 1829—1895》,香港:文镜文化事业有限公司,1986 年,第 238~239 页。

② 王世庆、陈汉光、王诗浪撰,黄富三、陈俐甫编:《雾峰林家之调查与研究》,林本源中华文化教育基金会,1991 年,第 12 页。

③ 王世庆、陈汉光、王诗浪撰,黄富三、陈俐甫编:《雾峰林家之调查与研究》,林本源中华文化教育基金会,1991 年,第 19 页。

脑的事业，尤其樟脑事业是清末商业利润最高的事业之一。

樟脑的炼制原料来自樟树，台湾中北部有丰富的樟树资源，到了清朝嘉庆、道光年间时，中北部的樟脑炼制开发已经迫近了内山，产樟脑亦由平原转往山区。不过，由于开采樟木愈来愈深入内山，汉人与内山少数民族之间的矛盾冲突也越来越趋于激烈，少数民族时有"出草"猎首，对砍伐炼制樟脑的脑丁形成为重大的威胁。要炼制樟脑，必须要有较为强大的财力、物力和人力。而以林朝栋为代表的雾峰林家，无疑具备这样的实力。林朝栋身为道员，职称统领，其下厝经常驻有兵勇二三百人，经过训练后，这些兵勇被派往沿山隘寮，护卫新旧垦户、脑丁和维护治安，林朝栋统领的隘勇均冠以"栋"字营，可谓拥有一定的武装力量，能够在开发内山时，抵挡少数民族的袭击。此外，林家拥有庞大的财力，可以保证制脑业的推动。根据有关资料，当樟脑价位为每担40元时，需付防务费8元，脑丁薪资24元，1元给少数民族，2元给股首，5元给脑商。可见，脑丁的收入占了总收益一半以上，制脑业的劳动成本很高。① 由于制脑业原先为官办，开放民营后清政府需收回官方贷款资金，林朝栋应刘铭传的要求，代纳台湾县、苗栗县以及埔里社管辖内的贷款4万余元，以承接这些地区的制脑业，这也显示了雾峰林家对制脑业所投入的巨大财力。

林家对于中路制脑业的投入虽大，成绩也是斐然。清末"林合"光在中部埔里的制脑社就有500多份，在水底寮、白毛社附近的制脑社则有400多份，脑丁人数共达2000～3000人。当时制脑社每份每月平均制脑在40～50斤，那么林家仅在埔里、水底寮和白毛社三地，就可每个月生产樟脑4万～5万斤。当然，林家除了自己生产樟脑外，主要还是将中路各地产脑区转于他人经营，然后统一收购。譬如大湖地区制脑的主要生产者为黄南球、陈汝舟；罩兰地方的制脑业主要由葛竹轩负责；东势角一带的制脑大户为林良凤、刘龙登等。林家则在上述各地设立林家公馆，分别收购樟脑。凡是台湾府辖内制造的樟脑悉数由林家公馆或林家之特约买主德商公泰洋行收购，林家最初将生产或收购的樟脑以每担12银圆的价格，向清政府纳税，再以每担28～33银圆的价格卖给公泰洋行，具体价款视香港樟脑行情的升降而定。由于雾峰林家垄断清末台湾中路樟脑业的生产和对外销售，所以获利巨丰②，成为清末台湾对外贸易的大商贾。

四、樟脑输出与山地商人

清代台湾樟脑生产，具备了一个完整的产业链条。链条的最低端是指台湾中北部内山地区砍伐樟树、炼制樟脑的制脑人，俗称"脑丁"。负责召集脑丁，同时本身也兼制樟脑的称为"股首"。股首上一级的商人则为"脑长"，"脑长"是樟脑业的实际经营者，负责内

---

① 林满红：《茶、糖、樟脑业与台湾之社会经济变迁(1860—1895)》，台北：联经出版事业公司，1997年，第101页。

② 王世庆、陈汉光、王诗琅撰，黄富三、陈俐甫编：《雾峰林家之调查与研究》，林本源中华文化教育基金会，1991年，第22～23页。

山与樟脑采集、炼制有关的一切业务。这些业务包括修路、建"脑社",向山地少数民族缴纳"山工银",提供补给品给内山的脑丁,向清政府缴税,领取制造樟脑的执照等,可以说脑长是整个樟脑业的中枢,他们是常年活动在内山的山地商人。脑长要承担制脑业务的后勤以及樟脑的收购,必须具有相当的资本。一般而言,脑长的资金多来自具有庞大资本的"脑商"。提供资本的脑商,有洋商和华商,雾峰林家的林朝栋自然是从事樟脑贸易华商中的重要代表。归属林朝栋管辖的脑长,有大湖地区的苗栗县人黄南球、葫芦墩人陈汝舟、罩兰地方的脑长为彰化人葛竹轩、东势角水底宽地方的脑长有林良凤、刘龙登,林圯埔地方的脑长是阿罩雾人曾君定、埔里社的脑长为万斗六人林懋臣、头汴坑地方的脑长为车笼埔人林金、黄竹坑的脑长为罩兰人詹赞福、凉伞树人郑老江和台中人林茂启是凉伞树地区的脑长。这些脑长利用林家提供的资本金,组织脑丁炼制樟脑,然后提供给各地林家公馆收购,以清偿林家提供的贷款,如有剩余的樟脑,脑长们则可以自由买卖,所得的利润则在脑丁、脑首和脑长之间分配。无论如何,脑长在樟脑生产和贸易中所扮演的角色极为重要,也是台湾山地商人的典型代表。清政府虽然在1861—1868年间、1886—1890年间实行樟脑专卖,但除了1864—1866年间为政府直营之外,均包给商人经营。① 根据台湾学者林满红的研究,清末台湾樟脑业其实并不全部被外商所掌控,由于华商生活俭朴、工作成本低,樟脑交易往往在香港进行,销售成本也比外商低,因此具有相当的竞争力。此外,由于樟脑的生产多在内山,樟脑业受少数民族"番害"的影响大,加上日本的樟脑业也使台湾樟脑的出口面临竞争压力,在这种情况下,外商对于台湾樟脑的控制也时常有所顾忌,外商真正控制台湾的脑业也不过是3年。清政府在台湾实行樟脑专卖时,如果不是直接经营,则是承包给华商,其中台南商人和广东商人居多,而1891—1895年间,外商在樟脑业中占据优势时,也有很多脑商是来自福建的闽商。② 所以,华商实际上在清末台湾的樟脑业中所起的作用不亚于洋商。

由于樟脑的分布集中在彰化鹿港、集集内山一带山区,因此将樟脑从产地运输到港口的交通工具,主要依靠肩挑和舟筏。中部集集、埔里、林圯埔一带的樟脑,或从陆路肩挑至鹿港、梧栖,再运往淡水,或者集中在集集,用牛车运到浊水溪旁,再用竹筏经水路运到北港,转运到安平港。至于樟脑的出口运输,则视季风走向决定输出的港口。一般而言,冬季东北季风时,从府城安平出口,夏季西南季风时,则从北部的淡水港出口。

---

① 林满红:《茶、糖、樟脑业与台湾之社会经济变迁(1860—1895)》,台北:联经出版事业公司,1997年,第126~127页。
② 林满红:《茶、糖、樟脑业与台湾之社会经济变迁(1860—1895)》,台北:联经出版事业公司,1997年,第128~130页。

第五章

商人与社会

商人势力的发展壮大离不开其生存的社会状态,他们会形成自己的组织形式,建构与整个社会的相互关系,而且商人与政治之间的关系更是重要的一环。

第一节 商业的企业组织结构

清康熙二十四年(1685年),台湾"汉人人口约为七万人"[①],而且全岛大多数土地仍未开发,可谓百业待兴。随着移民人口的增加,台湾进入快速发展的时期,这种发展建立在土地开垦之上,这也决定了台湾在相当长的时期内,农业经济是社会发展的基础。这汉族移民开垦台湾的初始阶段,缺乏成熟的手工业,移民所需的日常生活用品,均需从祖国大陆引进。因此,清代台湾的商业贸易是从两岸间的贸易兴起和壮大起来的。

随着土地开垦的推进,移民的增多,从事两岸贸易的商人群体也在扩大,为了应对日益激烈的竞争,出现了带有公会性质的商业组织,俗称为"郊",又称作"郊行"。所谓的"郊行"或"郊",系由同一地区贸易之商贾,或同一行业,设帮会、订规约,借以维系互相情谊共同利益及谋该项商业之发展,并对某种公共事业尽力扶持,或俾仲裁商人间之纠纷,对于商情之困苦,则禀请官衙,使能沟通。并且办理有关酬神祭典等或施地方公益事。[②] 所以,"郊行"实际上是商会的雏形,具备了较为丰富的社会经济功能。

郊行作为工会性质的商业组织,具有特定的组织结构和组织制度。郊行的成员称为"炉下",又称为"炉丁"、"炉脚"。"炉下"作为具有一定实力的商号,加入郊行后,必须遵守郊行的规矩,登记店号、住所及经费负担额,然后依据郊规,或一次性捐金,或按照年月,根据业务来分层捐纳,或者按照临时需要摊派。商号加入郊行以自愿为原则,不过为了谋求利益最大化,保护批发商的权益,多数商号都会选择缴纳会费后,加入郊行。"炉下"加入郊行后,如有生意休业或搬迁他处时,只要向郊行的负责人"炉主"说明,即可自

---

① 邓孔昭:《清政府禁止沿海人民偷渡台湾和禁止赴台者携眷的政策及其对台湾人口的影响》,转引自陈孔立:《台湾历史纲要》,北京:九州出版社,1996年,第140页。
② 台湾省文献委员会编:《台湾省通志》卷四,台湾省文献委员会,1970年,第15页。

由退出。否则,只有不遵郊规者,经过郊行公议后,才被勒令退出。①

郊行中的一切业务,都由"炉主"来主持。此外,郊行还设置董事一职,由数人担任,执掌经常性事务,董事亦被俗称为"头家"者。从某些时候来看,炉主似乎专门负责公共祭祀,而董事则掌管经常性会务,有时炉主兼掌董事的职务,集炉主和董事于一身,所以两者之间有时并没有严格的区别。② 炉主和董事,责任较大,一般为义务职,任期一年,不能连任,"炉下"均有机会担任炉主和董事。但实际上,因为郊行业务繁忙,开支巨大,炉主和董事大多由有财有势的大郊商担任,一般的郊行是不敢轻易接炉主和董事的职位。此外,如果郊行的组织庞大,光有炉主、董事也无法处理整个郊行的事务,还必须雇佣专门的办事人员,譬如专门协助处理郊行祭祀的"签首",但"签首"不是必置的,有时可用"稿师"来代替,"稿师"协助炉主处理郊行的公务,主要是负责一些郊行的行文,所以"稿师"又称"郊书"。郊行还会雇佣"局丁"人员,执行一些收税收钱的事务,也负有上传下达的职责,俗称"大斫"。"稿师"和"局丁"是雇佣的,有薪水,从郊行的公共经费中支出。

第二节 商业网络

台湾的郊行,大多集中在台湾沿海以及各主要河道港口,因为大陆赴台移民,所到达的地点往往是海港或河港,并在这些港口地区形成聚落和市场,加上台湾开发过程中所依赖的日用品基本上从大陆运来,所以沿海和河道港口成为郊行云集之地。③ 康熙、雍正年间,从事两岸贸易的郊行,商人多为闽商,输入台湾的货物也多为闽南当地的土产和民生用品,"海船多漳、泉商贾,贸易于漳州,则载丝线、漳纱、翦绒、纸料、烟、布、草席、砖瓦、小杉料、镶铛、雨伞、柑、柚、青果、橘饼、柿饼。泉州则载瓷器、纸张。兴化则载杉板、砖瓦。福州则载大小杉料、干笋、香菇。建宁则载茶",而郊行的海船返航时,则从台湾载米、麦、菽豆、黑白糖、锡、番薯、鹿肉等到大陆④,形成两岸间互补性的贸易关系。清代台湾的郊行,因贸易地区的不同逐步形成特殊的地域郊商集团。这类经营同一地区的贸易郊行,可分为北郊、南郊、厦郊、泉郊、港郊。北郊,指的是从事台湾以北,如宁波、上海、天津、烟台、牛庄等地贸易的郊商;南郊则是指从事台湾与金门、厦门、漳州、泉州、香港、汕头、南澳等处贸易的郊商;至于泉郊、厦郊则是专门从事台湾与泉州、厦门贸易的郊行;如果是台湾本岛各港口间货物转运者,则称港郊。⑤ 此外,经营同一类商品贸易的郊行,

---

① 《台湾私法》,台北:南天书局,1995年。
② 台湾省文献委员会编:《台湾省通志》卷四,台湾省文献委员会,1970年,第16页。
③ 卓克华:《清代台湾行郊研究》,台北:扬智文化事业股份有限公司,2007年,第30～31页。
④ 黄叔璥:《台海使槎录》,台北:大通书局,1988年,第47页。
⑤ 周宪文编著:《台湾经济史》,台北:开明书店,1980年,第323页。

则属行业郊,如糖郊、米郊、茶郊等。到了清朝中叶,台湾中北部地区也逐渐开发起来,郊行的发展也从南往北拓展,台湾中部、北部的一些重要港口,如鹿港、淡水的郊行也得以发展。乾隆四十九年(1784年),彰化鹿港开放,与泉州蚶江口对渡,鹿港成为台湾中部重要口岸,贸易极为发达,此阶段"鹿港大街,街衢纵横","泉、厦郊商多居此,舟车辐辏,百货充盈,全台除郡城外,各处货市,当以鹿港为最",尤其令人注意的是,这一阶段鹿港的郊商依然是以闽商为主,"远贾以舟楫运载米、粟、糖、油,行郊商皆内地殷户之人出赀遣伙者"①。到清朝后期,随着台湾经济重心的北移,台湾北部的港口亦成为郊商云集之地。同治十年(1871年)陈培桂的《淡水厅志》就提到:"曰商贾:估客辏集,以淡为台郡第一","商人择地所宜,雇船装贩,近则福州、漳、泉、厦门,远则宁波、上海、乍浦、天津及广东",至于郊行"或赎船,或自置船,赴福州江浙者曰'北郊';赴泉州者曰'泉郊',亦称'顶郊';赴厦门者曰'厦郊',统称为'三郊'"。② 显然,清代后期台湾的郊行遍及南北,形成为以台南府城、彰化鹿港、台北淡水三大港口为中心的郊行聚集地。贸易的范围依然北至天津,南至香港,十分繁荣。

  台湾的郊行不仅是两岸商品流通的中枢,亦处于台湾市场体系中的最顶端。正如《台阳见闻录》所记载"聚货而分售各店曰'郊'"③,这说明郊行在从事商品贸易时是最为顶级的商品批发商。郊行具体经营模式为收购台湾地方产品,如糖、米、油、樟脑,出口到祖国大陆,然后从大陆输入台湾需要的日用品,如棉布、绸缎、杂货等,再将这些汇集于各港口郊行的日用品,分类批发给各零售商,即"割店",再由"割店"批售给"文市"或贩仔,最后"文市"或贩仔将商品售于一般消费者。"割店"是指设在各街市的店铺,经营各种货品的批发,"郊"为总批发商,又称"顶手","割店"则为中间批发商。"文市"乃开设店铺于街头巷尾,或者是在市场内摆摊位,罗列货品,直接零售给消费者的小店铺,也称为"门市"或"下手"。规模比"割店"小的批发商即"贩仔",他们从"割店"采购杂货等物品,走街串巷转售其他的小店铺,多为肩挑商贩,其中也有直接销售给各地消费者,尤其多售卖杂货与化妆品、针线等物。总的说来,整货批发的商人,俗称"武市",有大、中盘之分,大盘商如"郊行",一般在港口从事商品的进出口,并将商品批发给各城镇;中盘商则为城镇之内的批发商,专门批发给各零售商,如"割店"。零售商俗称"文市",直接销售商品给消费者,其下有贩仔、路边摊贩等。④ 可见,郊行在台湾商业市场中扮演重要的角色。

---

 ① 周玺:《彰化县志》,台北:大通书局,1988年,第290页。
 ② 陈培桂:《淡水厅志》,台北:大通书局,1988年,第298页。
 ③ 唐赞衮:《台阳见闻录》,台北:大通书局,1988年。
 ④ 卓克华:《清代台湾行郊研究》,台北:扬智文化事业股份有限公司,2007年,第94~97页。

第三节　郊商与社会文化的关系

郊行的形成与发展是台湾自身经济成长与两岸经贸往来日益密切的必然产物。郊商经营台湾与大陆的贸易以及货物批发，海上贸易是必然途径，在清代船只设备尚未如今日发达的情况下，远涉重洋，往往风险重重，为了祈祷旅途平安，人货两全，郊商对于妈祖、水仙王等专司"航海"的神明尤为敬奉，推崇倍加。而共同的宗教信仰，难免对郊行的形成有着不可估量的影响，因为郊行本身是集中于同一港口的商业集团，利用郊行共同信仰的神明来召集各商贾，形成强大的凝聚力，有利于推动郊行的事务开展。另外，郊行奉祀共同的神明，通过各种祭祀活动，在祈求神明保佑的同时，也可以使郊行内部之间更为团结，也增进与地方的联系，进而彼此扶持帮助，促进郊行的发展。

郊行的宗教信仰及其附属功能对郊行的组织结构也有重要的影响。郊行的首领炉主往往是祭祀妈祖、水仙王等神明的主祭人，也是由全体炉下在祭祀结束后所推选出来的，凡是炉主改选、议定货价或者处罚违规者，均在神明前举行，以显示神圣和公平无私。

郊行的形成带有较强的宗教因素，而其发展过程中对文化教育的推动作用，亦是相当显著。清代台湾的教育体系是由府学、县学、书院、义学、社学、书房等机构所组成，这些学校的建设，常有郊行捐资参与，譬如乾隆年间台湾府学的重修，就有当时最重要的三大郊行"北郊苏万利"、"南郊金永顺"、"糖郊李胜兴"，各自捐资贰佰银圆参与修建。[①] 除了参与学校建设外，府县学以及各级书院的相关经费由专门的田租和民间捐款来负担，郊商往往为各级学校的维持捐款，而且学租、捐款的放贷生息一般亦由郊商来承接。如台北地区的学海书院，建成于道光二十三年（1843年），其学租由"艋郊私抽"充当，"每年出入得息，约七百千文，除雇工外，约剩四百余千"，"咸丰十一年（1861年），同知秋日觐改谕泉、北郊商炉主经管"[②]，类似的情况比比皆是。总之，清代台湾各府学、县学、书院、书社、义学以及日常维系的费用，其来源均离不开郊商的捐献，郊行对台湾地方文教的发展有着举足轻重的作用。

郊行不仅对台湾的经济、文化有着不可低估的影响，对于台湾社会的稳定发展也有突出的贡献。郊行的社会功能主要体现在社会公益、慈善事业和矫正社会风气等方面。社会公益在于郊商对地方社会事业的支持，如修桥、铺路、浚河道、组织义渡、造建灯塔等。由于台湾长久以来大部分地区处于未开发的原始状态，原野荒芜，山道崎岖，交通不便，河水溪流湍急，河流不一，多数地区一逢大雨，浅者需要搭桥，深处则要渡船不可。因此，修桥、铺路、组织渡船协助路人渡河成为早年台湾社会公益事业最为重要的部分，而郊商对此的贡献颇大。以道光年间的新竹县为例，其县城四周的大甲溪、中港、房里、柑

---

① 《台湾南部碑文集成》第二册，台北：大通书局，1988年，第123页。
② 王月镜主修：《台北市志》卷八，《文化志·胜迹篇》，台北市文献委员会，1988年，第17～18页。

尾、井水港、盐水港等,"一律设渡,共凡六处","又于堑南之白沙墩,堑北之金门厝,每于九月间各设浮桥以济",用于帮助路人渡河,而相关费用来自新艋泉厦郊、堑城金长和等郊商的捐资,这些捐资"置庄田,岁收租息以资经费"。① 此外,新竹县北门外的孔道,"历落崎岖","而其间两头断截,为田间水道所通流,当时设有木桥,亦经朽烂",为了使新竹通北的交通孔道能够畅通,新竹的郊商如金长和、林恒茂、李陵茂、陈振合、郑恒升、翁贞记、吴万吉、恒隆号、金泉和、集源号、恒吉号、义荣号、振荣号、怡顺号、锦泉号、利源号、和利号、郑吉利等近二十户的郊商或郊行参与捐资建桥。② 如果说修桥、铺路和组织义渡,是为广大民众提供服务,那么浚河道和造建灯塔,既是为民提供便利,亦是为郊行的两岸贸易服务。因为港口河道的淤积,明显会干扰到正常的航运贸易,而灯塔的建造,对于郊商的夜间航行而言,无疑是以资照明的航向标,亦是相当重要。如道光三年(1823年),台南鹿耳门的港口淤塞,府城的对外航道无法畅通,外来船舶无法从台南登陆,台南三大郊行不得不整治四草湖的河道,以便使外来船舶从国赛港迁回到四草湖,入五条港区,疏浚费用浩繁,虽是出于郊行的航运利益,但对一般百姓而言,均可使用共同疏通后的港口河道,是重要的公益事业。灯塔的建造,如澎湖的西屿塔,为台南各郊行捐番银二百元,此外澎湖的铺户郊商、渔船等亦捐银二百四十元,共同参与修建。③

至于郊行所从事的慈善事业主要分为救恤、赈灾和助葬三方面。清代的社会慈善事业,分为官办和民办两种,具体机构有养济院、栖流所、普济堂、留养局、育婴堂等,其创立和日常维持经费,都有官方的财政补助。一般来说,救恤机构都体现为官绅与郊商合资兴办,其中郊商的贡献不容小觑。由于自然灾害等原因,时常有民众流离失所,为了收容无家可归之难民,就有栖流所机构的设置,如澎湖的郊行德茂号,就于嘉庆二十四年(1819年),捐款购置房屋,"以为难民栖宿";至于专门收养弃婴的育婴堂,亦离不开郊行的捐助,如台湾县的育婴堂,于咸丰四年(1854年),由台南三郊鼎美号的郊商石时荣倡建,"自捐家屋充用,并捐五千圆,生息以为经费"。④ 此外,慈善事业中助葬是一种极为重要的形式,一般是义塚,用于收埋客死异乡的尸骸。台湾是早期闽粤移民渡海开发而成,因早期开发环境恶劣,疾病、积劳、野兽、匪害、猎首等,常使得很多外来移民客死台湾,因此义塚、殡舍是当时民间慈善中的主要部分。乾隆四十二年(1777年),鹿港最大的郊行日茂行以及当地其他郊行"捐赀建置旱园,充为义塚",是为敬义园。日茂行的主持人林振嵩以及其他郊商"仍以赢余捐项,置买店屋租业,择泉、厦二郊老成之人,为董事办理","逐年以所收租税,作敬拾字纸、收殓遗骸、施舍棺木、修造义塚桥路之用"⑤。而道光年间,新竹县的义塚"大众妈山塚"、"山仔坪塚"、"小坪山塚"等,也多为新竹新艋泉

---

① 《新竹县采访册》,台北:大通书局,1988年,第194~198页。
② 《新竹县采访册》,台北:大通书局,1988年,第203页。
③ 卓克华:《清代台湾行郊研究》,台北:扬智文化事业股份有限公司,2007年,第170~172页。
④ 连横:《台湾通史》。
⑤ 周玺:《彰化县志》,台北:大通书局,1988年,第63页。

郊金进顺、艋舺厦郊金福顺等郊行捐修。① 再者就是赈济灾荒，救恤贫困，尤其是在荒歉之年，郊商更是积极平粜或是捐助米粮，以助灾民渡过难关。如嘉庆二十一年（1816年），彰化县"谷价骤昂，饥民夺食"，鹿港日茂行率各郊商和殷户之家，"请于官，立市平粜，设厂施粥，沿海居民，全活者以万计"②。

总之，郊行不仅仅是一个商业组织，其所具有的社会功能涵盖政治、经济、社会、文化、宗教等。郊行组织，不但对台湾商业的发展有极大的促进作用，更是对台湾移民社会的安定、基础设施建设、文教普及有着突出的贡献。

第四节 闽商在台湾社会的"在地化"

福建郊商长期从事两岸贸易，但最终还是会在台湾当地扎根发展，随着时间的延长，商业贸易和商业资本最终会本地化。譬如台湾北部竹堑地，这里是西海岸中北部，其拓垦始于清康熙末年。此地区的商业兴起于港口贸易，输出项目长期以米、糖等传统商品为大宗，而茶直至光绪中叶才崭露头角，出口量也微不足道；樟脑则在割台前后才取代传统商品成为转口大宗。因而在清代，竹堑地区受到世界市场和洋商势力的影响较小，始终维持一个既从属于淡水—艋舺区域性市场圈，又依赖大陆华南市场的传统地区性市场圈形态。③

就行业的种类而言，竹堑地区性市场圈内商人的行业较为简单，经营种类较少且尚未完全分化。该地区中产以上商人，通常采用多角化经营方式，同时经营多项进出口商品，因此可能兼具多重身份。就行业的性质而言，按照官方干预程度的不同，可分成民商与官商两种。就行业的演变而言，竹堑开垦前后以"番"汉交易商人居多，随着地区商业的兴起，商人行业也不断细化。就行业的分布而言，竹堑地区自城市至乡街、村庄的分布状况不尽相同，地域层级愈往下则行业愈简单。

清代在竹堑地区活动的商人包括"番"汉交易商人（社商、通事及番割）、进出口贸易商（船户、水客及郊商）、中盘批发与零售的店铺商人（铺户）和行走负贩商人（小贩和客商）四类。④ 其中，往来于泉州和竹堑之间的船户，在两岸贸易中发挥着不可忽视的作用——此群体作为两岸商品流动的主要中介者，推动了以"坐贾"为主的在地商业特色之形成。

清代竹堑地区商业资本的来源主要有大陆资本、台湾本土资本和洋商资本三

---

① 卓克华：《清代台湾行郊研究》，台北：扬智文化事业股份有限公司，2007年，第177页。
② 周玺：《彰化县志》，台北：台湾大通书局，1988年，第247页。
③ 林玉茹：《清代竹堑地区的在地商人及其活动网络》，台北：联经出版事业公司，2000年，第79～80页、第99～100页、第341页。
④ 林玉茹：《清代竹堑地区的在地商人及其活动网络》，台北：联经出版事业公司，2000年，第116～143页、第342页。

类,其中"台湾本土资本"由竹堑在地资本与本岛近邻资本组成。这些资本的形成与演变过程可分为三个时期,包括早期(康熙末年至乾隆年间)大陆资本的独大与在地化、中期(嘉庆年间以降)竹堑在地资本的崛起、晚期(清末至日据初期)竹堑在地资本占优势。"'在台落业'是导致大陆资本转变成竹堑在地资本的主要原因。"① 最初,由于经商者多为大陆商人,使得大陆资本在竹堑地区商业资本中占据很大比例。但随着大陆商人的在地化,大陆资本也逐步转化,并融合新兴的竹堑在地商业资本,共同构成竹堑在地资本,取得优势地位。在地资本的构成方式包括独资、合股和混合型(即"族系资本")三种,其中以族产形式出现的"族系资本",成为竹堑地区最具实力在地资本的常见形态。②

清代竹堑地区的商人组织分为同街商人组成的"铺户公记"和进出口贸易商组成的"郊"两种,后者在清中叶发展出"堑郊金长和"这一主要由在地郊商组成的商人团体。堑郊金长和的成立,可能与祭祀天上圣母的长和宫之修建及管理抽分有关。堑郊成员大多分属于长和宫"老抽分"、"中抽分"及"新抽分"三个小组,并透过这三个小组处理祭祀活动、公共财产等有关事宜,参与竹堑地区的宗教活动、经济事务活动、地方行政事务以及社会公益慈善活动。同治末年堑郊抽分权改归厘金局办理之后,堑郊功能趋向单一化,在地绅商望族取代其成为地方行政事务和社会公益慈善活动的捐献者与主导者。此时期的堑郊变得更为专业化,更像一个商业组织,其功能集中在仲裁商业纠纷与维护郊商利益两方面。③

在此分阶段梳理一下竹堑地区在地商人与地域社会之间的互动关系:清初,竹堑初垦,市场圈尚未形成,商人活动以"番"汉贸易为主;拓垦初步完成后,出现了经营米谷贸易的大陆商人。清中叶,竹堑地区性市场圈形成,在地商人崛起并产生以之为主体的商人团体——"堑郊金长和";他们积极参与地方活动,与官方建立良好关系,通过各种途径提高自身社会声望和地位、扩展在地网络,阶层化明显。清末,竹堑地区商人士绅化倾向普遍,在地绅商望族之间的联结更为紧密;他们形成互利团体,成为地域社会中最具影响力的集团。④

竹堑地区在地商人身份转变的例子,是竹堑地区由移民社会向定居社会转型的一个缩影。"在地化"的过程中,他们从单纯的商人,逐渐发展为集商人、士绅、地主等多重角色于一身的形象,最终与地域社会紧密结合。正如陈春声教授所认为的那样,"在中国社

---

① 林玉茹:《清代竹堑地区的在地商人及其活动网络》,台北:联经出版事业公司,2000年,第150页。
② 林玉茹:《清代竹堑地区的在地商人及其活动网络》,台北:联经出版事业公司,2000年,第165~168页、第343页。
③ 林玉茹:《清代竹堑地区的在地商人及其活动网络》,台北:联经出版事业公司,2000年,第226页。
④ 林玉茹:《清代竹堑地区的在地商人及其活动网络》,台北:联经出版事业公司,2000年,第345~347页。

会经济史研究中,不能机械地套用礼法上的一般性规定,更不能将'士农工商'这样的分类原则,直接对应到日常生活中具体的人物身上,在实际的日常生活状态下,每个人都具有多种不同的身份,在不同的历史场景中扮演着不同的角色"[①]。

[①] 陈春声:《评林玉茹〈清代竹堑地区的在地商人及其活动网络〉》,《历史人类学学刊》第1卷第2期,2003年,第145页。

下篇

近30年来台商在福建

福建与台湾地理区位特殊、历史渊源久远,闽台素有所谓"五缘":地缘相近、血缘相亲、文缘相承、商缘相连、法缘相循,这使得两地之间一直有着密不可分的关系。历史上,随着明清时期福建大量移民台湾,闽商对台湾经济社会的发展做出了极大的贡献。光阴荏苒,随着20世纪80年代初大陆改革开放与海峡两岸关系的缓和,福建则成为大陆最先开始对台贸易与最早的台商登陆的地区。经过30多年的发展,台商投资福建的规模不断扩大,领域不断拓宽,层次不断提高,台商群体作为新时期的"在闽台商",在成为两岸关系和平发展重要生力军的同时,对福建经济社会的发展发挥了积极而又重大的作用,成为福建提升产业结构、促进经济社会发展的重要推动力。"闽台一家亲"是"两岸一家亲"最典型的范例。

第六章

台商在福建的发展历程

第一节 台商在福建发展的背景

自1949年起由于历史与政治的原因,海峡两岸的大陆与台湾长期处于隔离状态,各自走上不同的发展道路,经济发展水平也相应呈现出阶段性的差异。1979年大陆决定走改革开放的道路,国民经济从此驶上蓬勃发展的轨道,与此同时,大陆宣布了"和平统一"的对台方针,并提出两岸实现"三通"的倡议。这些历史性的变化使两岸政治关系从紧张对峙走向逐步缓和;两岸经贸关系也相应由基本中断转为恢复往来。1987年11月,台湾正式开放部分民众赴大陆探亲,台湾对大陆经贸政策也呈现逐渐松动的趋向,两岸经贸与人员往来因此日趋活跃。1992年邓小平南方谈话以及中共十四大召开之后,大陆正式确立社会主义市场经济发展方向,进一步加快经济改革与对外开放的步伐,由此引发了台商对大陆投资的新热潮。两岸经贸关系日益密切,贸易与投资规模不断扩大。福建与台湾具有独特的关系,同时,福建充分利用中央给予的对台特殊政策,采取灵活措施,不断改善投资环境,大力吸引台商来闽投资发展,福建因此成为台商投资大陆最早,也是最为密集的地区之一。截至2013年底,福建累计引进台资项目13524个,实际利用台资220.79亿美元(含第三地),均居大陆各省市第三位;闽台贸易进出口总额1145.14亿美元,居大陆各省市第五位,2013年台湾成为福建省第四大贸易伙伴。一批有影响力的台资项目先后落户福建,台湾百大企业已有60多家在闽投资设厂,助推福建省形成电子、石化、汽车等千亿产业集群。[①] 台商在福建快速发展的背景大致可归结为以下三个方面。

[①] 东南网:"福建省引进台资项目13524个",http://fjnews.fjsen.com/2014-07-30/content_14589054.htm.2014.07.30.

一、福建的地理区位优势

1. 福建与台湾一衣带水,隔海相望,是中国大陆离台湾最近的省份。福州距离基隆149海里,福州平潭岛距新竹县直线距离不到100海里;厦门距高雄165海里,距台中136海里,距澎湖102海里,地理位置优越。厦门自古有"扼台湾之要,为东南门户"之称,与金门"门对门"。

2. 福建与台湾的气候十分接近,同属亚热带气候,北部属季风性气候,南部与台湾一样属于海洋性气候,温和多雨,夏无酷暑,冬无严寒。

3. 福建拥有厦门、湄洲湾两大天然不冻不淤的深水良港。本世纪以来,福州港也从河口港发展为与海港并进的局面。这三大港口是沿海主要外贸口岸及闽台贸易的重要港口。

厦门港作为福建省第一大港,在历史上即是大陆与台湾的交通要道。在台湾归属清朝版图的200多年历史中,厦门是连接台湾与大陆的桥梁和纽带。在1684年至1784年的100年时间里,厦门与台湾的鹿耳门是两岸仅有的一对对渡口岸。如今厦门已成为对台货物贸易、人员往来的枢纽港。1996年,交通部、外经贸部(现商务部)指定厦门为两岸直航试点口岸之一。2001年1月2日,厦门获准与金门直接往来,厦金航线成为连接祖国大陆与台湾的又一条通道。

21世纪以来,厦门以深水良港的硬件条件为依托,加大基础建设投入、努力开拓腹地、挖掘邮轮经济、拓宽对外交流,不断加快推进厦门海峡西岸航运物流中心建设。

二、福建的人文环境优势

福建与台湾有着共同的文化传统、相似的人文环境,共同信奉妈祖。台湾在清朝康熙年间设置地方政府,行政上属于福建省。清朝后期台湾的战略地位日益重要,单独设立台湾行省,与福建平级。闽台人民自古以来密切往来,共同创造了一脉相承、渊源深厚的闽台文化。台湾同胞中约有80%祖籍来自福建闽南地区,两地同根同源,拥有共同的方言、习俗、宗教信仰,文化艺术一脉传承。种种民间文化艺术流传、盛行于闽台两地,备受两地民众共同喜爱。台湾民间信仰盛行,台湾的妈祖、保生大帝等四大民间信仰有三个祖庙是从福建分炉去的。

总之,闽南文化作为中华文化的重要分支,不仅是中国东南沿海的重要文化,更是台湾的主流文化,闽台文缘相承,对进入福建进行考察、投资、发展与生活的台商增添了极大的吸引力。两地人文环境的相似性,使台商有"回到家"、"自己人"的情感认同,福建在吸引台商方面具有不可替代的人文环境优势。

三、福建拥有特殊政策优势

福建一直以来享有中央对台方面的特殊政策优势,发挥着对台交流合作的先行先试的独特作用。1989年以来,福建先后开辟了厦门杏林、海沧和福州马尾、厦门集美为台商投资区;"十一五"期间,福州的台商投资区从马尾扩大到整个福州市和莆田市,厦门台商投资区也扩大到整个厦门市和漳州市。2010年,设立泉州台商投资区,建成全国规模较大的台商投资区。截至2012年底,福建省拥有福州、厦门海沧、厦门杏林和集美、漳州、泉州等6个国家级台商投资区。福建是台商投资大陆最早,也是最为密集的地区之一。

福建也是大陆最早开展对台农业合作的省份。1997年7月,外经贸部、农业部、国台办批准福州、漳州设立全国首批"海峡两岸农业合作实验区"。2005年7月18日,在上海举行的建设海峡两岸福建农业试验区新闻发布会上,农业部、商务部、国台办正式宣布设立"海峡两岸福建农业合作试验区",合作试验区从福州、漳州两市扩大到全省。2005年,福建在漳浦率先开展创建台湾农民创业园试点。2006年4月,农业部、国台办与商业部联合在福建漳浦县和山东栖霞市设立首批台湾农民创业园。截至2013年底,福建省已拥有漳浦、漳平、仙游、清流、福清、惠安等6个国家级台湾农民创业园,位居大陆之首。台湾农民创业园,始于福建、推向全国。此外,台胞注册个体户在福建先行先试,为台胞来闽投资创业开通了便捷通道。

福建开展两岸金融交流合作时间最早,台湾富邦银行、台湾人寿等金融机构先后来闽投资布局,两岸货币兑换业务试点范围扩大至全省,台资参股福建证券公司、闽台合资成立产业投资基金等取得了实质进展。

1981年厦门经济特区因台而设,一直以来得到中央的大力支持,形成了包括经济特区、台商投资区、高新技术开发区、保税港区在内的全方位、多层次的对外开放格局。1997年和1999年相继创办了"厦门对台进出口商品交易会"、大嶝对台小额商品交易市场,为开拓对台贸易构筑了新平台;1997年和2001年分别开通与高雄试点直航、与金门个案直航,为两岸全面"三通"积累了经验;2006年成立了国台办命名的"厦门台湾水果销售集散中心",使台湾中南部民众明显受惠。

2009年5月,国务院出台了《关于支持福建省加快建设海峡西岸经济区的若干意见》,明确赋予海西区以"两岸人民交流合作先行先试区域"的战略定位。提出"适时推进厦门、福州台商投资区扩区和新设立泉州台商投资区",要求"福建省立足现有先进制造业加强两岸产业合作,积极对接台湾优势产业,将海峡西岸经济区打造为东部沿海地区先进制造业的重要基地"。通过加强海西区与台湾地区的交流合作,推动两岸交流合作朝范围更广、规模更大、层次更高的方向迈进。

配合中央赋予福建对台特殊政策,福建地方也积极采取相应措施。促进闽台产业对接是福建的核心战略。早在2009年,福建省政府便出台了闽台产业深度对接工作意见,重点推进石化、电子信息、装备制造、轻纺、信息化等产业深度对接。随后福建省又完善了鼓励台商投资的产业指导目录,鼓励台商投资信息、机械、石化、冶金、纺织制鞋、农、林、牧、渔业及其深加工、新材料、生物与医药、金融业和服务业十大产业,并指引台商的投资方向,提高项目层次,将污染高、能耗高、效益低的产业挡在门外。

2011年,福建省公布实施《闽台产业深度合作布局规划》,推进闽台先进制造业深度对接,重点推进闽台石化、汽车、钢铁、装备制造、新兴产业、农业等领域的深度对接。

2012年1月,为更好地发挥闽台"五缘"优势,应对经济环境的变化,支持台资企业转型升级,加快发展,福建省专门出台了《福建省政府关于进一步促进台资企业发展的若干意见》,内容包括:加大财政扶持、推动企业技术创新和技术改造、支持拓展大陆市场、优化劳动用工服务、加强金融支持、优化投资环境等六项共35条意见。

第二节　台商在福建的发展历程

由于福建与台湾的独特关系以及福建充分利用中央给予的特殊对台政策,使得台商来闽投资发展具备天时、地利、人和三大要素,台商对福建省的投资因此起步早、发展快。1981年7月,第一家台资企业——诏正水产联合开发公司在福建诏安落户,拉开了台商到大陆投资发展的序幕,来闽台商也由此从无到有,投资规模从小到大,层次由低到高,领域不断扩大,形式日趋多元。回顾30多年台商来闽发展历程,大致可以划分为以下几个阶段。

一、1981—1987年试探与起步阶段

祖国大陆改革开放初期,在两岸贸易的带动下,台商对祖国大陆开始进行试探性投资。由于福建与台湾特殊的渊源关系,投资主要集中在福建沿海,而因当时两岸关系还处于对峙状态,台湾企业多以港资或合资的形式秘密进行,数量很少。投资特点表现为隐蔽、间接、单个、量小。

1979年初,全国人大常委会发表《告台湾同胞书》,提出"和平统一"的对台方针,并发出"三通四流"(通邮、通航、通商和经贸交流、学术交流、文化交流、体育交流)的倡议,呼吁尽快结束两岸人为藩篱的局面。同年5月大陆发布"关于展开台湾地区贸易的暂行规定",此后就有少数台商通过香港取得入境许可,进入祖国大陆。1981年9月30日全国人大常委会委员长叶剑英发表争取实现和平统一祖国的"九条方针",1983年6月26日邓小平又进一步阐述了"一国两制"的伟大构想。在祖国大陆积极推动"和平统一"政策的背景下,两岸对立的气氛开始有所缓和,两岸局势从对峙逐步走向和平共存,双边的经济关系也随之出现复苏迹象,从中断阶段逐渐进入恢复阶段。

两岸经济关系的恢复经历了从两岸间接贸易到直接贸易继而带动台商大陆投资的发展过程。在以香港为中转站的间接贸易热潮的促进下,沿海民间直接贸易于1979年迅速恢复,至1981年达到高潮。而这种民间私下的商品直接交易现象突出表现在福建

沿海地区。为了扩大两岸经贸交流的范围与领域,鼓励台商在祖国大陆兴办实业,国务院于1983年4月公布了"台胞经济特区投资三项优惠办法",对投资办厂的台商提供便利条件,并在盈利所得税方面给予四年免税五年减半的优惠。在政策鼓励下,台商投资数量有所增加,但仍局限于沿海几个经济特区内,且受台湾当局的限制,台商多以隐蔽的方式投资。1981年,福建出现了首家台商投资企业。

1984年和1985年台商投资祖国大陆在两岸贸易的带动下有所扩展,活动范围从沿海几个经济特区扩散到沿海开放城市与开放区,但仍局限于闽、粤两省,并呈零星、分散状态,多是台湾中小企业以迂回方式(通过第三地)进行"投石问路",投资规模很有限。

1986年祖国大陆对台经贸政策逐步由鼓励贸易转向鼓励投资,即限制一些在台湾已失去竞争力的产品输往大陆,以促进这些产品的生产线转向大陆,于是台湾厂商通过各种渠道到大陆投资设厂,投资数量与规模比前一阶段均有所扩大。1986年,台商在厦门投资项目有3个,计60万美元。1987年,台商在厦门投资项目有19个,计1900万美元,主要集中在厦门岛内的湖里工业区。至1987年底,大陆累计吸引台资达到80项,约1亿美元,其中福建累计批准台资项目58项,合同台资金额3978万美元,分别占总数的七成和四成。

总的来看,1987年以前,福建与台湾的经贸交往以贸易关系为主导,投资关系为辅,由贸易带动投资,福建的台商企业多为小规模的生产型项目,投资形式也以合资或合作为主,并呈零星、分散、隐蔽等特点,投资行为具有明显的短期性,基本上属于试探性投资范畴,投资领域主要集中在以轻纺为代表的劳动密集型产业。至1987年底,福建省累计批准台资仅占同期福建吸引外资直接投资金额的5%左右。

二、1988—1999年发展与兴盛阶段

1987年7月,台湾当局解除外汇管制,有利于台湾企业对外投资发展,这为台商间接赴福建投资创造了条件。同年11月2日,台湾正式开放部分民众赴大陆探亲,海峡两岸隔绝38年之久的局面终于被打开。两岸经贸交流形势自1988年起随之出现转折,各种形式的经贸联系与交往迅速兴起。随着台湾开放民众赴大陆探亲,岛内企业掀起了第一波"大陆热",台湾厂商借探亲机会,纷纷到福建考察,寻找投资机会。

而在投资政策方面,台湾当局对台商到祖国大陆投资迟至20世纪90年代初才予以正式解禁。1990年10月6日,台湾"经济部"公布实施《对大陆地区从事间接投资与技术合作管理办法》,正式开放台商赴大陆间接投资,其项目范围包括化工、纺织、机械、电机、资讯五大类。此管理办法的实行,既是对先行赴大陆投资台商的"化暗为明",也是对后来台商到大陆投资的首次政策性开放。至此,台商投资祖国大陆在经历了禁止、缄默等阶段后终于取得"合法"地位。1991年5月台湾终止"动员戡乱时期"后,对大陆经贸政策进一步放宽。另外,在其他方面,台湾当局也调整了一些政策。1991年1月台湾正式允许银行以间接通汇方式办理对大陆的个人小额汇款;8月全面开放岛内银行办理对大陆间接汇款业务。台湾当局因应两岸经贸发展形势,逐步调整与放宽对大陆经贸政策,

有利于在大陆投资的台商简化经营方式，减少经营成本，从而在客观上促进了两岸经贸关系的良性发展。

在这个阶段，大陆方面也积极相应调整对台经贸政策，制定法规和措施以鼓励台商到大陆投资，开展商务活动。1988年7月，国务院颁布了《鼓励台湾同胞投资的规定》（简称"二十二条"），保障台商投资的合法权益，简化投资审批手续，并在税收方面给予较大优惠。1989年3月国务院发布台商投资大陆的新措施，给予台商特别优惠待遇与便利条件，承认台资在沿海地区的土地开发经营权以及公司股票、债券、不动产的购买权。此后，国务院相继批复福建省设立马尾、杏林、海沧、集美台商投资区，并为台资项目提供配套资金。特别是台湾大企业家王永庆赴福建的考察活动及大型投资计划，对台商赴福建投资起到了重要的带动与示范作用，逐步形成台商对福建投资的第一次热潮。

1992年春邓小平南方谈话与中共十四大确立社会主义市场经济发展方向，更增添了台商投资祖国大陆的信心。台商在"求发展、逐利润"的强烈动力驱动下，积极扩大对大陆投资，投资方式也从过去隐蔽性投资逐步转为公开化投资。

在上述背景下，台商在福建投资出现了新高潮，逐步进入全面拓展与兴盛时期。1989年，全年台商投资项目为256项，实际到资额为1.067亿美元；而1992年投资项目增加为724项，实际到资额提高至4.1230亿美元，较上年增长61.7%。1993年更是台商投资福建最为活跃的一年，当年台商投资项目为1010项，实际到资额为9.2185亿美元，较上年增长123.5%。这一阶段台商来闽投资，不仅数量迅速增加，质量也明显提高。台商投资从劳力密集型扩展到以石化为代表的资本密集型，房地产开发和工业园区建设等成为投资热点，台商由过去的单一投资向多元化发展，投资领域也不断扩大。

自20世纪90年代下半期起，两岸关系发展遇到各种挑战，尤其是1996年9月以后台湾当局对两岸经贸关系实行"戒急用忍"政策，从严管制和审查大企业赴大陆投资，提出所谓"西进暂缓、南向推动、台湾优先"的投资政策，对两岸经贸"踩刹车"。1997年7月实施新版的对大陆投资审查办法，禁止对大陆投资项目新增32个，包括基础设施13项、石化上游产品7项、电子科技产品10项和房地产、保险等2项。这些均属在大陆最具发展潜力、台商投资新热点的项目，故其负面影响大。同时，台湾当局还启动"南向政策"，极力将台商引向东南亚，力图分散台商对大陆投资，以减少台湾对祖国大陆的经济依赖。此外，1997—1998年亚洲金融危机爆发，1999年台湾遭遇百年不遇的大地震，也一定程度影响了台商赴大陆投资。尽管如此，1995年至1999年各年，台商在福建实际投资金额都还维持在10亿美元左右（参见表6-1）。

三、2000—2015年调整与升级阶段

进入21世纪以后，两岸关系发展面临新的严峻挑战。2000年，主张"台独"的民进党上台执政，开始全面推行"去中国化"政策，造成两岸关系的紧张局面，台商赴闽投资受到不利影响。随着大陆改革开放进程的推进与台湾产业结构的调整，在台商赴大陆投资活动中，以电子信息为代表的技术密集型产业大多数转移至长三角地区，福建吸引台资

的成效不仅明显不如前一阶段的业绩,还远远落后于长三角和珠三角地区。从2001年到2004年每年台商赴闽投资都勉强保持在5亿美元左右,处于徘徊不前的状态。

2005年4月底至7月初,国民党、亲民党、新党主席先后访问大陆,并同中共中央达成广泛共识,大陆有关方面累计出台54项有利于扩大两岸交流、惠及广大台湾同胞的政策措施,包括台湾农产品以零关税进入大陆市场销售,与台湾旅游部门沟通有关大陆民众赴台旅游事宜,两岸民间组织可以就两岸的客运、货运包机进行沟通……宣布放宽台湾居民在大陆就业政策、简化台湾同胞入出境手续、对在大陆就读台湾学生实行同等收费和设立台湾大学生奖学金等,其中多项内容涉及两岸经贸。这一系列以台湾民众福祉为依归的政策,赢得广大台湾同胞的认同,有力地推动了两岸关系的健康发展。紧接着两岸高层党际交流,两岸基层交流也展开了,并构筑起两岸民间交流平台——一个多层次、多领域的交流与合作局面进一步形成,体现了大陆从官方到民间都期待通过两岸间的各项交流和合作达到两岸和平,台海稳定,共同繁荣的愿望。两岸关系和平稳定的大环境开启了又一波台商来大陆的"投资潮"。

2007年,大陆公布了进一步开放两岸航运的五大措施,包括鼓励台湾相关企业直接投资参与大陆码头、公路建设和经营,大陆进一步向台湾业者开放运输市场,台湾公司从事福建沿海与金门、马祖、澎湖所谓的"小三通"直航的运输业务、运输收入免征企业的所得税和企业的营运税,等等。

2008年马英九担任台湾地区领导人以来,两岸出现了"大交流、大合作、大发展"的新阶段,实现了通航、通商、通邮等两岸全面直接的"三通"。厦门为赴台邮包总装站,台湾水果80%通过厦门进入大陆,实现了厦金海上直接往来。2008年6月,海协会与海基会恢复谈判,并陆续达成了23项协定。2010年6月29日,两岸正式签订经济合作框架协议(Economic Cooperation Framework Agreement,简称ECFA),大陆释放"惠台"政策多达80多项,创60年来之最,使两岸关系进入1949年以来最好的历史时期。

在两岸关系大环境明显改善的背景下,中央进一步支持福建发挥对台工作"先行先试"的作用。2009年5月,国务院出台了《关于支持福建省加快建设海峡西岸经济区的若干意见》,提出"适时推进厦门、福州台商投资区扩区和新设立泉州台商投资区",要求"福建省立足现有先进制造业加强两岸产业合作,积极对接台湾优势产业,将海峡西岸经济区打造为东部沿海地区先进制造业的重要基地"。泉州台商投资区于2010年3月正式成立。泉州台商投资区地处泉州市中心城区东面,实际规划范围包括4个乡镇,面积约200平方公里。2012年2月,漳州台商投资区授牌成立,是福建开发建设的第六个国家级台商投资区,面积是省内最大的,这将大大提升闽南区域整体竞争力和对台商的吸引力。

受益于一系列优惠政策,福建投资的大环境不断改善,与前期相比较,这一时期台商投资福建有了较大增长,据《2016年福建省政府报告》数据,2015年福建实际利用台资13.1亿美元,增长10.3%。虽然这一时期台商投资项目数没有增加,但无论是合同投资额还是实际投资额每年都在10亿美元以上,显示大型项目日益增多,投资规模不断扩大。台商来闽投资的领域也转向以电子信息、汽车、机械、精密仪器等资本与技术密集行业为主导。特别是国家及福建省"十二五"规划出台后,新兴产业与现代服务业日益成为台商来闽投资的热点。

表6-1 1989—2014年台商在闽投资情况(大陆方面统计)

年度	项目(项)	增长率(%)	合同金额(万美元)	增长率(%)	实际金额(万美元)	增长率(%)
1989	256	—	24234	—	10666	—
1990	380	48.4	46096	90.2	12012	12.6
1991	736	93.6	42449	−8.0	25489	112.1
1992	724	−1.7	89135	109.9	41230	61.7
1993	1010	39.5	117101	31.3	92185	123.5
1994	632	−37.5	94648	−19.2	96926	5.1
1995	601	−5.0	181935	92.2	105044	8.3
1996	518	−13.9	222057	22.0	96363	−8.3
1997	556	7.3	79874	−64.1	103322	7.2
1998	472	−15.2	64190	−19.7	112384	8.7
1999	378	−20.0	71405	11.2	92920	−17.4
2000	402	6.3	70723	−1.0	48858	−47.5
2001	499	24.1	107856	52.5	50514	3.3
2002	452	−9.5	36895	−65.8	50619	0.2
2003	417	−7.8	37338	1.2	51511	1.7
2004	418	0.2	42200	13.1	52500	2.0
2005	381	−8.9	183000	333.6	119000	126.7
2006	467	22.5	194900	6.5	141800	18.9
2007	431	−7.71	256600	31.6	182000	28.3
2008	357	−17.2	189700	−26	227500	25.1
2009	324	−9.2	67900	−64.2	253300	11.4
2010	408	25.9	76162	12.1	23805	5.3
2011	354	−15.3	75600	−0.7	23300	−2.1
2012	358	1.1	136196	80.2	22635	−2.9
2013	314	−12.3	117022	−14.1	42464	87.6
2014	417	32.8	110092	−5.9	36820	−13.3

资料来源:1989—2003年数据为福建省政协会议提供资料,2004年数据来自《2004年福建

吸收外商直接投资发展情况回顾》,2005—2007年数据来自福建外经贸厅最新资料,2008—2010年数据为福建省台湾事务办公室提供,2010—2014年的数据来自《福建统计年鉴》。

表6-2 历年台商在大陆投资五大地区情况(台湾方面统计)

金额单位:亿美元;比重单位:%

年份	福建			浙江			江苏			上海			广东			总计
	件数	金额	比重	件数	金额	比重	件数	金额	比重	件数	金额	比重	件数	金额	比重	金额
1992	47	0.30	11.98	10	0.17	6.78	25	0.19	7.61	17	0.16	6.31	128	1.13	45.89	2.47
1993	1528	4.74	14.95	485	1.25	3.94	970	4.23	13.34	1047	4.11	12.96	3078	10.91	34.42	31.68
1994	108	0.97	10.04	62	0.63	6.53	123	2.34	24.33	141	1.58	16.39	247	2.36	24.51	9.62
1995	52	1.22	11.13	27	0.57	5.26	74	1.71	15.61	89	2.24	20.51	114	2.55	23.32	10.93
1996	66	1.11	9.02	21	0.33	2.66	64	2.98	24.25	65	2.44	19.84	100	3.05	24.77	12.29
1997	1026	4.72	10.90	447	1.95	4.51	851	6.59	15.20	940	5.88	13.58	3424	17.24	39.78	43.34
1998	137	1.51	7.41	46	0.86	4.22	146	4.08	20.08	178	2.86	14.07	549	8.25	40.53	20.35
1999	44	0.59	4.70	27	0.79	6.30	99	3.24	25.85	70	1.51	12.07	177	5.00	39.92	12.53
2000	32	0.99	3.82	36	0.69	2.63	225	9.31	35.69	163	3.21	12.31	288	10.20	39.11	26.07
2001	37	1.20	4.31	72	2.08	7.49	314	10.46	37.58	297	3.76	13.51	315	7.88	28.30	27.84
2002	536	7.50	11.15	171	5.12	7.61	639	22.23	33.07	568	9.49	14.12	877	16.35	24.32	67.23
2003	522	4.92	6.39	215	6.08	7.89	815	26.01	33.79	641	11.04	14.34	1228	20.54	26.69	76.99
2004	591	4.53	6.52	95	6.89	9.93	370	24.87	35.83	269	11.75	16.93	464	14.04	20.23	69.41
2005	157	3.98	6.63	79	4.85	8.07	332	23.49	39.11	203	10.18	16.94	314	12.20	20.31	60.07
2007	115	3.88	3.90	56	6.91	6.93	279	38.42	38.57	138	14.40	14.46	216	19.78	19.86	99.62
2008	69	8.09	7.56	30	6.12	5.72	158	42.29	39.56	112	17.04	15.94	152	15.05	14.07	106.91
2009	36	2.62	3.67	39	5.92	8.29	158	27.47	38.45	81	9.55	13.37	132	12.82	17.95	71.43
2010	66	8.82	6.03	51	7.23	4.94	230	55.02	37.64	137	19.61	13.42	159	26.19	17.92	146.18
2011	77	9.23	6.42	52	7.24	5.04	204	44.26	30.79	108	21.76	15.13	187	22.05	15.34	143.77
2012	57	11.06	8.64	24	10.04	7.85	141	34.56	27.02	132	21.48	16.79	126	14.14	11.06	127.92
2013	42	5.74	6.24	46	4.26	4.63	125	23.11	25.15	97	23.93	26.04	126	14.79	16.09	91.90
2014	49	18.91	18.40	33	4.63	4.51	132	24.58	23.92	90	13.53	13.16	75	11.61	11.30	102.77
2015	24	8.35	8.44	29	4.68	4.73	76	21.36	21.58	59	12.58	12.71	72	14.24	14.39	98.97

注:2006年原始资料未分类,故未收录。

资料来源:台湾"行政院大陆委员会"大陆台商经贸网,http://www.chinabiz.org.

第七章

台商来闽投资发展的主要特点

由于福建与台湾具有独特的地理与历史关系,并且福建长期享有中央给予的特殊对台政策,30多年来台商在福建投资的发展呈现出若干明显的特点。

第一节 台商投资规模扩大化

福建是台商来大陆投资发展最早的地区,与台商投资相对后起的长三角、环渤海湾等地区相比,台商来闽投资规模明显呈现出"由小到大"的发展过程,21世纪以来,投资规模不断扩大趋势更加突出。

一、大型项目日益增多

20世纪90年代之前,在闽台商投资项目多以"三来一补"小规模投资为主,平均单项合同投资金额仅约70万美元。经过一段时间的"投石问路"后,台商来闽投资的规模逐步朝向大型化、集团化方向发展,数千万美元甚至数亿美元的投资项目明显增多。据统计,截至2010年底,福建全省投资总额千万美元以上的台资企业700多家,其中亿美元以上台资项目30多项,在台湾百大企业中,已有50多家来闽投资70多个项目。日益增多的大型项目中不乏像厦门翔鹭、正新轮胎、中华映管、东南汽车、华阳电业等投资额超过4亿美元的大型投资项目。2006年2月,友达光电在厦门独资设立友达光电(厦门)有限公司,项目一期投资为1.5亿美元,总投资5亿美元。2011年台塑集团在漳州投资建设的福欣特殊钢公司,是福建省重点项目,计划总投资达26.5亿美元,一期建设已投资13.14亿美元。2015年3月26日,台湾联华电子股份有限公司在厦门投资建设的12英寸晶圆项目——联芯集成电路制造项目动工,该项目设计规划最大月产能为12英寸晶圆5万片,总投资62亿美元,预计2016年12月试生产,2021年12月达产。

二、大型企业逐步成为台商投资主体

随着台商来闽投资规模的不断扩大,台商投资主体以大型企业为主的走势也日益明

显,越来越多的台湾股票上市、上柜公司来闽投资设厂。据不完全统计,历年台湾百大企业中已有60多家来闽投资发展,如著名的台塑、大同、裕隆、统一、台泥、六合、太平洋电缆等集团企业陆续到福建投资发展。世界第三、台湾第一大液晶显示器厂商友达光电,是全球少数可供应大、中、小完整尺寸产品线的厂商之一。友达光电投资厦门4年来,液晶面板出口累计达50亿美元,形成从液晶面板到液晶电视的产业链。2015年来厦投资设厂的台湾联华电子股份有限公司也是全球集成电路的巨头。

三、台商纷纷增资扩产

由于福建具有低成本和市场的优势,加上台商自身所固有的资金、技术和经营管理经验,企业普遍盈利,有的获利甚至超过在台湾的母厂,良好的投资回报,使得企业不断加大投入,扩大生产规模,以期带来更大的经济效益。以厦门台商为例,较大型的台商企业由于其设备与技术较为先进,并具有一定的产品研发能力,加上其母公司的研发力量,新产品开发周期短,企业产品更新换代快,能较好地适应市场的变化,具有较强的竞争力。因此,企业获得较好的回报,经济效益普遍较好,盈利面在70%以上,其中投资经营工业生产项目为主的企业盈利面则高达80%以上。

受到经济效益较好的驱使,许多在闽台商纷纷增资扩产,呈现出扎根福建的信心。一批台商通过扩大生产规模、新办企业以及带进配套项目等方式进行增资,逐步朝集团化、规模化经营方向发展。先期在厦门投资的台商企业,如翔鹭、正新、灿坤等大型台资企业产销两旺,不断增资扩产。正新轮胎经过多次扩资,合同外资由原来的2000万美元增至2亿美元以上,成为厦门出口大户和纳税大户之一;翔鹭公司已成为中国化纤行业中最大的台商独资企业。东南汽车公司于1995年11月设立于福州市,短短几年内东南汽车增资1.4亿美元,产业规模扩大一倍多。据不完全统计,截到2005年底为止,全省已有600多家台商企业增资,增资金额超过25亿美元,占福建实际利用外资的25%。

四、台商投资趋向联动发展

早期,福建台商投资一般带有投石问路的试探性,以"单打独斗"的形式为主。随着两岸政策逐渐明朗化,企业生产进入良性循环,台商信心增加,来闽的台商投资经营活动因此逐渐从过去个体分散行动发展到数家产业关联的企业群体配合共同投资,往往是上、中、下游相关配套的项目和连锁的厂家联合行动,或由一个龙头企业带着一批相关企业前来投资,出现产业"群聚"现象,有效促进台商投资规模不断扩大。如东南汽车自1995年在青口投资区落户以来,带动了80多家台商配套企业来榕投资,在福州形成了总投资达2.7亿美元的东南汽车城,总产值超过200亿元人民币。厦杏摩托一家台商企业带动了10多家相关台商企业到厦门来配套生产。

联合投资行动还推动了台资企业朝生产一体化、产品系列化、行业配套化的方向发展。

第二节 台商区域分布集中化

早期台商来闽投资,投资地点都集中于开放较早、便于外销的地区,如主要选择落户于厦门、福州等地区的4个台商投资区,尤其是厦门经济特区一直是台商投资最密集的热点地区。1989年以来,中央先后批准福建成立了马尾、海沧、杏林、集美4个台商投资区,总规划面积为118.2平方公里。这些投资区按照建设一流大型工业区的标准,共投资100多亿元人民币,建立全新的内外配套服务和管理体制,吸引了许多台商与外商。

"十一五"期间,在福州的台商投资区已从马尾扩大到整个福州市和莆田市,厦门台商投资区也将从现在的厦门岛、集美和海沧地区扩大到整个厦门市和漳州市。从地域分布来看,截至2011年底,福州、厦门、漳州、泉州、莆田等台商投资较集中的沿海区域的台资项目占全省的89.3%、合同台资占全省的92.2%、实际到资占全省的93.3%。从产业分布来看,厦门的重点是电子产业和软件开发;福州等地区正成为电子和汽车制造基地;漳州的重点趋向于机电装备、石化产业、食品加工及现代农业;泉州以石化加工及轻工业为主(参见表7-1、表7-2)。

表7-1 福建六大国家级台商投资区情况

园区名称	设立时间	市场定位
福州马尾台商投资区	1989年5月,国务院批准在马尾设立福州台商投资区,面积为1.8平方公里;2013年1月18日福州台商投资区扩区,扩区后投资区总面积达13.26平方公里。	2013年前,主要对接台湾电子信息、光电、现代装备制造等;2013年后,投资区着力打造先进制造业基地、两岸产业合作基地以及港口的建设。
厦门杏林、集美台商投资区	杏林台商投资区于1989年5月经国务院批准设立,投资区面积为79.31平方公里,位于杏林、杏滨两个街道和灌口镇南部,包括杏南、杏北、杏西、中亚城和灌口南部等几个工业园已开发建设面积20.56平方公里;1992年12月1日经国务院批准设立,面积为78平方公里,位于集美北部、福厦路西侧,已开发建设6.33平方公里,区内基础设施完善,消防、公交、邮政、电信、环卫等市政服务配套一应俱全。	杏林台商投资区主要以机械、电子、化工、轻纺等产业为主,包括大金龙客车、厦工机械、正新橡胶、路达工业、三达膜科技、NEC东金电子、信华科技等重点企业,以外向型出口工业为主导;集美台商投资区于2004年通过ISO14001环保体系认证,是国家级台商投资区中最早获得该项认证的工业园区,具有较强的环保优势。园区内主要以电子、机械、服装、食品等轻型、无污染产业为主,包括TDK、宏发电声、宝宸、钛积光电、虹鹭钨钼、世纪宝姿、利朗服饰等重点企业。

续表

园区名称	设立时间	市场定位
厦门海沧台商投资区	1989年5月经国务院批准设立的,开发面积100平方公里,投资区内水电供应充足,水陆交通四通八达,邮电通信方便快捷,公益设施配套齐全。	主要发展港口、能源工业及仓储报税等,同时主动对接台湾电子、光电、生物医药等高新技术产业和航运物流、金融服务等现代服务产业的转移。
泉州台商投资区	2010年1月21日,由国务院正式同意设立,为国家级台商投资区。	主要发展先进制造业、新兴产业和高端生产服务业,着力打造生态型滨水城市新区和现代化港口保税物流工业区。
漳州台商投资区	2012年1月21日,由国务院正式同意设立,规划面积为12.44平方公里	主动承接台湾产业转移,着力发展金属材料、电子、汽车、食品加工等产业及现代装备制造业和保税物流业。

资料来源:根据网络公开资料整理,转引自闽南师范大学台商研究中心《福建省台商投资年度报告2015》,2016年。

表7-2 2014年福建省台商投资区投资情况

投资区名称	累计入区企业(家)	实际利用外资(含台资)		
		总额(亿美元)	台资(亿美元)	占比(%)
福州(马尾)台商投资区	261	31.4	14.07	44.8
厦门集美(杏林)台商投资区	518	52.39	21.29	40.6
厦门海沧台商投资区	232	63.12	33.08	52.4
泉州台商投资区	34	14.13	0.45	3.2
漳州台商投资区	102	12.66	9	71.1

资料来源:根据网络公开资料整理,转引自闽南师范大学台商研究中心《福建省台商投资年度报告2015》,2016年。

随着台商投资发展的不断深入,台商投资区周边附近地区,包括闽南三角地区、闽江口附近及福厦路两侧,也已成为台商投资的相对集中地区。近年来,台商在福建的投资区域布局,由以往的"以点带线、以线带面"转变为一种全新的格局,即以各大中城市为核心,在巩固现有投资区域的基础上,呈现出辐射内陆地区并向福建各地广泛分布的趋势。具体表现为:在沿海地区投资持续增加的同时,其他地区的投资快速增长,其势头已经超过了沿海地区。随着福建对外开放幅度与范围的不断扩大,经济发展重心逐渐北移西进,台商在福建投资地域趋势也逐渐扩散至闽东、闽北及闽西等地区(参见表7-3)。

表 7-3　台商在福建各地市投资发展概况

地市	投资情况	投资的产业趋势	台商投资的地域特色
福州市①	截至2015年6月底，福州市累计批准台资项目共3263项（含第三地），合同台资76.82亿美元，实际到位52.39亿美元。	福州的台资企业现已覆盖工业、农业、建筑业、商贸业、房地产业和服务业，并以劳动密集型产业逐步转向电子、汽车、精密仪器等高科技领域。	福州新区成为全国首个涵盖国家级新区、自由贸易试验区、海上丝绸之路核心区、两岸经济合作示范区的"四区叠加"重点开放区域。(1)马尾设立了国家级台商投资区。(2)平潭综合实验区是打造对台贸易自由先行区、服务台胞生产生活示范区、两岸高端制造业融合发展平台和国际旅游岛，并最终向国际自由港拓展而形成的新高地。(3)福州新区将肩负起探索全面创新改革路径的使命。
厦门市②	截至2014年8月，厦门累计批准台资项目4150多家，合同台资额约114.8亿美元，实际利用台资86.3亿美元，工业产值占全市1/3强，均居各来源地之首。台湾前100大企业中，已有20多家在厦门投资兴业。	厦门台资企业投资领域广，在平板显示、水暖卫浴、运动器材和石化等行业特别突出。近年加快对金融业、物流等现代服务业及新兴产业的投资，大陆首家台资保险法人机构、台资全资保险机构、台资入股大陆银行在厦产生，首家台资医院长庚医院落户厦门。	拥有杏林、集美与海沧三个国家级台商投资区，两岸区域性金融服务中心，自由贸易试验区等。打造了"台交会"、"文博会"、农渔业对接会等30多个对台交流活动平台，拥有大嶝对台小额商品交易市场、台湾水果销售集散中心、闽台中心渔港等对台交易平台等。鼓励和引导台资加工贸易企业开展新技术、新产品、新工艺项目的研发；支持项目技改、自行设立或与科研机构共建研发机构；支持培育自主品牌，鼓励企业由贴牌生产向自主品牌生产转变。

续表

地市	投资情况	投资的产业趋势	台商投资的地域特色
泉州市③	截至2015年底,台商在泉创办企业已达1481家,数量突破1400家。目前,常年活跃在泉州的台湾同胞近16万人。	台商在泉创办企业涉及纺织服装、鞋业、食品、机械、造纸等30多个领域。	高水平推进台商投资区开发建设。积极组织赴长三角、珠三角等台资密集区开展招商,有针对性引进台湾微电子、光电、石化等产业链关键项目,抓好台湾海峡两岸医事交流协会系列项目落实。支持台资企业转型升级。致力增进泉台人文情感交流,拓展直接往来,促进客货运直航发展壮大。完成泉州向金门供水工程建设。
漳州市④	截至2015年5月,漳州已累计批准台资企业2702家,实际利用台资80亿美元,分别占福建全省的21%和39%。	随着古雷PX和PTA项目、福欣特殊钢、台湾玻璃、正新轮胎等为代表的一大批台资重大项目成功落户,漳州已具备承接台湾石化、钢铁、装备制造、光电等产业转移的基础和条件,并呈现产业聚集趋势。	在漳州已经设立了国家级漳州台商投资区、古雷台湾石化产业园区、漳浦台湾农民创业园、海峡(福建漳州)花卉集散中心、海峡两岸(福建东山)水产业加工基地等对台合作载体。
莆田市⑤	截至2015年6月,在莆田经营的台资企业143家,个体工商户69家,台资企业年产值近70亿元人民币,2014年纳税额近10亿元。	投资行业主要分布在鞋革、电子、机械、石化、纺织、农业等。	深化莆台产业对接,争取设立莆台经贸合作试验区,有效承接台湾高端装备、电子信息、食品加工等重点产业。支持在莆田的台资企业转型升级。扩大莆台旅游产业合作,争取列入赴台个人游试点城市,打响"海峡旅游"品牌。

续表

地市	投资情况	投资的产业趋势	台商投资的地域特色
龙岩市⑥	截至2015年3月,龙岩共批办台资企业113家,总投资9.7亿元人民币,实际利用台资7亿元人民币。其中,2014年批办台资企业4家,利用台资697万美元。	先后引进台湾农作物新品种、新技术设备示范推广面积2.25万亩,建立示范基地0.23万亩,新增产值0.41亿元人民币;辐射带动推广示范基地3.5万亩,新增产值2.65亿元人民币。在龙岩对台招商重点主要以机械、电子产业为主,未来龙岩随着产业结构调整,还会积极将台湾的先进产业引进来,如现代服务业,还大有施展空间。	重点扩大与台湾机械、光电、农产品加工等产业及旅游、创意等现代服务业的对接,增创对台经贸合作新优势。
南平市⑦	截至2015年1月,南平台资企业70家,总投资额达23252.69万美元,其中,武夷山市、延平区、顺昌县和邵武市台资企业占南平市的72.9%。	主要投资在新能源开发、竹木加工、农产品加工、商业服务等产业。	投资导向从资源加工型、劳动密集型产业,向机电、医药、商贸、旅游和新区开发等多层次、多领域扩展,涉及工业、房地产业、餐饮业、商务服务业等12个国民经济发展行业。
三明市⑧	截至2015年4月,全市累计批办台资企业332家,合同利用台资近4亿美元。	以农林资源开发利用、贸易旅游等领域为重点,着力吸引台资发展农业、林业、建材等传统优势产业,引进食品加工、生物制药、电子、旅游等新兴行业和商贸、物流配送等现代服务业。	2009年9月开始筹建三明台商投资区,由吉口、贡川(永安)、城南(含三元经济开发区和梅列经济开发区)三个产业园组成,打造成海峡两岸产业深度对接的重点区,拓展新兴产业明台合作的先行区,促进三明产业结构调整升级的示范区。重点发展高新技术、特色资源深加工、机械装备、汽车电子和汽车零部件、精密铸锻、金属新材料等产业。

续表

地市	投资情况	投资的产业趋势	台商投资的地域特色
宁德市⑨	截至2015年9月,宁德现有台资企业56家,总投资额9.5亿美元。	主要涉及冶金、电机、石材、食品加工、农业养殖、茶叶、花卉等产业。并已有东元、义联、康师傅、润泰、国产实业等七家台湾百大、百强企业落地宁德。	抓住福建自贸区建设、"一带一路"建设的良好机遇,推动宁台电机电器、船舶修造、冶金材料新兴产业、现代农业、服务业、文化、教育、卫生、旅游休闲产业的融合发展,促进产业转型升级。

资料来源:

①《福州新区:承载两岸交流合作新希望》,凤凰财经,http://finance.ifeng.com/a/20151010/14010742_0.shtml,2015.10.10.

②傅文远:《厦门争取自贸区的策略思考》,http://www.wqx.org.cn/xhkwdzb/shmgjjm/15577.htm,2014.8.22.

③商务部:《泉州台资企业突破1400家》,http://www.mofcom.gov.cn/article/resume/n/201601/20160101244886.shtml,2016-01-28.

④《漳州实际利用台资占全省近四成累计利用80亿美元》,人民网,http://fj.people.com.cn/zhangzhou/n/2015/0607/c354244-25148812.html,2015.06.07.

⑤《现有在莆经营台资企业143家》,莆田晚报,http://www.ptwbs.net/zhyw/20150627/546600010.shtml,2015.06.27.

⑥《"客家祖地"闽西台企发展势头良好》,中国新闻网,http://www.chinanews.com/tw/2015/03-13/7128365.shtml,2015.03.13.

⑦《闽北:台资企业20多年发展有望打破融资瓶颈》,中国新闻网,http://www.chinanews.com/tw/2015/01-20/6987725.shtml,2015.01.20.

⑧《三明市对台交流合作步步登高》,三明侨报,http://www.newssm.com.cn/qb/qxbd/2015-4-2/201542f_3m_5ft--95710.shtml,2015.04.02.

⑨《深化经贸交流 拓展宁台合作》,宁德政协网,http://www.ndzx.gov.cn/news/zxyw/201511/560180.html,2015.11.28.

第三节 台商产业结构合理化

目前台商投资福建已从原来的传统劳力密集型产业向多元化发展,投资领域虽然主要以工业项目为主,但闽台农业合作不断深化,并已延伸到第三产业的诸多方面,产业结构渐趋合理。

早期台商投资大陆主要为了取得廉价的劳动力和丰富的自然资源从而降低生产成

本,将台湾失去竞争力的产业转移至祖国大陆,主要是轻纺制造业,基本上属于生产性劳力密集型产业,如塑料制品、纺织成衣、食品饮料、橡胶制品等,即使是电子业,也以键盘、鼠标、机壳等低技术层次的零组件为主。这些产品大多属于下游加工业,投资规模小,技术层次较低。

20世纪90年代中期以后,台商对福建投资的结构出现了明显的变化,以轻工为代表的劳动密集型产业投资比例不断下降,投资领域逐渐延伸至资本与技术密集型产业,并开始加大对第三产业的投入。投资目的也更侧重开拓祖国大陆的巨大消费市场,追求较高的市场占有率,以达到规模经济的效益。

2000年后,台商在闽投资则以电子信息、汽车、机械、精密仪器、电力、石化等资本与技术密集行业为主导。除在制造业领域的层次提高外,台商投资范围也涉及房地产及土地成片开发、商业、物流、金融、保险、信息、旅游、教育等诸多领域,形成了行业整体性转移、上中下游产业配套发展的趋势。

由表7-4可见台商投资福建产业构成的变化趋势,制造业所占比重呈下降趋势,金融保险业、批发零售业等呈明显上升趋势。2015年,台商投资福建主要产业占比情况为制造业占42.28%,金融保险业41.71%,批发零售业6.28%,不动产业3.18%。而在台商投资福建的制造业构成方面,由表7-5可见,基本金属制造业所占比重明显上升,电子零组件制造业等比重则下降。2015年,基本金属制造业占制造业比重的43.14%,电子零组件制造业占制造业比重的7.51%,电力设备制造业占制造业比重的3.61%,电脑、电子产品及光学制品制造业占制造业比重的1.99%,塑胶制品制造业占制造业比重的0.03%。

随着投资领域的拓宽及产业多元化发展,台商在闽投资的产业结构渐趋合理,并与福建规划培育的支柱产业相吻合。21世纪以来以台资企业为龙头的石化、电子、机械三大产业已经成为福建省的主导产业,占全省规模以上工业总产值的50%左右。

表7-4 台商投资福建主要产业占比情况

单位:%

年份	制造业	批发零售业	金融保险业	不动产业
2007	89.48	1.83	0.00	0.00
2008	90.97	1.81	4.31	0.08
2009	82.85	10.05	3.56	0.00
2010	75.80	3.46	11.43	6.15
2011	75.16	11.88	4.35	5.56
2012	81.14	3.87	3.24	5.50
2013	57.42	8.79	15.56	0.00
2014	64.47	1.72	28.74	0.63
2015	42.28	6.28	41.71	3.18

数据来源:根据台湾"经济部投审会"2007年12月至2015年12月统计月报数据计算,http://www.moeaic.gov.tw/system_external/ctlr?PRO=PubsCateList&cid=5.

表 7-5　台商投资福建前五名制造业比重

单位:%

年份	塑胶制品制造业	基本金属制造业	电子零组件制造业	电脑、电子产品及光学制品制造业	电力设备制造业
2007	22.01	3.10	6.49	14.89	15.17
2008	3.27	19.10	31.36	5.55	12.98
2009	2.87	0.18	30.29	4.90	4.98
2010	8.63	1.56	28.29	6.67	1.72
2011	5.79	5.81	43.31	4.11	2.17
2012	0.60	11.03	58.29	1.52	4.73
2013	6.06	34.85	18.66	1.61	1.25
2014	0.29	0.88	61.63	4.64	0.12
2015	0.03	43.14	7.51	1.99	3.61

数据来源:根据台湾"经济部投审会"2007 年 12 月至 2015 年 12 月统计月报数据计算,http://www.moeaic.gov.tw/system_external/ctlr? PRO=PubsCateList&cid=5.

第四节　台商产业群聚效应明显

"产业群聚"是当今国际制造业先进的生产方式,专业化分工、群聚式配套的生产模式降低了成本,促进了产品质量与生产效率的提升。投资大陆的台商"群聚"总的原因有两个方面:一是前来大陆投资的台商对当地产业体系不熟悉,不易找到原材料或设备品种规格符合要求的配套厂商,进而加入到相关产业区内;二是已经在这里投资的企业拉动原有的上、下游配套产业企业,使这些企业有进入此区域的意愿。"群聚效应"还表现在带动了当地基础设施的建设和服务意识的增强,使当地的配套功能更加完善,又会吸引更多的台资企业到这里投资。"群聚"效应不断扩大,促进了投资地产业的提升和整体经济的发展。

台商"群聚"效应出现在福建,还有更多较特殊的原因:其一,福建与台湾地区有特殊的血缘、地缘关系以及海峡西岸经济区良好的投资环境,福建拥有一批离台最近的深水大港,并已建立了伸向大陆内陆腹地的立体交通。其二,福建有大量华侨,他们与台商有着密切的经济合作及交情,成为台商投资大陆最好的红娘。其三,海峡西岸已经形成的产业群聚,对台商形成了强有力的吸引力。福建良好的投资环境又为台商的这种经营方式提供了广阔的空间,台商大企业与众多产业关联企业可以在更大程度上进行优化组合,大大提高了生产效率和国际竞争力。如台湾芯片厂商结伴投资福清,就是因为福清有"冠捷电子城";而"台湾食品工业园"有意落户福州连江,就是因为连江县正在打造海峡西岸经济区最大的水产品加工园,"台湾食品工业园"在这里很容易形成配套的产品链,发展速度会大大提升。

由于台湾制造业与外国企业的长期渊源和产品供应关系,随着经济全球化和中国大陆成为世界制造业中心,过去单纯的台资企业"群聚现象",在福建,一些领域已经呈现出外资、当地相关产业共同群聚的发展趋势。在福建的几个台商投资区及其他台资企业聚集的地方出现了"以台引外"的现象。以福州台商投资区为例,目前已形成电子信息、冶金机械、食品加工、水产饲料、轻工纺织等产业集群,并带动了相关产业的发展。其中仅以华映光电为龙头的电子信息产业链就集聚了韩国的LG,日本的JVC、NEG以及美国的南方气体等跨国公司投资。福州台商投资区已成为全国四大电子信息产业基地和国家级电子显示器件产业园。由于台湾东和钢铁公司的投资,吸引来日本NKK、住友、丸红等跨国公司资本,形成了"以台引台"、"以台引外"的效应。

以台资企业为主体的"机械工业园"、"电子城"、"食品工业园"等已遍布福建全省,初步形成了厦门LED光电产业、福安机电、泉州船舶制造、福清机械工业等承接台湾产业转移的集群基地。已形成的产业集群,对台商及外商投资形成强有力的吸引力,并以点带面辐射全省。

在福清的洪宽工业区的"洪宽台湾机械工业园",是由120家台湾机械工业厂商联袂创办的,投资领域为模具、电机、电器等诸多产业。此前在福州闽侯设立的"东南汽车城"和在福清创办的"冠捷电子城",都是由一家大型台资企业来大陆投资,其关系企业相继跟随前来投资,形成一个工业园区。而此工业园区则是120家台湾岛内机械工业厂商集合起来,整体迁徙到海峡西岸投资创业,因而呈现出一种"雁群现象"。

第五节　台商投资农业成效突出

第一产业包括农、林、牧、副、渔,台商在福建第一产业的投资创业与发展在整个大陆地区中特色显著,成果突出。广大台商来闽投资,农业是优选项目之一。闽台地缘相近,自然条件极为相似,就吸引农业企业来说福建具有大陆其他省份无可比拟的区位优势。闽台农业合作由来已久,早在明清时期,随着福建居民向台湾迁徙,福建的农业品种和生产技术引入台湾,成为台湾早期农业开发和发展的基础。

20世纪90年代,与福建相比,台湾的农业较为发达,具有更多的高品质农产品,拥有一定的技术优势。当时台湾地区的农产品已基本对国际市场开放,一些高品质产品如花卉等拥有竞争优势。但台湾农业面临两大劣势却难以克服:一是土地价格昂贵;二是劳动力成本高,农业经营成本居高不下,削弱国际竞争力。而当时福建农业科技水平相对较低,但土地和劳动力价格较低廉,加上闽台两地仅一水之隔,气候、地理条件十分相似,在台湾适合生长的作物均可直接移植福建,因此,福建很自然地成为台湾农业生产转移的理想承接地。

1997年7月,外经贸部、农业部、国台办批准福州、漳州设立全国首批"海峡两岸农业合作实验区"。从此,闽台农业合作成为福建农业发展的一大特色及优势。2005年7月18日,在上海举行的建设海峡两岸福建农业试验区新闻发布会上,农业部、商务部、国台办正式宣布设立"海峡两岸福建农业合作试验区",合作试验区从福州、漳州两市扩大到全省。

为了进一步促进两岸农业交流与合作、吸引台湾同胞直接到赴大陆投资农业,大陆政府在已有的两岸农业合作政策措施的基础上,为台湾农民提供更优惠的土地、租税等创业扶持政策,由农业部会同有关部门设立了针对台湾农民和台资农企的创业园。台湾农民创业园,也是始于福建,再推向整个大陆地区,是两岸农业合作领域先行先试的成果之一。2005年,福建在漳浦率先开展创建台湾农民创业园试点。2006年4月,农业部、国台办与商务部联合在福建漳浦县和山东栖霞市设立首批台湾农民创业园,为台湾农民来大陆创业提供更优惠的创业扶持政策、基础设施和服务体系,开创了两岸农业合作的新模式和新途径。

2008年2月,漳平永福台湾农民创业园成立。与此同时,台湾农民创业园在全国重点区域推广,截至2013年底,大陆已有29个国家级台湾农民创业园。其中福建省已拥有漳浦台湾农民创业园、漳平永福台湾农民创业园、莆田仙游台湾农民创业园、三明清流台湾农民创业园、泉州惠安台湾农民创业园、福清台湾农民创业园6个国家级台湾农民创业园,位居大陆之首。例如,在国家级台湾农民创业园的带动下,三明清流已成为大陆最大的国兰组培和养植中心,种兰占到大陆的80%以上,清流县农业规模化、产业化、现代化水平不断提升,已建成全省最大的花卉苗木、淡水鱼养殖、黄羊三大产业基地,截至2011年底,形成花卉8800亩、苗木4.22万亩、黄羊年末存栏7.6万头、渔业养殖5.6万亩的规模。

据福建省农业厅统计,2015年,福建省农业利用台资项目37个,合同台资1.2亿美元,实际到资6300万美元。截至2015年底,福建省累计批办台资农业项目2546个,合同利用台资36亿美元,农业利用台资的数量和规模继续保持全大陆地区第一。闽台农产品贸易总额16.25亿元,同比增长3%,厦门口岸连续8年成为大陆最大的台湾水果集散中心。[①]闽台农业合作项目已从引进农作物良种开始,逐步朝种植业、引进农业高新技术方向发展;由种植业、零星单项逐步向农副产品深加工、休闲农业、土地成片开发和整体配套方向发展,促进了福建农业产业化进程。同时,一批台资农业企业已成为农业产业合作经营的龙头企业,对所在地推进农业现代化、产业化和农民脱贫致富发挥了较好的示范作用。

闽台农业合作为台湾同胞到福建再创业提供了广阔的新天地。李瑞河先生在漳浦创建的天福集团,集茶叶包装、销售、科研、文化、教育、旅游为一体,已在大陆开设连锁店1200多家,是目前全球最大的茶业综合企业,在香港成功上市,成为大陆茶业第一股。李志鸿先生在漳平永福开发高山茶园2400亩,和其他台农合作成立台农高山茶合作社,

---

① 王成:《福建农业利用台资规模继续保持全国第一》,新华社,2016年1月22日。

统一注册"永福高山茶"商标,带动种植台湾高山茶5.5万亩,建成大陆最大的台湾高山茶生产基地。黄瑞宝先生创立漳州钜宝生物科技有限公司,专注蝴蝶兰新品种研发,已培育出1000多个蝴蝶兰新品种,每年兰花株苗销售量达1000万株。王贵铭先生和两位台商合伙投资100多万美元,在仙游开发台湾甜柿,计划建成3万亩的甜柿基地。

近年来,闽台农业双向交流不断深入,2015年福建成功举办"第七届海峡论坛·两岸特色乡镇交流暨休闲农业对接会",组织22家台资及闽台农业合作企业等集中亮相第十三届中国国际农产品交易会海峡两岸农业合作展区,开展"台湾青年农民福建行"活动。未来闽台农业深入合作发展的方向将进一步加快台湾农民创业园建设,大力发展绿色农业、精细农业、休闲农业、生态农业等新兴现代农业,建设一批水稻、蔬菜、水果、水产、食用菌、茶叶、花卉、林竹、苗木、生物医药等高标准的台湾农业良种及配套技术推广示范基地。此外,福州、厦门等地还将建设"闽台合作种子产业园",深化闽台种业合作。

第八章

台商对福建经济社会发展的影响与作用

借助福建对台的多种优势,台商于20世纪80年代初起步赴闽投资发展,迄今30多年过去了。伴随着台商在闽投资规模的不断增长、台商来闽人数的日益增多,台商对福建经济社会发展各方面产生了深刻的影响,不仅在福建经济建设中的作用日益凸显,成为促进福建经济增长的重要力量,而且密切了两岸民间的交流与合作,增强了福建在两岸交流中的特殊地位,成为两岸关系和平发展的重要推动力。

第一节 促进福建经济发展

在过去的30多年中,大量台商带着资金、技术及管理经验参与到福建的改革开放发展之中,这一方面为赴闽台商提供了一个全新的市场与发展机会,另一方面台商投资有效地促进了福建的经济发展。作为海外投资来源的重要组成部分,台商在闽投资直接弥补了福建经济发展中的资金不足,形成新的生产能力,拉动福建的经济增长,同时还带动了福建省内相关配套投资,促进福建资本存量的增加。台资企业无论从投资额、生产总值还是上缴税收、创造就业机会等各个方面都对福建经济发展做出了重要贡献。

一、直接拉动福建经济增长

随着来闽台资企业投资规模的不断扩大,台资企业的生产总值加速扩大,出口产值不断提高,同时,台商所创造的税收也不断增加,成为福建税收来源的重要组成部分。台商投资成为直接拉动福建经济增长的重要动力来源。以厦门地区为例,根据厦门市经济发展局的资料,2012年,厦门市确定的150家重点工业企业,包含193个独立法人单位,占全市规模以上工业产值的比重为78%。其中,台商独资、合资企业51家(包括第三地转投资)。2012年,台商重点企业完成工业总产值1569.62亿元,比上年增长9.6%,占全部重点企业产值3392.80亿元的46.3%,增幅比全部重点企业产值增幅(7.3%)高2.3个百分点。2012年台商重点企业实现利税总额91.91亿元,占全部重点企业(301.64亿元)的30.5%,台商重点企业平均从业人员数16.20万人,占全部重点企

(42.10万人)的38.5%。①

台商投资对福建经济增长的贡献更集中表现在台商投资区内。2014年,福建六个台商投资区累计已开发面积150.52平方公里,共实现生产总值1708.4亿元,规模以上工业总产值3690.1亿元,税收收入320.43亿元,外贸出口143.78亿美元;与2013年相比,生产总值增长9.7%,规模以上工业总产值增长8.6%,税收收入增长17.3%,外贸出口增长10.9%。②福建台商投资区已成为福建发展较快的区域,成为福建承接台湾电子信息、机械、石化、钢铁、食品加工业的重要基地和对台经贸交流合作的重要平台。

近年来,台商投资对福建经济增长的作用有所减弱,主要原因是伴随着海峡两岸各自的经济发展与两岸经济关系的发展均已进入转型时期,台商在闽投资经营环境面临较大改变,正处于转型升级的困难期,这在一定程度上影响了台商投资对福建经济增长的拉动效应。例如,2012年,厦门5家台商重点企业出现亏损,亏损面为9.8%,占厦门全部重点企业亏损数的26.3%。台商重点企业虽实现利税总额90多亿元,但同比却下降10.3%。

二、带动福建产业结构提升

台商在闽投资进行的资本、技术等"一揽子"生产要素的投入,尤其是相对先进的技术与管理技能,为福建产业结构的调整、优化与产业组织结构的改善创造了条件,这主要是通过台商的投资领域直接起作用的。台商投资福建的领域主要是制造业,其中电子电器制造业、机械装备、石化为其主要投资领域;其次是食品加工等轻工制品业。在台资龙头企业的带动下,福建省的电子信息、石油化工、汽车、机械装备等行业快速发展,产业集聚持续增强,成为福建的主导产业。

以厦门为例,近年来为建设海峡西岸经济区先进制造业和新兴产业基地,提升产业发展水平,厦门积极培育平板显示、计算机与通信设备、输配电控制设备、汽车和工程机械等13条百亿产值产业链,在此过程中,台资企业发挥了十分重要的作用,而在平板显示、石化等行业表现特别突出。自2006年起,台商在对光电领域的投入明显促进了厦门光电产业的迅速发展。2012年厦门平板显示产业完成产值958.5亿元,现价比增13.3%。以友达光电、宸鸿科技为龙头,在厦门已形成了TFT-LCD、触控屏两个产业链条:

TFT-LCD——围绕友达光电、冠捷科技的LCM生产,聚集了一批背光模组、光学薄膜(包括聚光片、扩散片、偏光板等)等配套企业,而LCM生产能力又延伸到冠捷科技、景智电子等企业液晶显示平板彩电的生产能力建设,形成了从液晶显示模组延伸到整机产品的产业链。

---

① 厦门市经济发展局:《厦门市台资企业发展情况》,2013年12月4日。
② 王春丽:《台商投资区应重点对接福建自贸区》,《中国评论》月刊网络版,[EB/OL] http://www.crntt.com.

触控屏——2013年宸鸿科技在全球率先实现拥有单面投射电容触控结构（OGS）核心技术的单片式触控屏量产，同时，宸鸿科技已在厦门实现垂直产业链的布局，先后组建了宸正光电、祥达光学、威鸿光学等10家子公司。厦门已成为全球触控屏组件最大的研发、生产基地，全球市场占有率达1/3左右。

台商投资除了带动福建制造业结构优化外，促进福建农业产业结构优化的成效也十分明显。20世纪90年代以来，福建农民积极引进推广台湾良种、技术，取得良好效益。漳州香蕉、永春芦柑大面积示范推广台湾先进的栽培管理技术后，水果一级果率提高30%，成本下降二至三成，增收30%以上。闽台农业交流合作领域不断深入，从蔬菜、花卉、特种养殖到食品加工、竹木加工；从引进推广台湾的瓜菜、水果、水产等近百个良种到推广无公害栽培、水果综合改造、保护地栽培、工厂化育苗等20多项新技术、新模式。闽台两地的农业合作交流不仅给台湾投资者以丰厚的经济回报，也带动了福建农业结构调整、产业升级和农民增收。

21世纪以来，赴闽投资的台商涉足教育、金融、物流、信息等第三产业领域日益增多，相应提高了福建第三产业的技术含量和整体竞争力。据台湾"经济部投审会"的资料，2007—2012年间，台商投资福建省制造业占比由89.48%降至81.14%，投资金融保险业、批发零售业与不动产业占比则由1.83%升至12.61%。服务业领域已经成为台商投资福建的新热点，台商投资结构呈现由制造业向服务业升级态势，这对福建产业结构的优化起到积极的促进作用。① 长期以来两岸金融交流合作一直严重滞后于两岸贸易与投资的发展，福建金融业的发展水平也处于相对落后的状态。2008年以来随着两岸关系的改善，两岸先后签订金融监督管理合作谅解备忘录（MOU）与两岸经济合作框架协议（ECFA）等，明显加快两岸金融的交流合作。2010年6月，国务院批准建立厦门两岸区域性金融服务中心，以发挥两岸金融合作先行先试的作用，并可促进福建金融业发展。在此背景下，富邦金控、统一证券、台湾人寿等台湾金融企业纷纷在闽设立分支机构或成立合资公司。2011年时已有4家台资保险机构落户福建，君龙人寿和富邦产险更将总部设在福建。据统计，2011年在闽的台资保险公司共设分支机构18家，网点覆盖福、厦、泉、漳。台资银行方面，2014年以来已有台湾合作金库商业银行福州分行、彰化商业银行福州分行、华南银行福州分行、第一银行厦门分行、中信银行厦门分行等纷纷落户福建。

数据显示，1980年福建三大产业构成比重为36.7∶41.0∶22.3；1990年时调整为28.1∶33.4∶38.5，此后第二、第三产业所占比重进一步提升，2000年产业结构比重调整为17.0∶43.3∶39.7；2010年为9.3∶51.0∶39.7，至2015年产业结构进一步优化为8.1∶50.9∶40.0。② 30多年中福建产业结构已由传统农业阶段经工业化初级阶段进入工业化中级阶段，再到第三产业的大幅提升。由上所述可见，这个过程的完成与来闽台

---

① 黄燕萍、朱兴婷：《新形势下闽台深化经济合作问题探究》，《华南师范大学学报》（社科版）2015年第2期。

② 福建省统计局：《2015年福建省国民经济和社会发展统计公报》，2016年2月26日。

商投资的带动密切相关,尤其是台商输入的电子信息产业技术,对福建产业结构优化与高新技术产业集群化有重要的影响。

值得注意的是,台商与台企带来的相对先进的技术不仅包括生产技术、加工技术等所谓的硬技术,还包括生产的组织技能、管理技能和企业家精神等软技术。这些技术通过技术溢出效应和技术扩散效应而对福建企业的技术水平产生革新效应,对促进福建各个产业的技术升级、资源优化配置和产业结构的总体优化起到了积极的推动作用。

三、促进福建对外贸易增长

过去30多年来,由于大陆实行鼓励出口的政策,而福建省"两头在外"的台资企业又占有相当比重,台资企业的出口比率远远高于其他企业,台资企业成为促进福建省出口贸易加快发展的重要力量。据统计,2005年福建对台贸易额为48.79亿美元,其中,进口40.93亿美元;2010年福建对台贸易总额首次突破100亿美元,比2005年翻了一番。"十一五"期间(即2006年到2010年),闽台贸易额累计达372.55亿美元,年均增长17%。2012年福建对台贸易值达到119.6亿美元,其中,自台进口88.7亿美元,对台出口30.9亿美元。厦门市长期是福建对台贸易的"领头羊",对台进出口值占到全省总值的约六成。2012年,厦门市台商重点企业完成出口交货值1149.07亿元人民币,比上年增长14.6%,占全部重点企业出口交货值1644.17亿元人民币的69.9%,增幅高出全部重点企业出口交货值增幅(9.5%)5.1个百分点;台商重点企业出口比例达73.6%,比全部重点企业出口比例49.0%高出24.6个百分点。①近年来,内外环境发生巨大变化,不少台商投资转向以开拓和占领大陆内需市场,闽台贸易往来受到一定影响,增长幅度减缓。2015年,闽台贸易额693.59亿元人民币,其中,福建对台出口232.16亿元人民币,较上年减少1.1%;福建自台进口461.43亿元人民币,较上年减少12.8%。②

台资企业对福建对外贸易的贡献,除了上述台资企业直接成为福建出口的重要力量外,还在于台商投资企业改善和优化了福建对外贸易的产品结构。改革开放之初,福建出口产品以原材料和初级产品为主,从20世纪90年代中期以来,福建出口产品结构逐步得到改善,工业制成品及高技术产品所占比重不断上升。由于台商投资企业主要面向国际市场,产品结构与国际接轨较好,制成品占台资企业出口比重高,在进出口贸易中高新技术产品所占比重也相对较大,从而带动了福建省高新技术产品出口的增长。目前,机电产品已经成为福建进出口的主要品种,据统计,2012年,福建省自台进口机电产品61.5亿美元,增长10.4%,占同期福建省自台进口总值的69.3%;对台出口机电产品13.1亿美元,下降3.4%,占同期福建省对台出口总值的42.4%。同期,自台进口初级形状的塑料7亿美元,下降14%;纺织纱线、织物及制品3.5亿美元,下降11.2%;钢材2.6

---

① 厦门市经济发展局:《厦门市台资企业发展情况》,2013年12月4日。
② 福建省统计局:《2015年福建省国民经济和社会发展统计公报》,2016年2月26日。

亿美元,下降15.7%。

此外,与其他省份比较,福建省对台贸易还有其自身的特点。"十一五"期间,福建对台农产品贸易额累计达13亿美元,占同期大陆对台农产品贸易额比重近三成。2012年,福建对台出口农产品9.3亿美元,增长32.4%。"十一五"期间,福建对台小额贸易累计达6.2亿美元,是"十五"时期的3倍。2012年福建对台小额贸易进出口3.4亿美元,比上年增长15.1%。

四、加速福建城镇化进程

早期福建台商企业大多为中小企业,主要看中了福建低廉的生产要素来开拓市场,如土地和劳动力,台商企业因而成为福建劳动力就业的重要渠道。随着在闽投资台资企业数量的不断增加和规模的不断扩大,提供了大量就业机会,不仅有利于缓解城市的失业问题,也吸纳了大量农村剩余劳动力,促进了农村劳动力转移与福建城镇化进程的推进。

台商企业在福建由点带面地扩散分布,在促进福建工业化进程的同时,也带动福建城镇化的进程由点带面地展开。如前所述,来闽的台商投资以沿海各大中城市为核心,呈现出辐射内陆地区并向福建各地广泛分布的趋势。台商在福建投资的地域分布大致可以分为三个梯度:第一梯度为福州、厦门、泉州与漳州四地,它们属于台商在闽投资最为集中的区域,台商投资促进人口、产业和各类要素重点向都市地区极化和倾斜,以引导都市地区发展壮大,提升了这些区域的核心竞争力;第二梯度为莆田、龙岩两地,台商投资提高了这些城市在城市化进程中的中坚骨干力量;第三梯度为三明、南平和宁德三地市,台商投资稳步提高,随着这些区域不断与第二梯度区域的协调均衡发展,福建省城镇化进程不断加快。"十一五"期间,是福建省城镇化发展最好最快的时期,全省城镇化发展实现了从量的提高到质的提升的转变。到2010年底,全省城镇人口2100多万人,城镇化率达57.09%,年均增长1.5个百分点以上。同时,城乡一体化发展态势初步形成,中心城市对周边区域、乡镇的带动效应逐步增强。至2015年年底,全省城镇人口上升为2403多万人,城镇化率达62.60%。台商投资带动福建城镇化建设的典型个案应是台商投资的东南汽车城。在东南汽车发挥龙头作用下,带动了台湾近百家配套厂商落户福州市闽侯县青口镇,使其在短时间内从一个农业村镇发展成为一座现代化的汽车城。

第二节 增进闽台社会融合

台商来闽投资发展已经30多年了,福建已成为台商在大陆的重要聚集地。20多万人的台商群体及其亲属常年融合于福建社会之中,不仅推动了福建经济发展,还促进了两岸经济领域以外其他方面的互动,密切了两岸民间的交流与合作,增进了两岸民众之间的了解与互信,促进两岸社会的融合。

一、积极拓宽闽台两地交流领域

台商在闽投资性质上属于经济行为,但这种经济活动不仅产生了经济效应,还会带来一系列社会作用与影响。随着闽台间经贸交流活动的开展,更多台湾同胞被吸引来大陆寻根谒祖、观光旅游、投资兴业,闽台两地间的交流互动领域越来越宽,合作渠道也日益增多,进而带动了福建社会、经济、文化、旅游等各项事业的加快发展。

(一)文教交流成效良好

与台湾一水之隔的福建省,凭借其独特的"五缘"优势,历来在对台交流工作中着力先行先试,闽台教育交流合作取得了可喜的成就。在青少年文教交流方面,福建省台联2004年成功举办了"海峡两岸金门青少年互动夏令营",促成金门青少年首次组团赴闽开展联谊。2006年厦门市海联会与香港联谊总会联合推动厦门双十中学与台中双十中学两岸"双十"联谊活动,成效良好。自2004年以来,福建省台联连续多次组织台湾大学生参加全国台联举办的台胞青年千人夏令营和福建"海峡西岸台胞青年夏令营",各地市相关单位也多次组织类似活动。大陆知名对台研究机构厦门大学台湾研究院自2014年起,每年与中华全国台湾同胞联谊会联合举办"两岸学子论坛",通过开展各项活动,拓宽两岸青年学子的学术视野,加强学科交流,激发思想创新,增进情感融合,取得良好成效。

在闽台两地高教交流与合作方面,在近几年,活动范围越来越广泛、项目越来越丰富、形式越来越多样,已经形成了以加强学术交流活动为动力、以建立稳定的校际合作关系为纽带、以开展闽台青年学生交流活动为载体、以推广特色教育和招收台生为主要内容、以加强台湾问题研究为亮点的对台高教合作交流格局。以闽台教学交流合作为例,福建方面采取"走出去,请进来"的方式不断推进闽台两地教育界的交流合作。据不完全统计,2000—2008年,来闽访问的台湾教育界人士有1000多批近万人次;福建教育系统有700多批、2000多人次赴台讲学、开展合作科研、学术交流等活动。截至2008年,福建高校共招收台生3767人。同时,福建有关院校派往台湾学习的学生也不断增多。闽台师生交流互动逐渐形成良好的态势。此外,闽台合作办学方面也取得积极有效进展。福建中医学院是最早与台湾高校开展合作办学的,其与台湾元培科技大学开办的影像学科专业,填补了福建省影像学专业人才培养方面的空白,该院还与台湾大仁科技大学和嘉南药理科技大学合作办学,联合培养食品科学与工程及药学方面的人才。闽江学院采取"3+1"分段培养方式,以赴台学生接受专业应用水平的培养与训练为重点,也与台湾地区联合制定相关专业人才培养方案,确保专业教学计划的合理衔接。

(二)文化艺术交流频繁

由于福建与台湾深厚的历史渊源和地缘优势,特别是民间艺术同出一宗,源远流长,与全国其他地区相比较,福建与台湾间的文化艺术交流不仅较早实现了两岸艺术界零的突破,而且蓬勃发展起来。21世纪以来闽台文化艺术交流更呈现出稳定发展的态势,不仅内容丰富,形式多样,而且呈现出自己独特的优势和魅力。1989年3月,厦门市台湾艺术研究所举办了"首届台湾艺术研讨会",台湾音乐家许常惠的到来,为两岸艺术交流写下了第一个篇章。如今,歌仔戏、南音、木偶戏、莆仙戏、高甲戏等诸多文化艺术,已成为闽台交流的"文化使者",频频穿梭海峡两岸。在文化交流方面,妈祖文化、客家文化、关帝文化、陈靖姑文化等也成为闽台交流交往的重要纽带和桥梁。近年闽南地区与台湾中南部地区的闽南文化交流也十分频繁。2005年7月底,在厦门举办的首届两岸图书交易会,是首次由大陆和台湾共同举办的面向全大陆招商的图书交流展会,且首次放开了台湾图书在大陆的现场销售。与闽台经济交流一样,闽台文化交流活动在全国起步最早,在这中间,许多台商同时也是两岸文化交流与民间交流的积极推动者与参与者。

(三)宗教宗亲交流热络

闽台拥有同宗共祖的血缘关系与同音共俗的传统文化,这种特殊的历史背景特别有利于两岸以宗教文化为纽带,增强两岸共识、凝聚民心。其一,随着台商赴闽投资经商活动日益扩大,闽台两地的宗教团体与民间信仰团体交流交往活动也十分频繁。20世纪80年代中后期,不少台湾同胞冲破障碍,绕道前来厦门祖宫祖庙谒祖朝拜,直到2001年首度激活厦金"宗教直航",在客观上推动了两岸"三通"的逐步实现。2003年厦门南普陀寺承办了两岸四地降伏非典祈福大法会,同年厦门市佛协组织法务团前往金门主持水陆大法会。2006年5月福州鼓山涌泉寺主办闽台佛教文化交流活动,在两岸产生了广泛的良好影响。在民间信仰交流方面,闽台妈祖信仰的交流最为突出。从2002年妈祖金身首次从海上直航巡安金门,到年年举办的妈祖文化旅游节,一系列大型妈祖信仰交流活动使台湾掀起持续不断的妈祖热、大陆热。其二,闽台姓氏宗亲交流,密切台湾民众对祖籍地的归依情感。早在1998年11月,福建省举办的"闽台家族谱与家传文物展"在台展出一个月,平均每天有2000人参观与查询,寻找自己在福建的"根"。如今,每年都有一批批台胞跨越海峡,辗转入闽,络绎不绝,或上湄洲岛妈祖祖庙进香分灵,或往客家祖地闽西寻根祭祖。近年来福建省姓氏源流研究会发挥研究会和各地各姓氏宗亲会与台湾同胞有着广泛联系的优势,加强姓氏源流学术研究,抓紧闽台族谱对接工作,扩大两岸宗亲联谊,积极构建新的交流平台。

(四)闽台旅游发展迅速

发展闽台旅游不仅具有明显的经济意义,更有利于增进两地民众的了解与互信,建立友谊,推进"闽台一家亲"的社会整合。由于闽台之间不仅地理区位邻近,而且拥有同宗共祖的血缘关系与同音共俗的传统文化这一天然纽带,发展闽台旅游因此具有天然的良好基础。但事实上,由于两岸关系的特殊性,直到20世纪80年代初期随着台商起步来闽投资发展,特别是1987年台湾当局开放大陆探亲后,台湾民众才从来闽探亲旅游开始,逐步发展为观光旅游、商务旅游、求学旅游等多种形式的赴闽旅游。2004年12月7日福建居民赴金马地区旅游正式启动,标志着闽台双向旅游及两岸双向旅游的突破,随后福州、厦门、泉州、漳州、龙岩先后成为赴台个人游试点城市,福建成为大陆赴台游个人试点城市最多的省份,福建赴台旅游人数不断增加。据福建省旅游局的统计,2015年,福建累计接待台湾同胞238.15万人次,同比增长5.7%;经福建口岸赴金马澎和台湾本岛的旅游人数突破52万人次,同比增长61.8%。而整个"十二五"是闽台旅游合作发展取得突破的五年,"十二五"期间,福建接待台湾同胞突破1000万人次,经福建口岸赴金马澎和台湾本岛旅游人数突破150万人次。①

二、主动融入福建当地生活

从投资福建开始,在闽台商不仅将事业与福建紧密结合在一起,而且他们的生活以至于人生也与福建紧紧联系了起来。他们关心当地经济社会发展状况,积极参政议政,热心社会公益事业,并主动融入当地生活,增强了闽台两地人民的了解和社会的融合。

在闽投资的很多台商把家安在了当地,在这里生活他们觉得很习惯,因为这里的气候、饮食、人文环境与家乡非常接近,并且福建的环境好,尤其厦漳泉等城市的市政管理已经与国际接轨,他们中的很多人已经或打算在厦门养老。台商的孩子在当地上学,他们或入学外国语学校或国际学校或普通学校,有的源于他们对学校的教育质量和水平很满意,有的是为了使后代更好地融入福建当地的文化、生活中。

不少台商还将一些时尚的文化理念引入福建。以咖啡文化为例,20世纪90年代初,厌倦了台北都市生活的陈汝玉来到厦门,在外企工作的她发现在厦门很难找到合适的接待客商的场所。于是,她萌生了在厦门开一家咖啡西餐厅的想法。1995年,她在福联大饭店内开了一家名为"罗蔓蒂"的咖啡西餐厅,据说这是厦门第一家以咖啡为主的"咖啡西餐厅",当时还没有"上岛"、"名典"等连锁咖啡厅,厦门人对咖啡西餐经营模式的餐厅还很陌生。当时的"罗蔓蒂"与现在咖啡连锁店的经营形态略有不同,还设有小型的歌舞表演和钢琴现场演奏。开张后,生意很火爆,顾客除了外商、台商之外,还有来自泉州、晋江一带的生意人,他们不仅在这里学会了喝咖啡,同时学会了如何经营咖啡西餐。1998年,陈汝玉在厦门莲花别墅区开了一家名为"咖啡秀"的咖啡休闲餐馆,与其他咖啡连锁店最大的不同在于,它营造一种家的氛围,更像是一间"会所",是朋友们来此小聚、交换讯息的场所。接着她又创建了艺术咖啡馆,让客人一边喝着香醇的咖啡,一边欣赏台湾的艺术,让喝咖啡成为更高层次的享受,并在经营模式上做出重大的改变,引入会员制,只有会员或会员的朋友才能到此消费。

此外,福建大中城市出现的新的书店经营模式、商场经营方式、休闲娱乐形式等几乎都是台商引入的,是他们管理理念的注入或是直接受他们的影响。

来闽投资发展的台商主动融入福建当地生活的最典型表现应该是积极热心参与所在地的政治生活。2005年1月召开的福建省政协九届三次会议,首次邀请在福建的台

---

① 《2015年经福建口岸赴台旅游人数同比增六成》,中国新闻网,2016年01月28日,http://news.sina.com.cn/o/2016-01-28/doc-ifxnzanm3746992.shtml。

商列席会议,受到社会各界高度关注,福州市台资协会会长陈建男先生、漳州市台资协会会长何希灏先生、厦门市台资协会会长吴进忠先生、厦门翔鹭集团公司总裁俞新昌先生4位台商光荣地参加了这次省政协会议。作为台商投资密集区,厦门在2005年首次邀请台商列席市政协会议,并在2008年首度特邀5名台商为政协委员,分别是陈秀雄先生、许文悌先生、陈信仲先生、杨鸿明先生和黄锡斌先生。参与省、市政协会议的台商代表们,除了关注台胞、台资企业在福建本地的发展,为增进两岸交流合作积极建言献策外,各年所提交的提案越来越多涉及福建省、市政治经济生活的各个层面,不少提案和建议受到相关政府部门的重视,成为福建发展的推动力量。2005年首次列席福建省政协会议的翔鹭集团公司总裁俞新昌先生,结合自己多年在跨国大公司任CEO的经验,针对福建的实际情况提出,湄洲湾应充分发展港湾型的经济,统合行政区域的不合理划分,把分属莆田市的湄洲湾北区和属泉州市的湄洲湾南区,统合为一个湄洲湾开发区。这一建设性的建议受到省领导的高度重视。2016年1月,福建省政协十一届四次会议在福州举行,20名特邀台湾同胞参加了会议。此次会议上,如何推动台湾青年来闽创业成为了热议的话题。厦门市台商协会会长陈信仲,已担任两届厦门市政协委员,还担任过厦门中级法院台商调解员及海沧涉台法庭的陪审员,十分热心参与厦门发展的各项事业,他说:"我们都把厦门当做家,热爱这片土地,希望这里越来越好",这道出了许多在闽台商的心声。

三、热心福建公益事业

怀着"来自于社会,回馈于社会"的理念,绝大多数在闽投资台商都十分热心慈善公益事业,他们用实际行动扶贫济困、捐资助学、义卖义捐,献爱心于他们的第二个故乡,并将慈善的种子深植于八闽大地。早在20世纪初期,义卖义捐这种公益的形式在福建尚属较新鲜事物,正是到大陆来投资发展的台商将这类新事物引进大陆。一大批在闽台商与台企既是社会公益事业的实践者,同时也是积极的倡导者。在厦门最早热衷于社会公益事业的有厦门华信、厦门广懋、华荣行等台资企业。2004年4月8日,厦门台商协会与厦门市红十字会联合开展"红羽毛·献爱心"义卖义捐活动,引发了社会爱心潮,在全国开创了先河。由台企提供15万支"红羽毛",由协会发动会员义购10万支,由红字会发动义购5万支,所募集到的26万多元善款设立了公益救助基金和慈善基金,由协会和红十字会共同管理。各种慈善公益活动增强了台商与台企的向心力,并产生了广泛而积极的社会效应。厦门台商黄如旭先生总是把自己当作厦门的一份子,2010年上任厦门台商协会会长后,在大力发展壮大台商协会的同时,带领台商积极回报社会,建立扶贫助困的应急机制,三年间台商协会投入上千万元资金用于公益事业,获得社会好评。

连任两届福建特邀政协委员的台商吴清菊女士是热心慈善公益的典型。福州台商协会有个由女性台胞组成的"牵手之家",吴清菊女士担任了多届的"副家长"职务,她主张"既然生活在福州,就应该主动融入这片土地"。2005年,在她的牵线搭桥下,"牵手之家"与福州市妇联共同在福清种下500棵相思树,并启动每年一届两岸妇女气排球比赛。

近年来吴清菊女士非常关注福建山区的贫困儿童生活状况,陆续资助了近百名失学儿童。逢年过节,她会走很远的山路,去看望受其资助的孩子,而孩子们也常常寄来礼物,有的是成绩单,有的是几句问候的话,并亲切地称她为"爱心妈妈"。吴清菊女士不仅自己热心慈善公益,还积极传播爱心种子,带动周围的人共同为社会献爱心。有不少台生在福建中医学院求学,吴清菊女士不仅平常关心他们的学业及生活,还出钱出力组织这些台生成立一支义诊队,四处义诊,足迹踏遍福州的每一个县。

值得关注的还有在福建的台商慈济人。从2000年开始,在相关部门的牵线下,以民间发动的方式,台湾慈济慈善事业基金会已在福建各地开展了许多慈善活动,通过每年捐助千余名学生、义诊、捐助医院建设、赈灾等各种形式,台湾慈济人时常出现在福建最边远的乡村田头以及各种突发灾难的现场。2008年民政部正式批准台湾慈济慈善事业基金会在大陆发起成立慈济慈善事业基金会。而在这一群活跃于福建的慈济人当中,有一名志工是台商陈州明先生。在福建投资经商的陈州明先生在2000年参加了慈济到福鼎办的一个暑期活动后,就加入慈济,开始全力以赴从事慈善事业,甚至连自己的事业基本上都放下了,付出大量的时间、精力、物力,经常奔忙于闽北的助学、福鼎的义诊、厦门的冬令发放等,还与当地慈善机构协调,收集各种一手资料。

随着在闽台商爱心的感染与传播,如今慈善公益的理念已经逐渐在八闽大地生根、开花、结果,深入人心。

第三节 助力两岸关系和平稳定

在30多年的两岸经贸往来中,逐渐形成了一批以大企业为核心、中小企业为基本队伍所组成的庞大台商大陆群体,他们"身在大陆,心系两岸",在两岸关系发展中扮演着极其重要的角色。广大台商及其家属不仅与大陆有极其密切的经济利益关系,而且经常往来于两岸之间,甚至长期居住在大陆,融入当地社会,因此,他们更易于认同大陆,认同两岸和平统一的理念。大多数台商主张两岸"三通",发展两岸经济关系;主张维持两岸关系现况,反对"台独"分离行动。因此,广大的大陆台商群体成为推动两岸关系发展、维持两岸关系稳定的重要力量。由于福建对台的独特地理区位及历史渊源,在闽台商更能深切理解两岸关系和平稳定的重要性,并在行动上大力推动两岸关系和平稳定。

其一,积极推动两岸实现"三通"。台塑集团早在1996年4月开始在福建投资建设福建最大的火力发电厂——华阳(漳州)后石电厂,其后又投资建设福欣不锈钢公司。台塑董事长王永庆先生,作为台湾工商界领袖人物,曾多次提出"万言书",呼吁台湾当局放宽对两岸经贸往来的限制,实现两岸"三通"。2004年在台湾大选前夕,他又在联合声明中疾呼:"台湾与大陆经贸关系日趋密切,必须尽速建构一个和平、稳定的两岸关系,裨益双方经贸直接而双向的往来。"①这对当时的台湾当局形成不小的压力。春保钨钢集团总裁廖万隆先生是漳州市台商协会会长,是首位担任大陆地方台商协会会长的国民党中常委,在来闽投资发展的20多年里,始终主张"照顾台商、两岸三通、保障台商权益"三大诉求,积极反映大陆台商的心声。2006年2月17日,由廖万隆先生领导的中华两岸文化经济协会在台湾"立法院"举办"修改两岸人民关系条例"公听会,百位大陆台商CEO和企业领袖在会上发表由廖先生发起的《台商宣言》,强烈呼吁"修改两岸人民关系条例",全面开放"大三通",并尽快松绑"小三通",促成两岸包机周末化等十大台商诉求,引起两岸各界的高度关注。

其二,利用岛内选举机会表达支持两岸关系和平立场。台湾是个多党政治的社会,岛内选举频繁,若是主张"台独"立场的政党上台执政,就会严重危害两岸关系的和平发展格局,进而破坏大陆台商投资环境的稳定。因此,每逢台湾大选季节,许多在闽台商都会暂时放下公司事业,不辞劳顿返回台湾参加投票,用选票表达自己反对"台独"、支持两岸关系和平发展的立场。2008年年初台湾大选期间,在闽台商积极响应全国台湾同胞投资企业联谊会发起的"二十五万台商返乡投票"活动,回台投票。与此同时,针对台湾少数政治人物为了政治利益,选举期间抛出所谓"入联公投"和"返联公投"议题,制造两岸关系紧张对立,大陆台商明确表达反对立场。2月14日在有50多位台商协会会长签名的"反对公投绑大选"联署书中,就有福州、厦门及漳州等福建台商协会会长的签名。台企联常务副会长、漳州台协会长何希灏明确表达,"入联公投"与"返联公投"都是"国际笑话",完全是选举伎俩,也没有意义。廖万隆先生也多次在公开场合表达反对"入联、返联"公投,并在"台湾大选企业座谈会"上,以"入、返联公投祸害无穷,台湾应即悬崖勒马"为题发表演讲。

其三,在两岸关系大是大非的问题上态度鲜明。

(1)支持两岸签订ECFA。多年来两岸经贸关系日益紧密,但迟迟无法正常化,2008年随着台湾政局的重大改变,作为推进两岸经济全面深入合作的特殊安排,签订《两岸经济合作框架协议(ECFA)》日益迫切。但受到政治因素的干扰,ECFA议题在岛内引发重大争议。在闽台商不仅积极呼吁支持签订ECFA,还站出来协助说明这项协议对台湾产业及经济的有利之处,成为两岸推动ECFA的助力。时任厦门台商协会会长的曾钦照先生就呼吁,希望两岸尽早签署ECFA,让两岸人民互利互惠,希望当局能尽快排除台湾方面的障碍,两岸签署ECFA的时机已成熟。台湾元煌集团总经理、漳州台商协会常务副会长吕榜洲先生也指出,如果签订ECFA,台商的发展空间更加广阔,前景更加美好。ECFA签订后,福建地区必然会有相当大的新一轮商机,台商必须提早做分析准备,才能抢得先机。2010年6月ECFA正式签订并于9月生效,它标志着两岸经济关系进入了制度化合作的新阶段。

---

① 王永庆等:《沉重表白:联合声明全文》,台湾东森新闻报,ETtoday.com,2004年1月15日。

(2)支持"习马会"。2015年11月,两岸领导人习近平和马英九在新加坡进行了被称为"习马会"的历史性会面,为两岸同胞指明了新形势下两岸关系发展的方向、基础、路径和目标,对两岸关系长远发展意义重大。对此,在闽台商不仅高度关注,并盛赞这是推动两岸关系和平发展前进一大步的"正能量",亦期待两岸领导人会面对两岸经贸文化交流带来新动力,惠及更多两岸民众。福州台胞投资企业协会会长陈秀容说:"这在两岸关系发展史上具有里程碑的意义","是最值得鼓掌的两岸关系暌违已久的正能量"。厦门市台商协会会长陈信仲亦将此次两岸领导人会面视为"千载难逢的机会"。福建台商、两岸经营者俱乐部执行主席孙景生说,对台商而言,两岸关系的稳定发展至关重要。"我们不希望两岸关系再度变冷,不希望多年打拼的事业受到影响。两岸领导人会面给了我们莫大的信心。我们相信,两岸关系和平发展的大势不会改变,台商要更积极地为两岸关系和平发展贡献心力"。

总之,台商的切身利益与两岸关系的发展密切相关,台商的事业发展离不开两岸关系的不断改善与推进。与浅浅海峡相隔的在闽台商这种愿望就更加强烈,大多数在闽台商成为两岸关系和平发展的坚定拥护者和积极推动者。

第九章

在闽台商组织:台商投资企业协会

台商投资企业协会是台商在大陆的家。从1990年开始,祖国大陆陆续成立了各地的台商协会。截至2012年底,全国各地总共有128个台商协会。福建也先后成立了厦门、福州、泉州等各地台商协会。

随着两岸关系的发展及赴大陆投资发展的台商群体日益扩大,各地台商协会纷纷要求成立一个总会,以便更好地推动两岸经贸、文化等方面的交流;加强台商协会间的联络互动;协助各地台商向大陆高层反映问题,解决地方台协无法解决的一些问题。2007年4月,祖国大陆第一个全国性的台商民间社团——全国台湾同胞投资企业联谊会成立。

全国台湾同胞投资企业联谊会与各地台商协会的功能与作用都是为台企与台商提供服务,在大陆各相关部门与台商之间起到了沟通信息、协调关系的作用,帮助台商克服困难,保障台商及台企的权益,规范台企行为,参与两岸交流。

第一节 全国台湾同胞投资企业联谊会

一、台企联概况

全国台湾同胞投资企业联谊会(简称台企联)成立于2007年4月16日,是由在祖国大陆批准成立的各地台湾同胞投资企业协会为主体自愿组成的联合性非营利性的社会团体。本会宗旨是:为会员和台资企业服务,增强会员间联谊以及会员与政府部门间联系,维护会员合法权益,推动两岸经济交流与合作,促进两岸关系和平发展。本会接受业务主管单位国务院台湾事务办公室和社团登记管理机关民政部的业务指导和监督管理。台企联希望构建起三座新桥梁:一是建构与中央及各部委联络的桥梁;二是与大型民企和国企建设交流的桥梁;三是与大陆民众建立友谊的桥梁。

台企联实行理事制,吸收单位会员和个人会员,以单位会员为主。其最高权力机构是会员代表大会,由全体理事、特邀理事组成。会员代表大会每届三年,常务理事会是会员代表大会的执行机构,在闭会期间领导本会开展日常工作,对会员代表大会负责。常务理事会由会长、常务副会长、副会长、秘书长和常务理事组成。本会设立监事会,选举产生监事长,常务副监事长,副监事长。本会会长、监事长、常务副会长、常务副监事长、副会长、副监事长、秘书长每届任期三年。会长任期一般不超过二届,因特殊情况需延长任期的,须经会员代表大会三分之二以上与会理事表决通过,报业务主管单位审查并经社团登记管理机关批准同意后方可任职。

台企联下设秘书处和十一个功能委员会(台商权益保护功能委员会、转型升级委员会、财源开发委员会、慈善公益委员会、投资贸易委员会、爱心家园义工专项委员会、两岸交流委员会、金融服务委员会、新能源新技术委员会、新世代,新青年委员会、产业委员会)。现有会员275家,其中协会会员139家,企业会员59家,个人会员77位。本会聘请顾问47位,其中大陆顾问31位,台湾顾问16位。

福建台商积极参与全国台企联成立的过程。2007年4月16日,原东莞市台商协会会长张汉文当选台企联首任会长,原天津市台商协会会长丁鲲华当选监事长,另还有7人当选为常务副会长。福建省则共有10多位台商受邀成为本次大会的会员代表,他们担任了首届台企联的重要职位。漳州市台商协会会长何希灏当选常务副会长,厦门市台商协会会长曾钦照及福州市台商协会会长庄福池当选副会长,泉州市台商协会会长郑建良当选为监事会的监事。

2016年3月13日,全国台企联第四届选举委员会第二次会议在上海召开。会议以现场无记名投票的方式,推举顺德锡山家具公司总经理及顺德市台商投资企业协会理事王屏生先生为全国台企联第四届会长候选人;推举浙江正裕化学工业有限公司董事长及浙江省绍兴市台商协会会长张文潭先生为台企联第四届监事长候选人。4月25日,全国台湾同胞投资企业联谊会在北京举行第四届会员代表大会。经协商和民主选举,产生了第四届理监事会。王屏生先生当选会长,张文潭先生当选监事长。

二、业务范围

根据《全国台湾同胞投资企业联谊会章程》第二章第七条规定,本会的主要业务范围是:

(一)组织会员开展联谊和交流活动。

(二)沟通会员与政府及有关部门的联系,反映会员和台商有关生产经营等方面的意见、建议与要求,维护会员的合法权益。

(三)为会员提供国家有关法律、法规、政策以及经济信息等方面的咨询服务,促进台资企业发展,促进两岸经济交流与合作。

(四)举办社会公益活动。

(五)推动两岸关系和平发展。

三、历任会长

第一届会长:张汉文先生,东莞富华鞋业有限公司董事长,东莞台协会原会长。
第二届会长:郭山辉先生,台升国际集团董事长,东莞台协会第六、七届会长。
第三届会长:郭山辉先生,台升国际集团董事长,东莞台协会第六、七届会长。
第四届会长:王屏生先生,顺德锡山家具公司总经理,顺德市台商投资企业协会理事。

第二节　厦门市台商投资企业协会

一、台协概况

厦门市台商投资企业协会成立于1992年12月20日,至2010年12月20日协会每两年产生一届理事会,2010年12月20日起每三年产生一届理事会,协会历任七位会长。该会第十一届理事会于2013年11月22日选举产生,厦门日月谷温泉度假村有限公司董事长陈信仲先生当选会长。

该会拥有台商会馆12楼千余平方米的专属办公场所。2006年该会对台商会馆12楼的办公场所进行了重新规划与装修,集办公、会客、会议、培训等于一体。2012年初,已拥有正式会员企业近800家。

该会第十一届理事会下设十一个委员会,即投诉受理委员会受理会员企业日常投诉案件,维护企业合法权益;涉外联谊委员会开展对外各种联谊,推动两岸经贸、文化及相关方面的互动与交流;公益委员会积极参与社会各项公益事业活动,奉献爱心,扶危济困;文教委员会举办各类讲座,协助解决台商子女就学,解决台商后顾之忧;康乐委员会举办各类球赛,丰富台商的业余文化生活;会员发展委员会积极发展在厦台资企业成为本会会员企业,负责会员资料的登记和管理工作;妇女委员会开展会员企业在厦台籍妇女及台商家属参与社会活动;青年委员会组织会员企业青年台商、台干及二代学习交流;财务委员会审批协会日常财务收支工作;审计委员会负责对协会的各项往来账目的审计;纪律委员会执行协会内部的纪律考核与处置职能。

在历任会长的领导下,厦门台协会所做的工作及所起的作用给全国的台商协会起到了带头示范作用。前会长、创始人之一吴进忠说,成立厦门市台商协会的想法萌生于1991年,1992年协会就正式成立。这是全大陆地区最早成立的台商协会。与当地政府及时交流沟通,为台资企业排忧解难,是厦门市台商协会最重要的职能。2004年,在厦门市台办的推动下,协会与厦门市委市政府确定了"季谈会"制度,建立了台企与政府沟通的最重要渠道。厦金直航2001年开通以来备受广大台商青睐,为了扩大完善该航线,台商协会专门成立了"厦金直航"事务协调小组。吴进忠表示,作为台商每次回台湾都会向当局反映需求,同时坚信终究是会实现"大三通"的。毫无疑问,该协会对实现厦金直航和之后的"大三通"做了大量卓有成效的工作,起到积极的推动作用。

"厦门台商协会不单面对厦门,还辐射到各内陆省份",协会曾组织台商数千人次出席各地的招商会,并协助厦门招商引资。2004年4月,台商协会同厦门市红十字会联合开展"红羽毛·献爱心"义卖义捐活动,在全国开创了先河。

厦门台协会自成立以来,不断改革会务、健全组织,致力于推进在厦台资企业之间的联系和交往,积极推动两岸经贸互动,开展对外各种联谊活动,热心参与社会各项公益事业,丰富台商业余文化生活,经过20多年的不懈努力,已使协会真正成为会员的温馨之家和沟通企业与政府的桥梁,得到厦门市各部门和社会各界及广大会员企业的肯定与赞许,多次被评为省级优秀民间社团组织,并荣获"八闽慈善奖"。近年来该协会共有30多位台商荣获厦门市"荣誉市民"称号。

二、协会的业务范围

依据2006年11月30日协会召开第八届会员代表大会审议并通过的章程,协会的业务范围如下:

(一)宣传国家对外开放,吸引外资的政策、法律及当地政府的有关规定,帮助在厦台资企业了解大陆有关政策、法规和信息。

(二)提供在厦台资企业在经营管理方面的先进经验,推动企业间的交流和合作,谋求共同发展。

(三)根据国家和地方的有关法律、法规,切实维护在厦台资企业的合法权益,把台资企业在企业筹办、经营过程中所遇到的困扰和合法权益受侵害的情况以及他们反映的意见、建议和要求,及时地反映给政府有关部门,并将受理部门的处理结果反馈给台资企业。

(四)加强台资企业与各级政府有关主管部门的沟通和联系,为改善当地投资环境和经营条件献计献策,强化厦门整体竞争力。

(五)协助来厦投资的台资企业或增资扩产的台资企业寻找合作伙伴,借助协会已建立的沟通网络代为办理相关事宜。并协助台资企业培训员工,提高从业员工的职业素质。

(六)为在厦台资企业和前来投资的台资企业、外商提供咨询服务,促进当地的招商引资工作。

(七)积极组织台资企业参加协会与政府部门共同举办的座谈、讲座等活动,帮助台资企业通过各种方式及时地了解大陆的有关政策,向台资企业传播经济、贸易、法律、法规等方面的资讯并提供咨询和服务,使台资企业迅速与国际经贸活动接轨。

(八)协会发起台资企业参加各种社会活动,组织台资企业进行工商考察、行业交流、参观访问、休闲旅游、联谊交友以及举办对身心健康有益的文体活动及其他活动。

(九)协会定期出版内部资料,及时系统地介绍厦门市的投资环境和国家的有关法律、法规、政策。转载台湾方面对台资企业到大陆投资的有关政策和动态,以及台湾地区各行业的投资走向。内部资料还将不定期向会员报告协会的会务情况及会费缴纳、乐捐等情况。

三、协会领导

(一)协会历任会长

协会自1992年成立,历任会长七位:
厦门三德兴工业公司高新平先生
厦门正新橡胶工业有限公司陈秀雄先生
华懋(厦门)织造染整有限公司赖敏聪先生
厦门圣源金属制造有限公司黄铁荣先生
来明工业(厦门)有限公司吴进忠先生
厦门多威电子有限公司曾钦照先生
厦门朝良工业有限公司黄如旭先生

(二)协会现任主要领导

2013年11月该会第十一届理事会选举产生,协会现任主要领导如下:
会长:厦门日月谷温泉度假村有限公司董事长陈信仲先生
常务副会长:厦门市人民政府台湾事务办公室林延勋先生
常务副会长:厦门新凯复材科技有限公司沈辉雄先生
常务副会长:福建天福茗茶销售有限公司李世伟先生
常务副会长:受兴家居饰品(厦门)有限公司罗崇毅先生
常务副会长:谙铎国际投资股份有限公司高瑞华先生
常务副会长:厦门佳好建材有限公司吴家莹先生
副会长:若干位。

第三节　福州市台胞投资企业协会

一、台协概况

福州市台胞投资企业协会成立于1994年10月27日。协会的性质是由在福州台胞投资企业自愿参加的非营利的联合性的具有法人资格的社会团体。协会的宗旨是"团结、协调、服务"。协会的业务主管部门为福州市人民政府台湾事务办公室,社团登记管理机构为福州市民政局。

协会会员已经由创会时的162家发展到2015年的400多家。历届协会会长、副会长均经选举由台商担任,历届协会均聘请上任领导为名誉会长、市直18家职能部门领导担任顾问及秘书长。

会员企业涵盖电子、汽车、精密仪器、轻纺、机械、食品、精铸、房地产、运输、商贸以及服务等30多个行业。其中,涌现了许多不断拓展经营市场的诚信企业、创名优品牌的优秀企业、经济效益不断上升税务名列前茅的先进企业、规模不断扩大的成功企业。诸如:华映光电、东南汽车、清禄鞋业、福华纺织、台福公司、协特来照明、距全活塞、天福茗茶、新代文具、统联文具、六和机械等。在出口市场上,协会企业占据了福州市近一半出口额。

21年来,该协会在历任会长的精心带领下,以"团结、协调、服务"为指导,以协会的《章程》为依据,以广泛联系、团结、服务台商为己任,扎实有效地开展工作,积极发挥桥梁和纽带作用,认真向政府建言献策,在帮助台资企业排忧解难、维护会员企业合法权益、沟通企业与政府的联系、招商引资等方面做了大量卓有成效的工作。

此外,协会还主动参与推介、宣传福州。同时,企业发展不忘回馈社会,为树立广大台商的良好形象,协会在捐资助学、帮扶贫困等方面做了许多有益的尝试,如组织会员企业向希望工程捐款,为闽江学院设立奖学金;利用中华民族传统佳节拨款慰问孤儿院、养老院等,充分阐释了投资一方、造福一方的理念。

总之,该协会为推动榕台经贸交流与合作,为福州市的经济社会发展,为维护国家统一做出了应有的贡献。协会的自身凝聚力和社会影响力不断提升,受到了福州人民的欢迎和赞赏。

二、协会的业务范围

(一)宣传国家对外开放和吸引台资的有关政策、法律,为本市台资企业提供政策法律咨询辅导等服务。

(二)沟通本市台资企业与政府有关部门的联系。

(三)向政府和有关部门反映台资企业在生产、经营中遇到的困难和问题,以及投资者、管理者的意见建议和要求,并积极帮助解决。

(四)发行《会员通讯》,为会员提供经济法规、经济信息、交流投资、经营、管理经验。

(五)定期走访会员企业,了解企业情况,帮助处理会员与有关政府部门间的投诉协调件,为会员企业排忧解难,维护会员的合法权益。

(六)举办涉外、涉台经济法规、政策报告会,邀请政府有关部门为会员提供咨询服务,组织会员间开展联谊活动,促进投资环境的改善和企业发展。

(七)办理会员需要的其他事项。

三、协会领导

会长:陈秀容女士,福州先施企业有限公司董事长
监事长:王仁盟先生,福州亚湾文具有限公司董事长
常务副会长:陈奕廷先生,福州福华纺织印染有限公司副总经理
荣誉会长:庄福池先生,台福(福州)有限公司董事长
荣誉会长:许俊达先生,福建世新投资经营有限公司董事长
荣誉会长:蔡圣先生,福州协特来照明有限公司董事长

第四节 泉州市台商投资企业协会

一、台协概况

泉州市台商投资企业协会成立于1995年12月27日,主管部门为泉州市人民政府台湾事务办公室。

泉州市台资企业协会是台湾同胞在泉州地区投资企业设立的组织,至2015年已有会员单位400多家,领导班子为第八届理事会,会长为杨荣辉先生。会员分布在各个县(市、区)里。协会主要宗旨是遵守中华人民共和国宪法、法律、法规和国家政策,遵守社会道德风尚,开展会员之间的联络交往和加强相互间的合作,促进企业发展;沟通企业与政府职能部门的联系,为企业排忧解难,维护台商的投资合法权益;加强泉台经贸合作,为促进海峡两岸的繁荣昌盛和祖国和平统一发挥积极作用。

至2015年台商在泉州创办企业已达1400多家,近16万台属落户泉州。泉州市台资企业协会目前已设立丰泽区联谊会、鲤城区联谊会、洛江区联谊会、晋江市联谊会、石狮市联谊会、南安市联谊会、惠安县联谊会等七个下属组织,以就地服务台商。

泉州市台资企业协会成立以来,队伍不断发展壮大,成为泉州地区一个比较活跃的社会团体。一方面根据《台湾同胞投资保护法》维护台商的合法权益,另一方面积极配合政府开展对台招商引资工作,为泉州市经济建设贡献力量。协会坚持弘扬"加强友谊,服务会员"精神,充分发挥"桥梁和纽带"作用,协会一切活动,贯穿于服务会员,维护会员投资合法权益当中,与泉州市人民携手共建和谐社会,为两岸关系的发展做出不懈的努力。

二、台协的业务范围

根据2012年12月18日修改通过的《协会章程》规定,协会的业务范围如下:

（一）宣传国家的改革开放政策，为来泉投资的台商提供各种政策、法规的咨询服务。

（二）组织会员开展各种有益的活动，密切企业间的经济联系，通过举行各种形式的座谈会、交流会、培训班，提高会员的经营管理水平。

（三）沟通会员与政府的联系，帮助会员了解政策法规和经济信息，对会员在经营过程中出现的问题，积极配合有关部门及时解决。

（四）组织或协助会员参加在国内外举办的产品展销会及考察、访问、旅游等活动，代表台资企业参加各种社会交际。

（五）依据《中华人民共和国台湾同胞投资保护法》和《台湾同胞投资保护法实施细则》，积极配合政府切实保护会员的合法权益。

（六）正确引导会员，自觉遵守国家政策法规，防止违法现象的发生，维护会员形象。

（七）出版会刊，及时转发国家法令、法规和传递各种信息，报道协会活动和会员动态。

（八）办理政府和会员委托的事项。

三、台协历届会长

第一届会长：陈正男先生，晋江金星陶瓷有限公司董事长

第二届会长：陈正男先生，晋江金星陶瓷有限公司董事长

第三届会长：郑建良先生，泉州依凌服饰有限公司董事长

第四届会长：郑建良先生，泉州依凌服饰有限公司董事长

第五届会长：郑建良先生，泉州依凌服饰有限公司董事长

第六届会长：郑建良先生，泉州依凌服饰有限公司董事长

第七届会长：杨荣辉先生，泉州荣祺食品有限公司董事长

第八届会长：杨荣辉先生，泉州荣祺食品有限公司董事长

第十章

若干在闽典型台商及台企

本章介绍30年来若干在福建投资的典型台商及台企,选取的范围来自台湾《工商时报》编著的《2015年大陆台商1000大》中的福建台商,从中选择2013年、2014年、2015年排名前几位的台企及台商进行介绍,如正新橡胶、友达光电、捷联电子、宸鸿科技、华映光电等。但无论从营业净额还是资产总额来看,最近几年电子行业都占了台资大企业的半壁江山,所以除了大型电子业台商外,还选取了其他在闽特色行业中若干有影响的代表性台企及台商,如传统纺织业中的华懋集团、茶叶行业中的天福集团、建筑业中的华信混凝土、农业中的钜宝生物科技等。事实上,仅按照2011年台湾"全国工业总会"编辑出版的《大陆台商企业名录》,在闽台资企业就有7820个,在此选取的台商及台企,无论在数量上还是代表性方面一定是远远不足的。

个案之一:20年成就"轮胎王国"
——陈秀雄与厦门正新橡胶工业有限公司

陈秀雄先生,祖籍福建省泉州市,厦门正新橡胶工业有限公司董事长兼总经理,首批厦门市"荣誉市民",曾任厦门市台商协会会长,是首批到厦门杏林台商投资区投资的台商。

他经营的厦门正新集团创建于1989年5月,在轮胎同行业中已成为技术先锋,品牌典范。厦门正新集团迅速壮大为正新橡胶工业、正新海燕轮胎、正新实业和正新物流等四家有限公司,拥有"正新CST及图形"和"樱花"2项"中国驰名商标"、正新摩托车轮胎荣获"中国名牌产品"称号。在2011厦门百强企业榜单上,位列制造业企业十强的第五名。

一、最早扎根投资厦门

陈秀雄先生可以说是许多在福建事业有成的台商的缩影。20世纪80—90年代,随着台湾不少企业外迁,正新橡胶也为自己的未来进行规划。陈秀雄先生与同事到大陆考察,最终将工厂设在了与台湾语言相通、习俗相近的福建厦门杏林台商投资区。

正新轮胎国际集团,总部位于台湾,目前在全球轮胎制造业排名第十、两岸排名第一,分别在台湾、中国厦门和昆山、泰国、越南建立生产基地,产品畅销世界各地。厦门正新橡胶工业有限公司系正新轮胎国际集团在中国大陆投资设立的全资子公司。

1989年5月26日,正新在大陆的第一家企业——正新橡胶工业有限公司注册资本7000万美元,落户厦门杏林台商投资区,而此时,距投资区获批设立的时间仅仅6天。陈秀雄先生曾说:"我们就算不是投资区设立后注册的第一家,也肯定是最早之一。"

1991年12月19日,公司建成开业,以国务院谷牧副总理为首的中央、省市各级领导参加了公司开业盛典。公司占地面积30万平方米,1992年3月投产,主要生产自行车内外胎、摩托车内外胎、农工车内外胎及汽车内外胎等橡胶制品。陈秀雄先生在杏林台商投资区建厂时,四处是小山丘和农田,连条像样的路都没有。那时办公的地方是向农民租的房子,都是瓦房,没有窗户,水电也没有。弹指一挥间,正新集团迅速成长壮大,成为世界橡胶行业前列的国际知名企业。

陈秀雄先生说,他这一生经历过三个最好的景气:20世纪60年代末去日本留学,当时那里的景气最好;20世纪70年代回到台湾,正好是台湾经济起飞的时候;而20世纪80年代末到厦门,赶上大陆改革开放后的新发展,赶上大陆对台商的支持。

二、注重创新,品质赢得市场

"因为我们的产品以内销为主,而且小胎做得比较多。"陈秀雄先生一语道出正新立于不败之地的秘诀。在落户厦门之初,正新的产品曾90%出口,不过陈秀雄先生很早就看到了内地市场的巨大潜力,用自行车胎和摩托车胎这样适合市场需求的小胎切入内地市场,并站稳了脚跟,如今正新有80%的产品供应内地市场。为开拓内地市场,陈秀雄先生企业没少动心思,他们开发设计不同的轮胎,来适应各地不同的路况和客户需求,像山区就送耐磨的轮胎,路况好的地方送轻便的轮胎等。光自行车轮胎,就有2000多种!凭着这份用心,在内地轮胎同行中,正新虽不是营业额最高的,但一直是赚钱最多、缴税最多的企业之一。

品质,永远是正新闯荡全球的通行证。"世界一流品质,世界一流产能",陈秀雄先生表示,在纷繁复杂的国际竞争环境中,正新以质量全球化视野为导向,瞄准世界轮胎业最高端,以高起点布局规划生产流程和产品路线。在正新,多年来一直实行这样的"三严"准则:即原料入厂严格把关,不合格绝不使用;工序半成品交接严格把关,不合格绝不交接;产品出厂严格把关,不合格品绝不出厂。

正新还十分注重与国际标准接轨,积极采用JIS、ETRTO、TRA等国外先进标准,生产出国际通行的轮胎产品。正是通过公司全体员工的不懈努力,使得公司的产品质量以及质量管理水平达到并保持着先进水平。

三、执着追求,挑战顶级

美国著名作家爱默生曾经说过,"一个机构是一个人延伸了的影子"。同样,企业"一把手"的性格、行为处事方式必然会影响企业的方方面面。年逾古稀的陈秀雄先生,1970年从日本静冈大学毕业后即进入正新公司工作至今,具有丰富的企业管理经验及较高的轮胎专业技术水平,将务实、坚毅、执着追求的精神及信念带进了这家企业。

2001年正新集团投巨资创办"厦门正新海燕轮胎有限公司",主要生产全钢载重子午胎,成为全钢载重子午胎领域的一支劲旅;2004年1月又独资成立"厦门正新实业有限公司",主要生产各种丁基胶内胎等橡胶制品;2010年开工建设正新集美后溪工厂,主要以轿车子午胎为主导产品,填补了厦门市轿车子午胎的空白。正新已形成了品种齐全、结构完整的轮胎产业集群,实现与厦门汽车产业链的无缝对接。

"2010年度正新集团(包含正新橡胶、正新海燕、正新实业)轮胎产品销售总收入为103.8亿元人民币,年纳税总额和利润总额双双超过10亿元人民币",陈秀雄先生说,多年来厦门正新集团的企业经济效益和上缴税收位居全国同行业前茅。

截至2011年5月,正新在厦门拥有四家公司,包括正新橡胶工业、正新海燕轮胎、正新实业和正新物流等四家有限公司,有将近1万名员工,年营业额8亿多美元。其中,正新橡胶有员工6500余人,经过数次增资,注册资本已经增资到1亿美元,投资总额3.9亿美元;2001年成立的正新海燕轮胎注册资本也从最初的1000万美元增至7000万美元,投资总额2.1亿美元。

正新为之努力的目标是——世界轮胎前八强。回顾正新在厦门的发展之路,一个不断追求、挑战自我的企业形象跃然纸上。

四、热心公益事业

陈秀雄先生十分热心公益事业,他带领企业长期坚持扶贫济困回馈社会,先后共捐赠1600多万元支持教育文化、体育、医疗卫生、环境建设、慈善等公益事业。

他还参与倡导成立厦门市台商投资企业协会,积极推动协会建设。他被评为厦门市首批"荣誉市民",曾任厦门市台商协会会长,卸任后担任该协会荣誉会长。在担任会长期间,他把自己租用的写字楼腾出来作为协会办公处,之后他发起了厦门台商会馆的集资建设,使之成为全国首个台商会馆。

2009年3月24日,福建36名有突出贡献的企业家,在福州受到中共福建省委、福建省人民政府隆重表彰,陈秀雄、福建捷联电子有限公司董事长宣建生两位台商位列其中。陈秀雄高兴地坐上奖励给他的克莱斯勒大捷龙商务车,沿着福州湖滨大道一览西湖美丽春色。他认为作为台商,赶上大陆新发展,受表彰是幸福的延续。陈秀雄说:"台商到大陆创业离不开政府的支持,身为一名台商感觉非常幸福。"。

陈秀雄先生说,今后不仅要关注台胞、台资企业在福建的发展,在增进两岸经贸交流方面更要多做努力。

个案之二：二次创业成就"两岸茶王"
——李瑞河与天福集团

李瑞河先生，天福集团总裁，被誉为"世界茶王"、"两岸茶王"，是现代中国茶文化的创始者。1935年12月，李瑞河出生于台湾省南投植茶世家，祖籍福建漳浦。1953年，李瑞河创立台湾天仁集团。1993年，赴大陆开拓天福集团，培育了天仁茗茶、天福茗茶两大世界知名品牌。天福集团是一家集茶叶自产、制、销、科研、文化于一体的综合性茶叶企业，已在大陆上市。

天福集团旗下企业本着"根植福建、香传全国、名扬世界"的经营思路，截至2011年底，已在大陆开设超过1100家直营连锁店，业务范围遍及全国，产品远销美国、加拿大、东南亚地区。

一、二次创业选准祖籍地

大约200年前李瑞河先生的先祖从福建漳浦到南投垦拓茶园，薪火相传，代代以茶营生，传至李瑞河先生为第七代。1953年，李家开始经营茶行，茶农变茶商。1961年，李瑞河先生只身在茶行竞争激烈的台南开设自己的第一家茶行"天仁茗茶"。李先生最出名的两句话是"逢山开路，遇水架桥"和"无年无节，不眠不休"。从这话伴随着他的一生。从20世纪70年代起，天仁公司在台湾各地以每年两三家的速度增长，并全面拓展海外据点，在海外开设了40余家店，让茶走向全世界。到1990年，天仁在台湾已开了50余家茶叶直营连锁店，销量占到全台总量的12%～15%，成为台湾茶的第一品牌。

就在天仁茗茶集团事业登峰造极的时候，1990年发生的天仁证券事件使天仁出现了30亿台币的巨额损失。李瑞河先生变卖所有股票和房产，清理全部债务，之后他一无所有了。1992年，他多次至大陆各地考察，深感大陆市场的潜力。1993年怀着"只许成功，不许失败"的意念，在众多亲友的反对声中毅然"摸着石头过台湾海峡"，大胆西进大陆。在福建漳浦，58岁的李瑞河先生开始了他的第二次创业。在大陆的企业名称，李瑞河先生取天仁的"天"字和福建的"福"字，创立了天福集团。

福建漳浦是李瑞河先生的祖籍地，也是符合他再创业所有条件的宝地。"海拔要在500米以上，不能靠海，在国道旁边，还有温泉"。1993年李瑞河先生签下合同，年底便动工，1994年就建成了40亩的天福茶庄。从此，李瑞河先生的大陆事业快步进行。

二、"咸鱼翻身"成"两岸茶王"

一杯茶下肚，清香满人心。只有初中学历的李瑞河先生很有商业头脑，为了有别于其他茶行,他在40年前就开始采用免费试喝、买一两茶叶就送货、不满意包退换等服务。李瑞河先生规定只要客人进入店门,不管他买不买茶叶,都要先奉上一杯茶,并且热情地与客人攀谈。

用心思考喝茶的人最需要的是什么,变成了李瑞河先生的一种习惯。在天仁,茶叶都用塑胶袋密封,为了便于保存;商品都按价钱开架摆放,为了便于挑选;商标和招牌都是统一的,连店员也都有一样的制服,为了便于辨认。这些在当时茶叶都是放在铝桶内散装销售的家庭作坊式格局下,都是创举。这些做法一直沿用至今。他说,茶行卖的是茶叶,买的是人心。

李瑞河先生把在台湾积累了近40年的经验移植到大陆,在大陆开创了茶叶连锁专卖的模式。刚到大陆时,李瑞河本打算能在10年内有100家直营店,超过在台湾的经营规模就行了,但大陆地区的大环境好,加上他只争朝夕的努力,5年后,他的天福茗茶就已有100家。"这比预期快了一倍。"李先生说。

"大陆市场太大,一定要分区开拓。从华北、华南、华东三区三管齐下,先打进大陆沿海市场。"李瑞河先生心中有一卷宏伟的蓝图。于是,天福在华北、华东、华南三区都迅速地从单点向外扩张。华北以北京为基地,伸向华北的几乎所有大中型城市。华东以上海为基地,又向邻近城市发展。华南地区的开店速度最快,以深圳、广州、泉州为基地,触角伸至四川的成都。

进入稳定期的天福,扩张速度是每年100家,平均每3天就有一家新店开张。随着事业如日中天,李瑞河先生陆续买回台湾天仁的股权,又成为最大的股东,重新就任天仁集团的总裁。2009年,天福茗茶的营业额15亿元,到2011年底,在大陆的专卖连锁店已经突破1100家。天福、天仁稳坐两岸茶叶龙头地位,李瑞河先生也成为名副其实的"两岸茶王"。

2011年9月26日,天福茗茶在香港联交所主板成功上市。对于上市后天福的运行模式,李瑞河先生表示:"天福上市募集到的资金,40%将用于开设新的门店,25%将用于购买适合开立天福门店的店铺,15%将用于向群众推广天福品牌的认知度,10%将用于扩充茶叶分级包装及茶食品的产能,10%将用于充实营运资金。"

三、要让中国茶席卷全球

李瑞河先生还是一位茶文化使者,由种茶、卖茶到培养茶业人才,始终不忘弘扬茶文化。

李先生曾说,21世纪是中国人的世纪,世界上的人都知道21世纪是"哈中国"的,所以,19世纪英国红茶垄断国际,20世纪美国可乐横扫各地,21世纪中国茶将席卷全球。"咖啡、碳酸饮料抢夺中国市场,中国茶应弘扬并走向世界。中国茶原本就有养生优点,兼之种类繁多,只要开发行销得法,随着中华经济圈政经实力的日益增强,中国茶终将成为全球人士都能接受喜爱的饮料。"2004年7月1日,天福集团在加拿大温哥华的闹市区开了直营店,这是天福在海外的第一店,也是天福为中国茶席卷全球做准备。

除了立志使中国茶席卷全球外,李瑞河先生执着地要把中国茶文化弘扬到世界各地。早年在台湾时,他就成立了陆羽茶艺中心、天仁茶艺文化基金会,每年投入100万元人民币。在大陆,他投资兴建世界上最大的茶博物馆,期望以个人企业资源,完成人类传播茶文化的使命。他还在漳浦兴建天福茶学院,要投资上亿元人民币,用于培养经营销售人才和中国茶文化传播人才。

回顾人生走过的路程,李瑞河先生不无自豪地说,"我一辈子想做的三件事都做成了,我要开高速公路服务站,为来往的客人奉茶;我要开茶博物馆,向年青的一代宣传茶文化;我想开茶学院,为茶叶行业培养人才。这些我都做到了,我可以向我的祖宗交代了。"

个案之三:立足福建,花开全世界

——黄瑞宝与漳州钜宝生物科技有限公司

黄瑞宝先生原先在台南创办蝴蝶兰组培公司,曾担任过台南兰花协会几届的理事长,从事兰花行业长达30多年。2007年5月,他在漳浦台湾农民创业园创立漳州钜宝生物科技有限公司以来,始终注重蝴蝶兰新品种的研发与创新,使公司成为集育种、培植、科研、培训、示范于一体的生物科技企业。

2010年,公司苗圃的面积已增加到25000平方米,现有智能玻璃温室10000平方米,无尘净化组培车间1000平方米,并设立了蝴蝶兰母本园区、新品种研发区、生产区、品种展示区及组织培养研发中心。种苗和花卉也远销日本、意大利等25个国家和地区。

2010年2月12日,胡锦涛总书记到漳浦台湾农民创业园考察,首先参观了黄瑞宝先生的漳州钜宝生物科技有限公司花卉基地,并祝愿他的企业发展得更好。总书记的到访给他的企业带来了福气和知名度,使他的事业更上一层楼。

一、种花:爱花成痴,陪伴花眠

黄瑞宝先生是台南人,年轻时是一名泥水匠。与蝴蝶兰结缘缘于当时的一段做工经历。1988年左右,当时台湾的医生、公务员、教师等群体收入颇丰,他在这些人家做工时,看到许多人家种着兰花,他感觉兰花有一种特别的美,于是就要了几颗回来种,没想到一发不可收,"从此爱上了兰花,经常从路边、市场买回家种"。

"泥水匠"爱花,而且是一往情深,一爱就是30余年,大半辈子奉献给了蝴蝶兰,所以黄瑞宝先生常说自己"被花玩",他经常对来访的媒体记者自称"花痴"。如今,其在漳浦的花卉公司虽然有宿舍楼,但是黄先生依然吃住在公司,时刻与兰花在一起。每到凌晨2点多,他就要起床,四处巡查一遍,这个习惯他坚持了很多年,想改都改不了。黄瑞宝先生经常说,自己跟花已经建立了感情,"一天不看看不行,不摸摸不行。照顾这些花就像照顾婴儿一样"。

二、玩花：以花会友，花开全台

爱上兰花后，黄瑞宝先生种的兰花越来越多，但一开始并没想到产业化经营，而是经常将蝴蝶兰作为礼品送给朋友。有一次黄瑞宝先生到日本看兰展，看出了蝴蝶兰的商机。他说，在日本，兰花被高度商品化，在一些公共场合都有摆放，经常被当作礼品互相馈赠，"当时就觉得这里有商机，台湾已经有人在做这个了，我则是从那时候才开始"。

从日本回到台湾后，黄瑞宝先生在台南成立蝴蝶兰销售门市部，过去"送花"也帮助他织就了庞大的销售网，"很多朋友就介绍朋友来买花"。因为刻苦钻研，黄瑞宝在种植蝴蝶兰方面有不少独到的心得，之后黄瑞宝在台南创办蝴蝶兰组培公司，并且担任过台南兰花协会几届理事长。他还与全台其他花店合作，由他供应蝴蝶兰。于是，黄瑞宝先生的蝴蝶兰逐渐"花开全台湾"。

三、卖花：销往日本，转战大陆

除了在全台销售蝴蝶兰，黄瑞宝先生还将蝴蝶兰销到台湾以外的日本等地。当时就有不少台商找他拿蝴蝶兰种源，然后到大陆地区设厂投资。黄瑞宝先生说，"曾经一度在台南买我的蝴蝶兰还要排队。到了1998年左右，台湾经济有所下滑，蝴蝶兰销量也有所减少"。这时候他开始更加关注大陆市场。

而在1998年，台湾花卉销往大陆地区需要取道第三地，成本较高，黄瑞宝先生当时想到大陆设点。他考察了大陆许多地区，他感到，北京天气太冷了，广东空气有点闷，上海光线不足，而海南倒是可以，但是销往内地运输成本高。2007年，他最终选择了漳浦县台湾农民创业园落户。黄瑞宝先生说，"这边的气候条件跟台湾差不多，我祖籍地是漳州，这里人文环境也与台湾差不多。那时候，漳浦台湾农民创业园正在招商，于是就来了"。

四、散花：立足福建，花开世界

黄瑞宝先生始终注重蝴蝶兰新品种的研发与创新，经过多年的打拼，漳州钜宝生物科技有限公司在大陆蝴蝶兰市场上取得长足进步。公司现有智能玻璃温室10000平方米，无尘净化组培车间1000平方米，并设立了蝴蝶兰母本园区、新品种研发区、生产区、品种展示区及组织培养研发中心，公司成为集育种、培植、科研、培训、示范于一体的生物科技企业。黄瑞宝先生自称30多年来"玩花"，也"被花玩"，不过现在他彻底"玩转"了苦心经营的蝴蝶兰。父业子承，黄瑞宝先生的大儿子黄圣闵先生近年也到漳浦和他一起开拓大陆市场，黄瑞宝先生正在培养儿子作为他事业的接班人。

2010年2月12日，胡锦涛总书记到漳浦台湾农民创业园考察，首先参观了黄瑞宝先生的漳州钜宝生物科技有限公司花卉基地。"总书记参观了整个公司，组培室、苗圃等都看过,最后他要离开我公司的时候,还讲了一句祝福的话,祝福我事业越做越大、越广、越赚钱,国家最高领导人来祝福我,我真的很高兴。"

黄瑞宝先生说,总书记的到访给他的企业带来福气和知名度,其后订单源源不断,更让他的事业更上一层楼。2010年,公司苗圃的面积已从原先的10000平方米增加到25000平方米,新培育的品种达到200多种,卖出了1000万株各种品种的兰花,比2009年的销量整整翻了一倍,种苗和花卉也远销日本、意大利等25个国家和地区,"西欧的客商直接下订单到2015年,现在是供不应求"。

如今在公司里,许多地方都可以看到悬挂着黄瑞宝先生与胡总书记的合影。2011年1月30日,胡锦涛总书记在给黄瑞宝先生的回信中提到:"两岸农业合作大有可为,台湾农民在大陆发展空间广阔。"黄瑞宝先生说,"这句话讲到我心坎里,决心在两岸农业合作中作出更大作为,不辜负总书记的期望。"黄瑞宝先生还说,自己一直有一个梦,那就是"立足福建、扎根国内、花开全世界"。目前,他们正在大陆各省做推广,努力在各地设立点,让蝴蝶兰销往更多地方,"希望花开全世界能够美梦成真"。黄瑞宝先生对未来的兰花梦充满了希望。

个案之四:建筑业是良心的行业
——谢苍发与厦门华信混凝土工程开发有限公司

厦门华信混凝土工程开发有限公司成立于1994年8月,系台商独资企业,总投资人民币7000万元,注册资金5000万元,主要经营商品混凝土生产及运输,自1996年投产以来,已连续十多年产量居厦门市首位,2007年产量高达200万立方米,产值超过5亿元人民币。目前,公司无论是在产量、产值方面还是在纳税额方面均居福建省同类行业的首位。

自公司投产以来,谢苍发先生一直担任公司总经理。在他带领下,他的公司参与和见证了厦门市开发建设的过程,华信先后承接了海沧大桥、国际会展中心、人民会堂、嘉庚体育馆、BRT工程等一大批国家及省、市重点工程项目,以优良的品质与优质的服务赢得了广大用户的一致好评。

一、泼洒出多幅凝固的图画

谢苍发先生与混凝土打交道完全是受家族的影响,从他记事起,父亲就一直与建筑业和搅拌站为伴。1992年,父亲和一些朋友建议谢苍发先生到厦门看一看,而他第一次来厦门时,就深深地被这座城市迷住了,于是,谢苍发先生的人生开始与厦门发展紧紧联系起来。刚开始时,谢苍发先生是以台干的身份来厦门参与公司管理的,那时候,他在厦门华岳混凝土工程开发有限公司任总经理助理。在此期间,谢苍发先生看中了混凝土行业在大陆的发展前景,于是1994年在董事会的支持下,自己筹备成立华信混凝土工程开发有限公司,"因为我们这种行业是一种指标,政府的投入越多、经济发展越好;招商引资越多,建设也就越多。这个行业敏感度还是比较高的。"从公司量产以来,谢苍发先生一直担任总经理。

"我还记得是1996年1月1日正式对外开放,当时厦门差不多有11家类似的混凝土公司,我们是最晚成立的一家。"谢苍发先生说:"我们借鉴台湾的生产经验,第一年投产量是厦门市的第二位,达到13.2万立方,第二年就达到了17万立方,市场占有率达到21%。从1997年到2007年,产量都排在前列,2007年更是创纪录达到了201万立方。"2007年,产值超过5亿元人民币,公司上缴厦门市的税收也从几百万元增加到千万余元。目前,公司无论是在产量、产值方面,还是在纳税额方面均居福建省同类行业的首位。

与产量不断攀升相比,谢苍发先生更看中的是此间参与的厦门各大标志性重点工程的建设。他十分自豪地说,"投产后的第二年我们参与了海沧大桥的建设,1998年参与了国际会展中心的建设。之后,市中级人民法院、各区政府大楼、医院系统及现在的会展二期、同安湾、杏林湾、丙洲湾、BRT工程等等都有我们的身影。""我来厦门17年了,可以说是见证和参与了厦门的发展。"这位来厦门奋斗了20载的台商,跟厦门很多标志性重点工程紧密地联系在一起。作为厦门华信混凝土工程开发有限公司总经理,谢苍发先生以混凝土为浓墨重彩,泼洒出这座城市一幅幅凝固的图画。

二、诚信做事热衷公益

谢苍发先生曾说,他的事业能有今天,完全是父亲"诚信"教育的结果。谢苍发先生的爷爷早年在厦门开店面卖布料,由于舍不得放弃辛苦经营的生意而没有及时回台湾,不幸被日寇打死,当时他的父亲只有9岁。奶奶只好带着谢苍发的父亲及两个小姑姑回到台湾。谢苍发长大后,父亲常给他讲厦门的故事。谢苍发先生最初对厦门的了解正是从父亲那儿得到的。

父亲经常教导他,"建筑业是道德与良心的行业"。1992年,谢苍发先生来厦门之前,父亲又赠送他两个字:"诚信"。谢苍发认真地说,"他们从事的混凝土行业,是一个基础产业,也是一种道德良心事业。这种事业除了人住的就是车走的,关系到生命和财产的安全"。"做混凝土,要有良心在里面,每次产品在投入使用前都要经过28天至45天的检测,才知道这个产品是否合格。在整个生产过程中要注意配合比、材料的选购、水泥的使用、投料的计量等等,整个控制流程都比较严谨。""在作业过程中来不得半点马虎,要对得起自己的良心。"

公司混凝土的生产过程实现了计算机全自动控制,但谢苍发先生仍是万分小心。他说,在装运环节仍然有出错的可能,一旦出错就是大事,绝对没有小事,所以为了杜绝意外的发生,公司采用了各种应对手段。

父亲的教导不仅让谢苍发先生的事业蒸蒸日上,还使他十分热心于公益事业。用谢苍发先生的话说,就是"取之于社会,用之于社会,企业发展到一定阶段,就应该反哺社会"。华信公司成立以来,捐助的项目不计其数,数额达几百万元。救助贫困、解救危难已经成为公司经常性的行为。

三、以人为本永续经营

20年来,能在厦门有如此顺利的发展,是因为谢苍发先生一直坚持着"心存永续经营、事必精益求精、处处以人为本、时时以客为尊"的信念。

在产量增加的同时,谢苍发先生不忘产品的研究开发和产品质量的提高,而"技术来源于人才",公司招募了很多毕业于同济大学和厦门大学建筑材料专业的高才生。由于有较强的技术队伍作支撑,公司于1998年12月16日获取了ISO 9002:94质量体系认证证书,2001年又通过了中方委托组织的ISO 9001:2000版本的换版认证审核。鉴于管理成效显著,2004年9月在中国北京举办的第十三届国际认证联盟(IQNET)全会上,授予厦门华信混凝土公司管理创新奖,此为福建省同行业获得的唯一奖项。

个案之五:让传统行业站在时代前沿
——赖敏聪与华懋集团

华懋集团由华懋(厦门)织造染整有限公司、华懋(厦门)纺织有限公司和常熟华懋纺织有限公司组成,组建于1992年,累计投资超过1亿美元,主要生产成衣布、安全气囊布、夹网布等,年总产量超过1亿米。2008年公司上缴税利达到3000多万元,产值达5亿多元,创历史新高。在台湾《工商时报》编著的《2015年大陆台商1000大》中,仅华懋(厦门)织造染整公司就排名第778位,营业收入净额为5.09亿元人民币,资产总额4.51亿元,税前纯利2199.8万元,员工人数1425人。

华懋集团董事长赖敏聪先生,是留美理学博士,当时在厦门杏林台商投资区可谓学历最高的台商老板,20多年来,华懋在赖敏聪先生带领下成功地实现了技术转型,摸索出一条产业科技化的道路,产品从伞布继而转成成衣布料,再升级为产业用布、环保布料等。谈到华懋20多年的发展历程,赖博士特别强调两个因素:一是当地政府的大力支持,二是培养了一支团结和谐的团队。尤其是大陆人才的加盟,对华懋而言举足轻重。赖博士感慨地说:"没有这个团队,就没有华懋的今天"。

一、市委书记牵线搭桥

说起在杏林台商投资区的创业经历,赖敏聪先生首先提到的人就是原省委常委、厦门市委书记何立峰。20世纪90年代,他决定投资杏林,是时任杏林区委书记何立峰到香港与他签约的。1992年华懋织造染整有限公司成立,1994年9月9日,坐落杏林的华懋集团正式开业营运。

华懋在染整的生产过程中需要大量用水，选择落户厦门就与水有关。赖敏聪先生表示："当初到大陆考察，走了四五个地方，最后还是因为水选择了杏林。我们用的水喷机需要大量用水，水喷机做出来的布质量较好，那时候我们有300多台，大陆还没有水喷机。杏林当时有一个2万吨的水厂，但供应量还是不够用，后来我们投资扩充到4万吨。"

赖敏聪先生说："当时杏林跟现在相比，可以说什么都没有。"当时他以58岁的"高龄"，放弃台湾优越的生活，毅然来到杏林创业，夫人苦劝无果，又担心丈夫就此"沦陷"在大陆，因此也陪伴丈夫来到杏林，成为他事业的左膀右臂。以何立峰书记为代表的厦门各级干部，用他们的真诚和高效，给这对伉俪留下了深刻的印象："开业以来，市、区政府一直很支持华懋，过去我们办事还要上门找政府，现在都是政府主动找上门，问我们还有什么需要服务或改进工作的地方。"地方政府在投资建设过程中，提供快捷的"一条龙"服务，让企业迅速在杏林扎下了根。

1994年华懋织造染整有限公司成立时，首期投资2900万美元，设有染整、贴合、织布三厂，从事各种化学长纤维平织布、胚布、人造革等织造、染整加工生产。经持续发展壮大，该公司现已成为拥有华懋（厦门）织造染整、常熟华懋纺织和华懋（厦门）纺织三家公司及数千名员工的大型台资企业，连续多年被评为厦门市纳税特大户。

在现代社会，人们越来越关心环境保护，注重节能减碳，华懋也十分重视对染布过程中产生的污水的处理。赖敏聪博士说，以前我们每天需要5000吨水，后来采用循环水系统，将处理后的水再次使用，现在只需3000吨，一天回收利用2000吨水，以后用水会降到每天2000吨，因为这件事环保部门奖励我们30万元。公司的污水一开始都是按一级标准排放，杏林建了污水处理厂后，对污水集中处理，公司的污水改成了三级排放标准，把污水统一排放到污水处理厂。

二、不断创新求生存

"创新改进是每个厂生存所必需的。"赖敏聪博士表示，对于一个传统的染整织造企业，如果没有新产品，那就只能被淘汰。在这20多年里，华懋集团不断进行技术转型，致力于"传统行业科技化"。

华懋最早是做雨伞布的，1995年开始规划转型。1998年，成功生产出功能性的成衣布，如防水或透气的面料，实现了第一次转型。随着成衣面布竞争越来越激烈，赖敏聪博士估计，汽车的销量将会越来越大，每辆车一般有两个安全气囊，安全气囊将拥有广阔的市场前景，华懋研发因此再次转型。当初，安全气囊布的生产技术掌握在美国、德国和日本等国的手里。由于技术保密性很强，气囊布需要获得国外机构的认证才能生产，为此赖敏聪和他的团队经常到美国和德国取经，参加相关会议，搜集相关材料，经过一年多的努力，研制成功并获得认可。2005年，华懋开始生产科技含量较高的产业用布，如汽车安全气囊布、夹网布、防火布、防弹布、帆船布等，成为祖国大陆第一家生产汽车安全气囊布的厂家，并开始打入国际市场。随着华懋等企业进入气囊布市场后，气囊布的价格大幅下降，由原来每个3万元人民币降到几千元。

起步早、起点高，面临的竞争压力相对比较小，企业也在全行业普遍感到的压力中站稳了脚跟。2008年，许多纺织行业的产值都出现了滑坡，但华懋却比2007年增长了50%，产值达5.2亿元，上缴税利达到3000多万元。2009年，又增长20%，创历史新高。到2009年为止，一年有5亿多元的产值来自成衣布，占了集团收入的80%，而产业用布产值突破1亿元，占到集团收入的两成。该公司生产的气囊布、帆船布等广受市场好评，已成为国际知名品牌。

在投入生产气囊布、帆船布等新产品后，华懋又进入节能减碳的领域，研制环保的布料，不断努力推动传统产业科技化。为加快实现产业科技化，华懋每年在研发方面投入的经费，都超过总投资的10%。

三、亲手培养本土干部

比资金投入更加重要的是培养人才团队。企业的骨干力量都是赖敏聪博士在厦门亲手培养起来的。在华懋，只要做出成绩，不论年龄资历，都能得到提拔，不少30多岁的员工成长为中层干部甚至副总经理。

许多台商到大陆投资，经历了从重用台湾干部到重用大陆干部的转变过程，华懋也是如此。赖敏聪博士说，原来华懋有20多名台湾干部，现在只剩下4名，其他都是大陆干部。他表示："人才团队只有本土化，才能落地生根，才能实现发展。"华懋的骨干力量已经基本实现本土化，支撑企业稳步发展的是这支极富创造力的人才团队。"和谐团结、诚实负责、创新改进"，是华懋的团队精神。拥有这样一支年轻富有活力的团队，使华懋在2009年的金融危机中显得临危不乱，并在此后持续发展壮大。赖敏聪博士由衷地表示："不仅仅是这几位年轻有为的副总，在工厂里还有众多的年轻才俊，这20年为华懋默默地贡献。可以说，如果没有这个团队就没有我们华懋的今天，非常感谢他们。"

个案之六：全球最大的触摸屏制造商

——江朝瑞与宸鸿集团

宸鸿集团是知名的台资企业（TPK），旗下拥有宸鸿科技、宸阳光电科技、宝宸光学及瑞士达等。公司创始人为江朝瑞先生。公司成立于2003年，从研发、制造到管理、销售及售后都拥有一批高素质的专业技术人员，近年集团员工人数超过40000人。公司投资总额3.98亿美元，注册资本1.27亿美元，主要从事触控显示器、触控系统、触控组件、触控屏幕、触控技术、应用软件，以及触控相关周边配件的研发、生产。

宸鸿集团在2007年投产初年，就实现了总产值、销售额和出口创汇额一起突破人民币11亿元的良好开局。2008年，虽然面对全球性金融危机蔓延，部分客户订单下降的不利影响，公司的年净增长仍高达138%，销售额为人民币28.3亿元。宸鸿因此被评为

2008年厦门市工业企业出口先进单位第一名。2009年,宸鸿营收又创纪录,高达人民币42.7亿元,年增长51%。公司于2009年底被厦门市确定为打造中小尺寸平板显示产业链的龙头企业。此后,公司继续保持相对稳定的快速增长的局面,在生产、出口销售等方面继续创造新的佳绩。宸鸿在短短数年间迅速发展成为全球最大的触摸屏制造商,江朝瑞先生于2011年跻身福布斯台湾富豪榜。

宸鸿集团旗下的宸鸿科技(厦门)有限公司成立于2003年,主要从事触控显示器件、触控系统的研发和生产,产品处于行业领先地位,为全球多个知名品牌的触控智能手机提供产品。2009年7月宸鸿科技取得中国高新科技产业之认定,2010年10月在台湾证券交易所正式挂牌上市,成为首家在大陆成长并在台湾上市的企业。据《2015年大陆台商1000大》的数据显示,宸鸿科技(厦门)排名第26位,营收净额为311.20亿元人民币,资产总额为151.81亿元,税前纯益2.32亿元,员工人数9934人。

一、习惯了科技事业的潮起潮落

江朝瑞先生是一位大米商人的小儿子,在台湾新北市土城乡长大。在他成长的20世纪60—70年代,美国无线电公司、摩托罗拉、Zenith和Admiral等公司在台湾创造了第一批电子行业劳动力大军。1977年,从辅仁大学企管系毕业后,江朝瑞先生与大哥创业,开始从事映像管监视器贸易,创立录霸,赚进人生第一桶金。20世纪90年代后,LCD开始取代传统的映像管监视器,加上生产成本的竞争,录霸的毛利率大幅下降,江朝瑞先生被迫从台湾转赴印尼设厂。但没有设厂经验的江朝瑞先生因印尼合伙人的问题,最后负债新台币15亿元回台。

失败并没有使江朝瑞先生退却,1997年,他回到家乡,并嗅到了一丝新机遇:触摸屏。他说:"这是一样新生事物,我对它有信心。""我喜欢创造某样东西,然后把它变为现实。"当时,正好美商ELO向他采购监视器做博弈机台、ATM、POS(销售时点情报系统)。在这笔生意的支撑下,江朝瑞先生的公司得以扩充工程师队伍,并逐渐成长为宸鸿(TPK)的雏形公司。宸鸿(TPK)的名称来自于英语"触摸(touch)、销售终端(point-of-sale,也就是收银机)和自助服务设备(kiosk)"的首字母缩写。江朝瑞先生很快就将注意力集中到推进手机触摸屏的业务上。

在他的技术成功之后,他立即向诺基亚和其他手机生产商进行推销,但未成功。之后,一家名为奥普特拉(Optera)的玻璃供应商向苹果公司推荐了宸鸿。可是当时正在设计第一代iPhone的这家美国公司却表示不会和初创企业进行合作。不过当宸鸿研发出一种经过"瘦身"的触摸屏后,2004年苹果公司回心转意,正式与宸鸿缔结了合作伙伴关系。在签订合约后宸鸿度过了艰辛的三年奋斗,2007年甫投产之时,公司管理层为了快速解决各项问题,在厦门的新工厂里"安营扎寨"了整整一个月。

刚开始的订单是每月50万块触摸面板。随后宸鸿的月产量逐步增加至2000万块,大约提供了iPhone和iPad半数的触摸面板,也使其在这个价值150亿美元的全球零配件市场中占据了领先地位。2011年,宸鸿的销售额实现了翻番,达到了49亿美元,其中约有三分之二来自于苹果公司,净利润为3.83亿美元,也增长了一倍以上。2011年,拥有公司26%股权的江朝瑞先生凭借20亿美元身家跻身于福布斯台湾富豪榜。

然而,在竞争异常激烈的电子行业,难有事业可以长盛不衰。2012年,因外界预期苹果公司将转而同LG和夏普合作,为下一代iPhone提供更为轻薄的触摸屏,投资者担忧宸鸿业务可能流失,导致这一年中宸鸿股价大幅缩减了58%,江朝瑞先生的财富也缩水至9亿美元。但作为公司董事长的江朝瑞先生,早已习惯了科技公司的起起伏伏的生活,他总是保持着一副淡然从容、波澜不惊的模样。这位笃信佛教的企业家在各家工厂都无一例外设置了小佛堂。"人一旦失去了内心的宁静,就失去了一切。"61岁的江朝瑞如是说。

他和他的高管团队在逆境中绞尽脑汁地让宸鸿在这个行业中保有竞争力,在继续向苹果iPad供应屏幕的同时,积极拓展客户基础,不仅仅在移动计算领域,更在汽车和电子游戏等领域。公司的业绩终于又重回蓬勃发展的势头,2014年公司销售额超过300亿元人民币。

二、坚定地走自主创新之路

宸鸿集团能够取得成功,关键在于他们坚定地走自主创新之路。在江朝瑞先生倡导的"以人为本,新速实简"的公司文化的感召下,宸鸿人通过技术和管理、经营和组织的良性互动和有机整合,有效组织人、财、物、信息、技术等资源。在持续高投入进行新技术、新产品开发的同时,重视新市场的开拓,从研发、制造到管理、销售及售后都拥有一批高素质的专业技术人员,保证公司所推出的新产品、新工艺更好地实现商业化和产业化,保证企业自主创新能力的最大化发挥,从而达到公司在高竞争、高投入、赶时间、抢速度的消费电子市场,战胜高风险,引领技术和市场的潮流,并实现可持续发展。

为实现上述目标,公司不惜巨资投入,花费数千万元在厦门建设技术研发中心和实验室,每年保证以不低于销售额3.5%的比例持续投入新技术、新产品的研发;重金打造研发团队,在一批以来自大陆、台湾、美国等地的博士、硕士为技术领军人物的带领下,数百名的技术人员刻苦工作在公司科研第一线。江朝瑞先生深有体会,"企业不重研发,赚短钱将伤害全行业"。宸鸿科技所在的触摸屏领域,2007年只有他们一家,2012—2013年间增加至200家,而现在又只剩下100家左右。不少企业不是靠扎实的团队实力经营,而是靠着恶意挖人才、窃取专利内容,赚取短钱后,后续研发跟不上,竞争能力不足,自然就要倒闭。而恶性竞争多,还直接伤害研发实力强的企业,因为价格竞争若恶性循环,企业没有利润,便会影响后续研发投入,长久而言,整体行业的发展就会受到伤害。

三、形成完整的触控产业基地

宸鸿的厂房均建于厦门,而未在客户所在点设厂。为更有效率提供客户产品所需及节省运输时间,宸鸿在厦门建立了完整下上游供应链(湖里宸阳 + 海沧威鸿 + 集美宝宸＝湖里宸鸿），以确保宸鸿在国际上客户的竞争优势。公司通过垂直整合产业上下游,实现在厦门就可以进行从触控面板最前端的玻璃镀膜、表面加工,直到最后端的贴合封装都可以生产,成功地布局完成业界最完整高效、产量最大和良品率最高的完整触控产业基地。

为进一步扩大这一产业基地,继2010年先后开工建设了三期、四期厂房项目后,宸鸿科技2011年在厦门火炬(翔安)产业区开工建设五期厂房项目,这既是宸鸿扩大产能规模并进一步提升在业界领先地位的重要步骤,又是厦门加强自主创新,进一步提升产业发展后劲的重点项目,还可促进两岸深化产业对接,提升在全球光电业竞争力。

四、爱护员工,注重人才培养

与同样来自台湾的苹果供应商富士康不同,宸鸿倾向于招聘邻近地区居民,工厂并不设员工宿舍。江朝瑞先生深信:"如果你不爱自己的员工,就没有办法经营公司。"他希望自己的员工工作效率高、出活质量好,并愿意为此买单。宸鸿表示,公司支付的报酬(包括加班工资)是法定最低标准的两倍以上。

除了爱护本公司员工外,江朝瑞先生还十分重视人才培养工作。他说:"一个国家的大计在教育,一个国家的将来在学生、在年轻人。"2014年12月,宸鸿科技集团与厦门理工学院签约合作,双方将在订单式人才培养、技术攻关、协同创新及联合办学等方面进行深度合作。双方还将联合培养专业硕士研究生。厦门理工是应用型大学,宸鸿科技于技术方面需要在应用端多发展,厦门理工刚好与其需求相接近。江朝瑞先生希望学生在校时就能接触产业,"我们希望把台资'陆资化',希望两岸互相融入,这是一个你中有我、我中有你的时代,需要靠双方的力量,才能一起把事情做好"。

附:TPK宸鸿集团旗下企业名录如下:

钛积光电(厦门)有限公司,公司地址:厦门集美区。

宝宸光学(厦门)有限公司,公司地址:厦门集美区。

宸鸿科技(厦门)有限公司,公司地址:厦门湖里区岐山北路。

宸阳光电(厦门)有限公司,公司地址:厦门湖里区岐山北路。

宝德阳科技(厦门)有限公司,公司地址:厦门湖里区。

瑞世达科技(厦门)有限公司,公司地址:厦门湖里区岐山北路。

威鸿(厦门)光学有限公司,公司地址:厦门海沧区。

瑞士达光学(厦门)有限公司,公司地址:厦门海沧区。

达鸿先进科技(厦门)有限公司,公司地址:厦门湖里区岐山北路。

个案之七：全球显示器王国的缔造者

——宣建生与福建捷联电子有限公司

宣建生先生是台湾冠捷科技集团董事局主席兼总裁。冠捷科技集团为全球化高科技企业，主要从事液晶显示器、液晶电视、AIO 一体机的研究开发、生产制造和销售推广业务。集团 2011 年营业额达 110 亿美元，全球员工超过 30000 名。集团拥有十一大制造基地、七大销售中心及两大研发中心。其中，六大制造基地位于中国大陆的福清、北京、武汉、厦门、青岛、北海；海外制造基地则分别位于巴西的玛瑙斯与圣保罗、波兰的戈茹夫、墨西哥的蒂华纳及俄罗斯的圣彼得堡。七大销售中心分别位于中国大陆、美国、巴西、德国、荷兰、印度及日本。两大研发中心则分别位于台湾和大陆。冠捷集团虽是全球布局，但企业的根仍然留在台湾，台湾总部有 2000 名员工，从事研发、产品开发、采购和营销。

冠捷科技集团以其卓越的研发技术、有效的成本控制、大量生产的优势及优异的品质和服务，赢得了世界各大电脑及电视品牌商的肯定和信赖。2005 年，集团已发展成全球第一大液晶显示器制造商。2011 年显示器出货量 6000 万台，市占率 35.4%，高居首位；液晶电视出货量近 1340 万台，市占率 6.5%，居全球第三，而委外代工部分仍为全球第一。

2006 年，作为冠捷科技有限公司董事局主席兼行政总裁的宣建生先生荣获"中国信息产业 20 年中国贡献奖"；2009 年 3 月，宣建生先生作为福建捷联电子有限公司董事长受到中共福建省委、福建省人民政府隆重表彰，成为福建 36 名有突出贡献的企业家之一；2010 年冠捷科技集团总裁宣建生先生获得 CIE（国际照明委员会）2010 年度杰出成就奖。

一、艰辛成长经历的修炼

宣建生先生原籍浙江诸暨市牌头镇中华村人，1943 年出生于福建建阳，故取名为建生。宣建生 7 岁时，国民党籍的父母去了台湾，把他留在大陆陪伴祖母。小学刚毕业，宣建生就独自到乡下养猪，常常清晨 4 点就要起床煮猪食。他为了赚钱养家，还用心经营制作与贩卖茶叶蛋。15 岁至 19 岁之间，在千岛湖附近一座发电厂做最基础的电工。在那艰苦的年代，正值发育期的宣建生没有足够食物吃，医疗条件又落后，因此得了严重的肺结核。父亲得知消息后，便将他接到了台湾。

1968 年宣建生毕业于台湾成功大学电机工程学系，1974 年远赴美国就读布鲁克林理工学院，获系统工程及工业管理博士学位，随后在美国通用电气（GE）研究发展部工业管理部门，负责自动化专案，在美国学习工作了 11 年。1981 年宣建生回到台湾。在经历百事可乐公司等几个工作后，1988 年他出任 AOC 埃德蒙（台湾埃德蒙海外股份有限公司,冠捷的前身)总裁一职。从此开始专注于大型液晶显示终端领域的产品制造。

从小艰辛的成长与求学经历,造就了宣建生先生日后在商场上遇到再怎么强大的竞争对手,他皆可发挥以柔克刚、奇谋制胜的特质。"我是被逼出来的。没人帮你,你得有耐力、有毅力、有智慧,"宣建生先生具有很深的危机意识,"不时时刻刻有危机感,等你醒过来,太晚了,你已经被淘汰。"

二、西进大陆优先布局福建

20世纪80年代后期,随着投资环境的改变,岛内台商纷纷南进东南亚投资设厂,而对刚刚改革开放不久的大陆投资则是犹豫不决,驻足观望。早年的经历使宣建生先生对大陆具有很深的情结,并敏锐地洞察到大陆广阔市场的巨大商机,因此决定大胆率先西进大陆投资。

宣建生先生担任台湾埃德蒙海外总裁后,鉴于公司亏损累累状况,实施了三大新政:一是裁掉AOC所有的电视机生产线,转投资当时随着电脑产业崛起的显示器;二是将原厂自有的品牌改为代工(OEM),直接从PC大厂承接批量订单;三是将生产基地搬到大陆地区。随后宣建生先生亲自带队考察大陆各地,最终接受股东之一的林文镜先生的关键建议,落户于林先生的家乡福清。冠捷在福建及大陆的投资布局从此展开,福建也随之成为这个全球化高科技企业集团的重镇。

(一)冠捷电子(福建)有限公司

1990年12月,冠捷电子(福建)有限公司在福建省福清市成立,1992年5月正式投产映像管显示器,成为当时福建省第一家IT制造厂家。冠捷福清基地投资总额17980万美元,注册资本8500万美元,资产总值逾14亿美元,占地面积875亩,员工人数1万多人,2012年公司实现产值206亿元人民币。

(二)福建捷联电子有限公司

2002年5月,冠捷集团在冠捷电子(福建)有限公司内成立福建捷联电子有限公司,后者从冠捷电子(福建)公司中剥离出来,主要从事各种电脑显示器的研究开发、制造和销售业务。捷联电子总投资9980万美元,注册资本4500万美元,主要产品有液晶显示器、液晶电视和电脑一体机,现已发展成全球最大的液晶显示器制造基地,在大陆显示器市场占有率位居第一,曾是福建省最大的台商投资生产性企业。

2007年底,捷联电子增资4.2亿元在福清融侨经济技术开发区光电科技园区建设新厂区,主要生产新型液晶显示模组、显示器、电脑一体机、电脑电视一体机。厂区占地面积28.8万平方米,总建筑面积约33.2万平方米。

据《2015年大陆台商1000大》中的统计,福建捷联电子排名第41位,营收净额190.57亿元人民币,资产总额101.04亿元,税前纯益4.39亿元,员工人数15976人。

福建捷联电子公司的产品70%外销,2015年度企业总产值逾200亿元人民币,总销售量近2600万台,直接出口20亿美元。历年来的优异业绩,使福建捷联电子获得"全国质量效益型先进企业"、"全国质量管理先进企业"、"全国百家明星侨资企业"、"全国十大外商投资企业"、"全国十大高出口创汇外资企业"、"国家火炬计划优秀高新技术企业"、"福建省高新技术企业"、"福建省省级企业技术中心"、"福建省创新型企业"、"福建省质量管理先进企业"、"福建省信息产品制造业十强企业"等荣誉。

(三)捷星显示科技(福建)有限公司

2010年3月,冠捷集团与韩国LG集团共同投资5000万美元,在捷联新厂区成立捷星显示科技(福建)有限公司,主要从事开发、设计、生产、销售TFT-LCD平板显示屏、液晶显示屏等显示产品及其部件,该项目于2010年5月投入生产,2011年实现产值39.6亿元,2012年实现产值55亿元。

(四)冠捷显示科技(厦门)有限公司

位于厦门翔安火炬高新区的冠捷显示科技(厦门)有限公司,是冠捷科技集团的子公司之一,于2006年12月注册,2009年8月投产。公司注册资金为2500万美元,厂区面积600亩。主要从事液晶电视(LCD TV)的研发、制造、销售、售后服务等。现有员工3000余人。主营业务为,液晶显示器、液晶电视、AIO电脑一体机的研发、制造、销售、售后服务等。

2009年,冠捷集团及奇美电子达成策略协议,由奇美电子入股冠捷(厦门),持有股份过半,冠捷(厦门)正式成为奇美家族一员。

三、善于在竞争中有合作

宣建生先生掌舵冠捷,企业如人,始终专注执着于显示器领域。冠捷不但超越三星成为全球电脑显示器代工霸主,又在2008年买下飞利浦显示器部门,霸主地位更稳固,全球每三台显示器中有一台出自冠捷之手。2011年上半年冠捷又超越日本索尼,成为全球第三大液晶电视组装厂,仅次于三星、LG。冠捷始终只单纯做显示器组装,靠着用来调节库存的自有电视品牌AOC,精准掌握上游关键零件面板的价格。

在监视器与液晶电视产业中,冠捷面对的竞争者,如韩国的三星、LG,台湾的鸿海与友达,日本的夏普、索尼与松下,欧美的飞利浦与西屋等大厂。但在宣建生先生的眼中,"再怎么强的敌人也有弱点!"更重要的是,宣建生先生找到敌人的弱点不是要击垮对方,而是要与竞争对手合作,合力把市场做大。

宣建生先生曾说过一句名言,"喝牛奶不必自己养乳牛"。他成功推动冠捷多起合资案。冠捷是和最多面板厂结盟的组装厂,包括上下游整合考虑,和全球第二大面板厂韩国LGD合资5000万美金,在福建福清成立显示器厂;与友达联手拓展欧美,在波兰、俄国、巴西设组装厂、后段模组厂。2011年10月,又取得飞利浦在中国的品牌授权,壮大冠捷在中国的电视品牌事业。如今,冠捷集团营业额超过110亿美元,中国大陆从北到南有六个生产基地,欧美各地则有5个生产基地,构建起名副其实的全球化高科技企业集团。

宣建生先生善于为处于劣势的自己找出路。早年苦日子的历练,让他懂得,生存不能独善其身。除了靠自己努力外,也要善于结盟合作。

对于集团未来的发展,宣建生先生表示,显示器已经跳脱过去消费性产品的概念,在百货零售、大众运输,乃至医疗等专业,商业应用愈来愈广泛,相比过去液晶电视长达7年才换机,数字广告牌应用平均3~5年就要更换,这对供货商来说是很好的机会。冠捷近年来已经开始耕耘数字广告牌应用,进一步强化软硬件整合,提升产品附加价值。2011年12月,在平潭综合实验区举行了"冠捷科技园区"项目奠基典礼,冠捷成为首批入驻平潭台湾科技园区的企业之一。平潭台湾科技园区占地约4000亩,园区内冠捷工厂项目占地328亩,冠捷园区项目建设内容包括协助引进8.5代面板新技术,建设厂房生产液晶显示器、液晶电视、电脑显示一体机、TFT面板模组,以及其他显示类产品及相关零组件和相关配套供应链的研发、制造、销售和售后维修服务。

个案之八:全球前三大液晶面板设计研发及制造公司

——李焜耀与友达光电(厦门)有限公司

友达光电股份有限公司原名为达碁科技,成立于1996年8月,2001年与联友光电合并后更名为友达光电,2006年再度并购广辉电子。经过两次合并,友达得以拥有制造完备的大、中、小尺寸面板的各世代生产线。友达光电亦是全球第一家于纽约证交所(NYSE)股票公开上市之TFT-LCD设计、制造及研发公司。目前友达光电已成为全球第三、台湾第一大液晶显示器厂商,是全球少数供应大、中、小完整尺寸产品线的厂商。公司自2008年起进军绿能产业,致力于提供客户高效率太阳能解决方案。

友达光电2015年营业额为新台币3603亿元,目前公司全球员工人数达45000人,营运据点遍布台湾、大陆、日本、新加坡、韩国、美国、及欧洲等世界营运据点。

友达光电董事长为李焜耀先生,至2015年5月11日,李焜耀先生请辞友达董事长职务,经友达董事会决议推选彭双浪先生升任董事长,并请彭双浪董事长兼任总经理。

一、友达厦门基地:友达光电(厦门)有限公司

友达光电早在2001年就在江苏省苏州工业园区设立了友达光电(苏州)有限公司,开始了友达在大陆市场的布局,生产产品涵盖1.5至46吋TFT-LCD面板,为华东地区的电子产业客户提供所需产品。而随着华南地区彩电、手机等电子产业生产的快速发展,作为友达所生产的液晶面板的主要买家,迫切希望友达也在华南地区设厂,以便于直接向他们供货。友达光电董事长李焜耀先生敏锐地看到,厦门海陆空交通发达,若在厦门设立友达光电的制造基地,将对服务华南地区乃至全球客户具有非常便利的条件。特

别是厦门与作为友达液晶面板原材料生产基地的台中直接距离只有 100 多公里,通过"小三通"就可以直接完成补货。这就是友达光电选择厦门设立作为其在大陆的第二个制造基地的背景。

友达光电于 2006 年 2 月在厦门翔安高新产业区独资设立友达光电(厦门)有限公司,公司注册资本 9000 万美元,公司总经理为蔡清忠先生。项目一期投资为 1.5 亿美元,2007 年 4 月正式投入量产,2009 年产值已达 190 亿元人民币,并持续增资扩产,目标直指实现年产值 400 亿元人民币以上。截至 2016 年 1 月,友达光电厦门公司已投入资本 6 亿美元,占地面积 1250 亩,员工总数超万人。公司制造全产品线包括大中小尺寸的液晶面板模组,产能随着客户端需求逐年增加。

友达光电厦门公司的迅速发展,使其在台湾《工商时报》各年出版的《大陆台商 1000 大》中的排名逐年提升,2013 年、2014 年及 2015 年分别排名第 10、10、7 位,均为大陆台商 1000 大中在闽台商的首位。2015 年版的数据显示,友达光电厦门公司的营收净额为 1123.77 亿元人民币,资产总额 154.38 亿元,税前纯益 8.11 亿元,员工人数 18432 人。

随着友达进驻厦门翔安高新产业区,相继吸引不少上下游厂商随之前往厦门投资设厂,目前已经带动 50 多家配套厂进入,其他协力厂如东元等电视厂商也在厦门设置液晶电视生产线。近年来以友达光电、冠捷科技及宸鸿科技等台资企业为龙头,在厦门已形成了 TFT-LCD、触控屏两个产业链条,成为厦门的支柱产业。

在近 10 年的耕耘和发展过程中,友达光电厦门公司也收获了不少荣誉,连续四年获得厦门市十佳工业企业,连续两年入选福建省十强企业,2012 年被厦门市政府授予"第二届厦门市质量奖"称号。友达光电厦门公司的快速发展也使友达集团服务全球客户的布局更趋完善,为进一步深耕华南市场奠定了重要根基。

二、有远见爱冒险的企业家:李焜耀

友达光电的成功发展,离不开公司的带头人李焜耀先生,他是一位被华人商界公认为具有远见又爱冒险的企业家。

李焜耀先生于 1952 年出生于台湾苗栗,父亲为一碾米厂老板。家境虽算不差,但他并未过着养尊处优的生活。因为家中经营碾米厂,从小学开始即在家中帮忙背米,一直到了大学时,仍利用寒暑假回家时帮忙家里背米。1974 年台湾大学电机工程学系毕业后,李焜耀先生进入外商公司工作,两年后加入宏基电脑公司。

李焜耀先生于 1976 年加入宏基计算机,经历产品研发、生产制造、行销策略规划等工作,并晋升为宏基计算机副总经理,1991 年转任明基电通总经理。

明基电通于 1984 年成立,初期代工生产计算机主机与系统相关产品。李焜耀先生接掌明基电通后,带领明基的发展方向由专业的计算机外设产品公司转型为通信与电子多媒体的专业定位。他积极开发多元产品线,引进优秀人才,加强研发阵容。为因应科技产业的激烈竞争以及企业版图的扩张,李焜耀先生以垂直整合产品上下游为营运策略,掌握关键零组件的技术,并不断拓展新产品与新事业。明基转投资之达碁科技,于

1997年在台湾新竹成立,自行研制晶体管液晶显示面板(TFT-LCD Panel)以及电浆显示面板(Plasma Display Panel)。2001年9月达碁与联友光电合并为友达光电,一跃成为世界前三大TFT-LCD面板供应厂商。与此同时,友达光电积极展开了包括大陆在内的全球布局。这一不停歇的创新与创业精神,正是明基竞逐科技产业版图的活水泉源。而在此过程中处处展现出李焜耀先生敢于冒险的精神。

其一,决定投资研发制造手机与投资TFT-LCD。早在20世纪90年代中期,手机与TFT-LCD还是新事物时,李先生就前瞻地看到了巨大的商机。投资手机与TFT-LCD均需要巨额资金,而当时明基年营收只有几十亿元新台币,面对众多质疑声,李焜耀先生则坚信,以后电视、手机、PDA和计算机都会转到LCD,LCD的需求会十分旺盛。他说:"今天的任何规划,不要用今天的实力来看,要用两年、三年后的实力来看。四成把握即出手,险棋往往就是赢棋。"

其二,自创品牌。2001年11月,作为当时台湾最成功的IT代工业者之一,李焜耀先生毅然宣布,明基正式脱离宏碁Acer大家族,自创品牌BenQ,用紫色标识、予人快乐与生活品质的诉求、依靠设计提升产品口碑。明基由此告别了先前成功的代工经验。李先生不无感慨地说:"我正在做一生中最大的冒险。"做出一个强大的华人品牌,一直是李焜耀先生的梦想。

其三,并购西门子手机。在自主品牌经营几年后,明基发现,仅靠自身积累发展成全球品牌远远不够,若与拥有专利技术的国际大企业联姻才有可能应对明基发展之困。2005年明基并购了具有150多年历史的德国西门子(Siemens)手机部门,明基一跃成为全球第四大手机品牌。然而因双方管理文化的差异及西门子手机部门亏损不断扩大,此合并案在隔年9月即宣告失败,BenQ为此损失估计超过300亿台币。李焜耀先生的这一次冒险没有成功。

三、对研发与技术创新的重视和执着

友达光电在TFT-LCD产业能够居于领先,要归功于其对研发的重视和执着。2002年11月成立的"友达科技中心",是台湾最大的光电研发中心,研发技术包括TFT-LCD与LTPS等显示技术。友达光电在研发上持续改善制造技术,包括简化制程、高度自动化、以及减少零组件等,以提高生产效率、增加产能,更能增进产品质量。此外,友达光电也发展出:超广视角、高开口率、快速反应时间、反射式面板、半穿透反射式面板等技术,在高亮度与广视角方面也有突出的表现。2006年友达光电完整研发了液晶电视四大技术,包含AMVA超广视角高对比技术、ASPD改善动态影像画质技术、APE突显影像层次技术,以及HiColor色彩饱和技术。

友达光电投入研究发展之经费居各光电企业之首,研发专利成果丰硕,获选为美国2013/2014年Ocean Tomo 300专利指数成份股之一。截至2015年10月,友达累积的专利申请量已达21900件,获核准之全球专利总数超过15300件。友达在专利技术上的深耕进一步强化了其在平面显示器技术的领先地位。

董事长李焜耀先生表示,2009年,即使经历全球金融风暴的冲击和挑战,友达也没停止发展和技术创新的脚步。但目前液晶面板研发、生产的物理极限正在接近,面板产业正从过去单纯追求面板放大到现在追求更高附加价值的量变到质变的转变。友达光电在大陆市场也将以创新技术、实时服务和绿色整体方案加以持续深耕。

四、追求绿色环境,积极减少碳排量

自2007年开始,友达光电开始发展"环保节电"、"轻薄简约"技术,期望透过企业的力量,开发新科技、帮助地球减碳,同时帮助人们享受更有效能的数字生活。2008年友达光电正式揭橥"友达绿色承诺"(AUO Green Solutions),内容涵盖创新研发、采购、制造、运输、服务、回收处理、以及员工亲身参与等全方位的环保计划,把对环境的关怀融合于营运策略中。2009年友达光电荣获全球首座TFT-LCD厂房LEED金级认证,友达的32吋环保节能液晶电视成为全球第一台通过碳足迹认证电视机产品。

友达凭借制造技术优势以及与策略伙伴合作,打造了一个垂直整合、高效率的太阳能价值链,透过"全球营运、在地服务"的经营策略,能就近提供全球客户来自于欧洲、台湾与美国制造的太阳能模块产品,并已成功在世界各地完成多项太阳能项目。友达也在欧洲、美洲与亚洲及其他新市场建立通路网络与经销商据点,以提供客户实时完整的在地支持,以及适用于全球住宅、商业与电厂的高效率可靠太阳能解决方案。

友达光电重视在产品开发时即考虑对环境保护,率先导入能源管理平台,为全球第一家获得ISO50001能源管理系统认证和ISO14045生态效益评估的产品系统验证的制造业者,并连续6年入选道琼世界永续性指数成分股。

五、尊重历史文化

李焜耀先生说:"只有认识历史,承认历史,尊重历史,才能创造历史。"在他的积极倡导之下,友达在经营版图不断扩大的过程中处处重视保护珍贵的历史文化遗产。在台湾的友达台中厂,保留了西大墩窑;在苏州工业园区保留了两座解放战争时期用来存放粮食的谷仓,现在已经成为友达苏州厂的文化历史陈列馆;而在厦门翔安高新产业区内则保留了闽南地区独具特色的建筑——山头村,这些都是珍贵的历史遗迹,它们鉴证了友达的成功发展,也鉴证了友达对历史文化的尊重。

个案之九:最大的海峡两岸合资汽车企业

——吴舜文与东南(福建)汽车工业有限公司

东南(福建)汽车工业有限公司(简称东南汽车)于1995年11月23日诞生在福建省福州市,是由台湾最大的汽车企业——裕隆企业集团所属的中华汽车公司与福建省汽车

工业集团公司福州汽车厂合资组建而成,注册资本6030万美元,总投资9982万美元,闽台双方各占50%股份,占地面积833034平方米,是迄今为止经国家正式批准成立的最大的海峡两岸合资汽车企业,主要生产轻微型客车、轿车系列整车及其零部件等。

经过近20年的努力奋斗,东南汽车不断发展壮大,产业规模持续扩大,产品不断升级、提高,在取得闽台汽车合作成功的同时,也有力地推动了福建汽车产业的发育和成长。特别是以东南汽车公司为龙头,导入具有国际先进水准的台湾中华汽车体系35家专业配套厂,紧密环绕于主机厂周围,组成占地近200万平方米的东南汽车城,发挥自前段工序配套件至后段工序整车组装,皆具自主发展能力的专业汽车生产基地,其高效率、低成本与一贯作业生产流程创举,被业界誉为"东南模式"。以两岸合作起步的东南汽车,多年来通过与道奇、克莱斯勒、三菱等国际品牌的合作,积累了丰富的造车经验与整车工艺,逐步实现了由生产型企业向创新型企业的转变。

在福建省国税局、福建省地税局联合颁布的"福建省2010年度纳税百强企业"名单中,东南汽车以6.5亿元的纳税总额位列第十,并名列福建汽车行业纳税第一。《2015年大陆台商1000大》中数据显示,东南汽车排名第142位,营收净额为40.39亿元人民币,资产总额30.67亿元,员工人数3902人。

一、闽台汽车企业"联姻"

进入20世纪90年代后,闽台两地的汽车业界内,两家专事汽车制造的企业经历着同样的焦虑。

在海峡对岸那边,作为台湾最大的汽车企业——裕隆企业集团旗下的中华汽车公司,销量已占据整个台湾汽车销量的一半,所布的汽车经销、维修和服务网点也多达200多个,虽然中华汽车产品车美价廉,深受消费者青睐,无奈只有2000多万人口的狭小海岛市场,汽车行业发展仍充满激烈的竞争。中华汽车继续发展的前景在哪里?这成了裕隆企业集团高层思考与焦虑之所在。事实上,集团董事长吴舜文女士从1989年起就已将目光投向了对岸广阔的大陆市场,开始寻找自己的未来合作伙伴。她带领属下在大陆各地四处奔走,探寻着各种新的投资发展机会。

在海峡西岸这边,面对整个汽车工业如火如荼的发展之势,福建省汽车工业发展却陷于重重困难之中,举步维艰。1992年,福建汽车工业集团公司成立,作为福建省国有独资公司,主要从事汽车项目投资、汽车零部件生产、研发等业务。福建省希望借助汽车工业集团公司的成立来振兴福建的汽车工业,但由于缺乏技术、启动资金不足等各种原因,集团成立初期依然发展缓慢。福建汽车业振兴的出路在哪里?对外开放、招商引资成为集团的必须选择。

在这样的背景下,闽台两地的汽车企业走到了一起。中华汽车有技术与管理方面的强项,而福建汽车则有本地市场与人才本土化的优势,双方优势互补,合作发展中华民族自己的汽车工业可谓天时地利人和。1995年1月,福建省汽车工业集团公司凌玉章董事长与台湾裕隆集团严凯泰副董事长(吴舜文女士的儿子)代表闽台双方共同签订合资经营合同、公司章程、预约用地协议书并草签技术合同。1995年11月,东南(福建)汽车工业有限公司在福建省福州市正式成立。

二、汽车"铁娘子"吴舜文

吴舜文女士是江苏武进人,上海圣约翰大学文学系毕业。1955年获美国哥伦比亚大学文学硕士学位。1949年到台湾后,吴女士历任台元纺织股份有限公司、台文针织股份有限公司董事长,台湾车辆工业同业公会理事长,中华汽车股份有限公司董事长,1981年后,任裕隆汽车制造股份有限公司董事长兼总经理。岛内媒体常称她为"纺织女王"、"汽车皇后"、"铁娘子"。其夫为裕隆汽车制造股份有限公司创办人严庆龄先生,其子为现任裕隆企业集团执行长严凯泰先生。吴舜文女士于2008年8月9日(94岁)在台北逝世。

1952年6月,吴舜文女士与严庆龄先生双双从美国返台,严先生开始在台北筹备设立裕隆汽车制造厂,吴女士则在丈夫的支持下,于1962年创办了台元纺织厂。到1986年,台元已拥有纱锭21万枚,织机2000台,员工6800人,资本总额高达80多亿新台币,台元成为台湾第一大纺织厂。之后,她又先后成立多个纺织公司及布厂,成为名副其实的"纺织女王"。20世纪80年代,台湾纺织业优势逐渐衰退,吴女士一方面规划台元赴大陆山东成立"元济纺织"延续纺织本业,另一方面则带领台元转型为控股投资公司,跨足投资高科技产业,让裕隆集团得以在汽车与纺织两大核心事业外,发展出第三大事业群。

相较之下,严庆龄先生创办的裕隆汽车制造厂,却因台湾工业基础薄弱,加上当局对汽车制造的限制等因素,发展并不顺利。直到1976年,裕隆年产汽车达到1.6万辆,位居台湾汽车行业之首。1981年,裕隆年产汽车高达5.74万辆,营业额达新台币160亿元。然而,就在裕隆事业顺利发展之时,严庆龄先生却不慎摔伤了脑部,在1981年与世长辞。

吴舜文女士在丧偶之后,勇敢而镇定地接手严庆龄先生的事业,正式出任裕隆企业集团的第二任董事长。当时,曾有不少人担心她能否管理好裕隆这个包括汽车与纺织两大企业的庞大集团,也有人劝她把裕隆让出来,她却用行动果断地回应了人们的种种担忧。她大胆投资新台币45亿元,加快三义汽车厂第一期工程的进度;又斥巨资20亿元新台币,在新园创建"裕隆汽车工程中心",开发新型汽车。

在吴女士的苦心经营下,1983年裕隆汽车公司的营业收入达新台币162亿元,名列第四位台湾民营企业。1986年4月,裕隆终于推出了台湾第一辆自行设计制造的新型小轿车"飞羚"。事隔5年,第二代"飞羚102"问世,并闯入了欧洲市场。1991年,裕隆汽车工程中心开发设计的"新尖兵"轿车上市,因车型美观、性能优良,勇夺当年小轿车市场销售之冠。吴舜文女士成了台湾当之无愧的"汽车皇后"与汽车"铁娘子"。

为了在激烈竞争的汽车行业中进一步拓展裕隆汽车事业的版图,1995年吴舜文女士带领她的企业踏上了八闽大地,又开始了新一轮的奋斗。

三、在曲折的道路上创造辉煌

1995年11月,东南汽车公司正式成立,作为闽台合资企业,公司董事长职务由福建省汽车工业集团公司董事长担任,而公司总经理职务则由台湾裕隆集团派出,历任总经理有来自台湾的林国铭先生、刘兴台先生、简清隆先生,自2012年起左自生先生接任东南汽车总经理至今。近20年来,东南汽车在曲折的道路上不断创造辉煌,走过一条不同寻常的发展之路。[①]

(一)1995—2002年:借助商用车优势立足市场

东南汽车建立之初决定先生产商用车,再拓展轿车市场,以适合福建市场对汽车的需求。这样,实用的商用车"得利卡"便从台湾中华汽车引进到了福建。由于"得利卡"在台湾已生产多年,技术成熟,因此在不到1年的基础设施建设之后,1996年7月第一辆福建本土的"东南得利卡"就正式投产了。在"一炮打响"之后,"东南得利卡"的销量从起初每年几千台到2002年直接销售2万多台,直逼当时"金杯"的销量冠军宝座。

与此同时,东南汽车的基础设施也在积极的建设之中,1997年,闽侯县投资1.2亿元的东南汽车城基础设施建设竣工交付使用。汽车城的建设先后吸引了35家中华汽车公司的配套零部件企业,跨海来到占地2900多亩的东南汽车城周边安家落户。1999年9月26日,东南(福建)汽车工业有限公司青口新厂正式建成投产。

2000年3月,东南汽车第二款车型"东南富利卡"车型诞生,这款车型的价格为20万元左右,顶配车型甚至达到了25万元以上。虽然富利卡的价格并不便宜,但凭借着它的实用性,到2001年其销量就已突破万台。

2001年,东南汽车产销汽车达到3万多台,销售收入83亿元,在全国设有435个销售网点、7家车辆中转站及247个特约维修站,其辐射区域包含国内所有经济发达地区及主要都会城市,可以说短短几年间,东南汽车就在中国汽车市场站稳了脚跟。

(二)2003—2005年:挑战轿车市场

在投资实用的商用车取得成功之后,2003年,东南汽车决定投身轿车事业。2003年3月,东南汽车与日本三菱公司合作,利用日本三菱技术生产的"东南菱帅"轿车诞生,从而结束了福建没有轿车生产的历史。"东南菱帅"车型的整体性能较好,当时售价为12.38万~17.88万元,它的到来使得东南汽车的发展在2003年达到了高峰,包括"得利卡"和"富利卡"在内,这一年东南汽车的销量达到了83533台。2003年,戴姆勒—克莱斯勒投资公司与东南汽车达成合作协议,在福建生产奔驰商用车,生产"威霆"、"唯雅诺"

[①] 张文君:《身份特殊的中国品牌,东南汽车历史回顾》,"汽车之家"网,http://www.autohome.com.cn/culture/201406/812966.html.2014年6月11日。

等车型。

2004年,东南汽车又利用三菱技术生产推出了一款MPV车型——"东南菱绅",但因当时MPV市场并不成熟,"东南菱绅"年销量仅为3000多台,在2007年便草草收场。

2004年,东南汽车原计划全年销量12万台,但实际仅完成了6万多台,这一年东南汽车开始亏损。2005年,在无新品的情况下,销量依然只有6万台。

东南汽车的发展之所以陷于困境,最主要的问题是在于缺乏对新产品的研发能力。当时的东南汽车在技术能力上基本上是依靠中华汽车,而中华汽车本身却是依赖三菱汽车,自身实力也不够强。因此东南汽车在引进中华汽车旗下产品的时候,并没有能力做本土化的改进。此外,东南汽车作为一家刚成立几年的新企业,由于品牌知名度与营销能力的不足,以至于与对手的竞争中缺乏优势。

(三)2006—2009年:努力自救

2006年,东南汽车采取了一系列自救措施。2006年4月东南与三菱携手签约,三菱购入东南的股份,由此东南汽车的股权分配改为三菱汽车25%、中华汽车25%、福汽集团50%。东南汽车欲通过直接与三菱汽车合作,获得三菱的技术和品牌影响力的支持,以达到自救的目的;而对当时实际状况也不好的三菱而言,希望通过与东南合作加快其在中国市场的发展,以获得企业的新生。

2006年5月,东南汽车悬挂三菱车标的"蓝瑟"上市,售价10.28万~12.28万元。这款车型的价格虽有一定优势,但是实际上与"东南菱帅"是同平台生产,动力系统、变速箱等装备都与其一致,技术上并没有明显的升级。2006年11月,东南汽车又引进了三菱的第二款车型——"戈蓝",准备借此进入中型车市场,以达到翻身的目的,但依然无法如愿,"戈蓝"的销量从起初的2000台/月左右,一路下滑至年销几百台。

经过2年多的努力,东南汽车并未借助三菱品牌达到提升销量的目的,于是在2008年重拾东南自主品牌,开始重新推出东南品牌的车型。"东南V3菱悦"是推出的首款车型,售价在5.98万~7.08万元。凭借着全新的发动机以及丰富的配置两大亮点,以及主攻二三线城市的目标,"东南V3菱悦"很快便在市场上立住了脚。随着"东南V3菱悦"的发布,东南汽车2009年的销量达到85354辆,实现了增长。董事长凌玉章先生感慨地说:"东南汽车这10年几乎是九死一生啊!"

(四)2009年至今:联手东风,踏上重振之路

从2004年至2008年,东南汽车已连续5年亏损,几乎资不抵债。2009年,廉小强先生接替凌玉章先生出任福汽集团董事长及东南汽车董事长,2011年左自生先生接替简清隆先生担任东南汽车总经理,公司一方面积极推出新款车型,另一方面积极寻找公司行重组的合作对象,努力推动东南汽车踏上重振之路。

2009年11月,东南三菱推出了"蓝瑟·翼神"(后更名"翼神")紧凑型车型。引入的技术水平几乎与海外市场同步,2009年销量达到6000多台,2010年全年的销量为2.4万台。

在新车型的研发上,东南汽车改变以往较少正向研发的做法,开始从一线正向研发新车型,努力提高企业自主研发和创新能力。公司的研发团队从以往的100余人扩大到400～500人,公司研发中心相继获得"省级技术研究中心"、"国家实验室"等称号。2012年公司推出"V5菱致"、2013年推出"V6菱仕"。随着新款车型持续上市,2013年东南汽车的全年销量已经达到11.6万台,改变了公司亏损困境,实现盈利。

在企业重组方面也取得积极进展。2010年12月,东风汽车公司与裕隆汽车集团在杭州合资组建了东风裕隆汽车有限公司,在中华汽车母公司台湾裕隆的"牵线"下,2013年5月17日,东风集团与福建汽车签署战略合作框架协议,正式在东南沿海区域布局。按照双方协议,东风汽车公司将以增资方式持有福建省汽车工业集团有限公司45%的股权。同时,两家公司以组建投资公司的形式,控股东南汽车公司。投资公司持有东南汽车50%股权,东风汽车占投资公司2/3股权,由福汽集团占1/3股权,东风将实际成为东南汽车的最大股东。

尽管东南汽车发展道路曲折,但如今已经踏上重振之路,由其自主研发的紧凑型SUV东南DX7车型,于2014年上市,2015年销量为29844辆,在SUV汽车市场迅速占有一席之地,受到家用车主的欢迎,未来东南汽车还将会推出更多新产品。

个案之十:全球重要的核心平板显示零部件专业制造商
——刘治军与华映科技(集团)股份有限公司

华映科技(集团)股份有限公司(简称:华映科技)的实际控制人为台湾大同集团旗下的中华映管股份有限公司。公司成立于1971年5月,致力于台湾视讯产品关键零组件映像管的研究开发与生产,成为全世界最重要的显示产品制造厂商之一。因应产品平面化需求,1997年中华映管率先引进大尺寸TFT-LCD量产技术,为台湾显示器进入平面化拉开序幕,成为产品线最完整的光电专业制造厂商。凭借在液晶显示产业领域的深耕发展,中华映管自2008年起切入中小尺寸液晶模块事业,中小尺寸液晶模块出货量年年攀升,2013年华映全年中小尺寸出货量达5.43亿片,创历史新高,全球市场占有率高达18.3%,占据全球市场第一的份额。

一、构建以福州为发展核心辐射大陆的电子产业布局

为了追求"全方位的光电技术创新,成为视讯产品的领导者"的目标愿景,中华映管逐步在全球建立产业基地。1994年在充分考虑大陆市场需求及地域优势的情况下,在福州马尾设立中华映管(福州)有限公司,专业生产光电显示产品,后又相继在大陆的江苏吴江、深圳等地建立生产基地。2009年中华映管在大陆的液晶模组资产借壳闽东电机(集团)股份有限公司成功登陆中国大陆A股资本市场,成为台资企业借壳A股上市第一例,有效推动了两岸产业资本的密切合作。上市后,公司以华映科技(集团)股份有

限公司为核心将大陆资产通过并购等方式归并至旗下,形成了以福州为发展核心辐射全国其他地区的产业布局。华映科技现任董事长为刘治军先生。华映科技已迅速发展成为全球重要的核心平板显示零部件专业制造商,是福建电子产业的龙头企业。公司深耕中小尺寸面板产品加工,基本形成以液晶模组为基础,兼有盖板玻璃(科立视)、面板(华佳彩)的触控一条龙产品的战略布局,从而为客户提供从玻璃、面板到液晶模组的触控一条龙解决方案。

截至2016年3月31日,华映科技公司的股权结构如下:

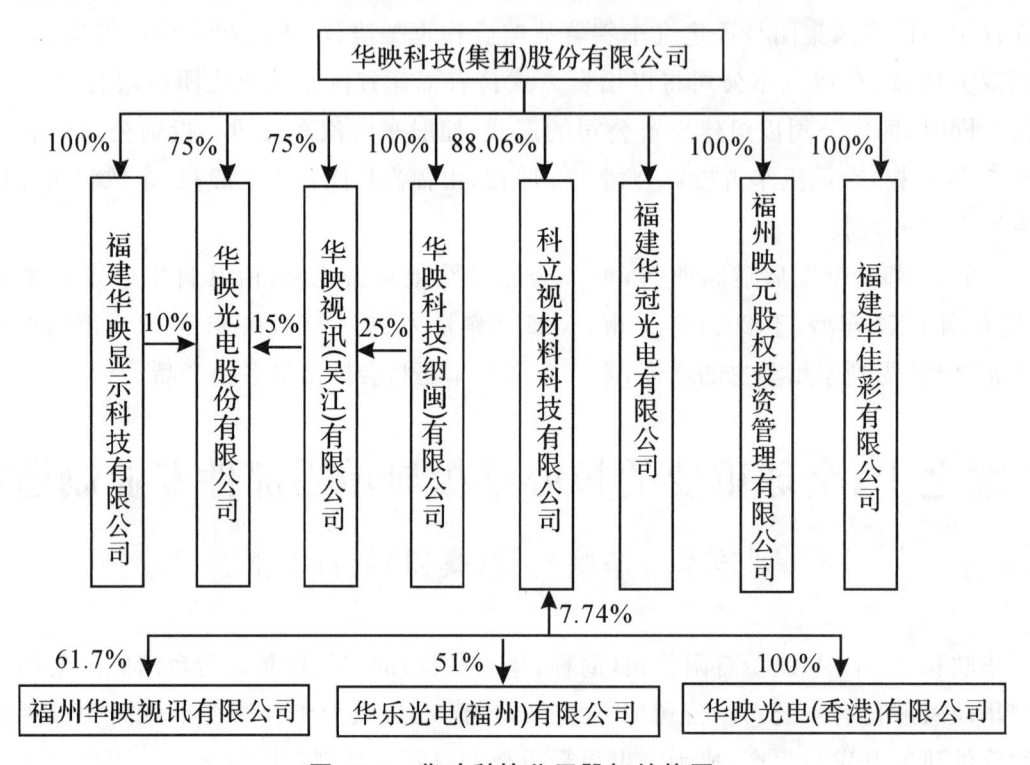

图10-1 华映科技公司股权结构图

资料来源:华映科技(集团)股份有限公司网站,http://www.cpttg.com/cptt/chinese/index.php?option=com_content&task=view&id=13&Itemid=32.

二、华映科技的核心竞争力

华映科技在大陆市场的快速扩张得益于其不断提高的竞争力,根据华映科技公司2014年年度报告的分析,[①]其核心竞争力表现在以下几个方面:

(一)区位优势明显

液晶显示模组行业人力需求相对密集,与境外液晶显示模组厂商相比,公司控股的

---

① 《华映科技(集团)股份有限公司2014年年度报告》,中国证券网,http://caifu.cnstock.com/info_publish/detail/bonds/479239262210.

四家液晶显示模组公司均设立在大陆,劳动力成本相对较低,具备成本优势。此外,四家模组厂(华映光电、福建华显、华映视讯、华冠光电)就近液晶显示产业发展相对集中的地区,可就近获取原材料并供应模组成品给下游客户,有效降低物流成本,提高良品率,消化急单,抢攻市场。随着福建自贸区的获批,福州片区将力争建设成为两岸全面合作的示范区,未来公司将持续积极响应福建自贸区的政策导向,借助区位优势及资本市场,以福建为轴心做大做强光电显示行业。

(二)产业链完善

公司已整合上下游产业链,除在液晶模块行业继续深耕外,公司拓展了触控产品的投资,同时向上游触控组件材料领域进军,投资设立生产高铝硅酸盐类盖板玻璃的科立视材料科技有限公司。公司已基本形成以液晶模组为基础,兼有触控组件材料及触控一条龙产品的战略布局。

(三)生产管理经验丰富,系统化运营

公司控股的液晶显示模组公司在大陆经营多年,生产和管理经验较为丰富,具备较强的原材料的检验管控能力、制程控制优化能力和出货品质管控能力。公司以市场为导向拉动内部整体能力提升,以计划端拉动系统性改善。公司管理层密切关注行业变化趋势,积极调整产品结构,以满足客户需求为导向,改进管理运营模式,提高生产效率。

(四)工艺制造能力先进,掌握关键技术

公司积极开展技术资源的协同利用,实现技术资源共享,技术研发能力不断攀升。公司控股子公司科立视拥有一支生产及研发经验丰富的团队,掌握盖板玻璃产品关键技术,拥有多项制程及产品专利,能够有效推进项目顺利进展。

三、董事长刘治军与华映科技未来展望

刘治军先生 1948 年出生于台湾,毕业于台湾师范大学工业教育专业,曾在亚洲管理学院进修。刘治军先生曾任台湾中华映管股份有限公司业务课长、经理、营销副总经理、董事长特助,现任华映科技(集团)股份有限公司董事长、福建华映显示科技有限公司董事长、华映光电股份有限公司董事长、华乐光电(福州)有限公司董事、华映视讯(吴江)有限公司董事长、科立视材料科技有限公司董事等。刘治军先生长期致力于显示器产业发展经营,对华映科技未来充满信心。他说:"在这个显示装置应用多元化且蓬勃发展的大时代,华映科技身为一间具有历史地位的显示器元件厂家,并拥有深厚的技术基础及丰富的生产经验,只要适时为它注入了新生命、新灵魂,这股新旧资源总和的能量是无比强大的,则华映科技的未来是极具价值,无可限量的。"他指出,华映科技将以"创新"、"创造差异化"及"提升附加价值"三大方向来因应产业的变化,创造新局。

展望华映科技公司未来的发展,①公司将会继续依托实际控制人台湾中华映管在中小尺寸面板的行业优势,以多年厚植的视讯产品研发与量产的丰富经验,密切关注市场需求,深耕中小尺寸产品加工,并利用实际控制人中华映管车载市场的客户资源,进一步整合现有车载模组生产线资源,提高产品附加值。此外,公司还将结合对产业、业务、产销、产品开发等方面的丰富经验,搭配公司整体向心力,充分发挥整体效益,逐步布局车载、工控等自动化一条龙产品,提高高附加值产品占总体营收的比重,做到"创新"、"创造高附加值产品"、"创造差异化"战略,以利不断开发非关联客户,加强业务独立性。同时,公司作为福建电子产业的领头企业,将会利用地处福州自贸区的地域优势,在深化现有的海峡两岸及亚洲经济贸易基础上,加强与欧洲等其他国家和地区的双边贸易,会持续响应当地政府的政策导向,加大技术研发投入,借助资本市场以福州为轴心做大做强光电显示行业。

---

① 《华映科技(集团)股份有限公司 2014 年年度报告》,中国证券网,http://caifu.cnstock.com/info_publish/detail/bonds/479239262210.

表 10-1 大陆台商 1000 大中在闽台商排名

单位：亿元人民币

2015排名	2014排名	公司简称	董事长	营收净额	营收成长率(%)	资产总额	税前纯益	纯益排名	纯益率(%)	纯益率排名	资本额	资本额排名	净值	净值排名	员工数(千)	隶属集团	主要产品
7	10	友达光电(厦门)	彭双浪	1123.77	54.77	154.38	8.11	37	0.72	750	18.04	35	83.79	8	18.43	明基友达	液晶显示器模组制造组装
26	29	宸鸿科技(厦门)	江朝瑞	311.21	12.16	151.81	2.32	109	0.74	745	9.45	105	64.55	14	9.93	宸鸿	触控模组研发、生产及销售
27	31	厦门金龙汽车工业	廉小强	287.01	11.53	20.98	5.47	48	1.90	615	7.68	133	4.41	422	6.83	三阳	金龙客车
41	37	福建联合电子	宣建生	190.57	-2.88	101.04	4.39	60	2.30	568	3.71	288	31.94	50	15.98	冠捷科技	液晶显示器
59	69	福建华映显示科技	刘治军	116.75	26.04	10.33	2.21	115	1.89	616	2.48	431	5.87	332	2.74	大同	液晶显示模组及零部件
66	55	达运精密工业(厦门)	向富棋	100.55	-17.51	38.33	1.09	221	1.08	694	5.06	211	11.25	153	8.00	明基友达	背光源模组的生产、销售
115	104	厦门正新橡胶工业	陈秀雄	53.49	-13.51	68.46	7.68	40	14.36	74	12.48	62	48.29	26	6.96	正新国际	辐射层轮胎
142	85	东南(福建)汽车	廉小强	40.39	-47.39	30.67	-3.88	992	-9.59	968	11.43	72	15.02	120	3.90	裕隆	轻微型客车、轿车及其零系列整车及其零部件

175

续表

2015排名	2014排名	公司简称	董事长	营收净额	营收成长率（%）	资产总额	税前纯益	纯益排名	纯益率（%）	纯益率排名	资本额	资本额排名	净值	净值排名	员工数（千）	隶属集团	主要产品
172	230	景智电子（厦门）	向富棋	32.40	45.45	10.83	−0.12	893	−0.36	854	3.32	323	0.29	957	0.00	明基友达	液晶显示荧幕、液晶显示器
175	165	路达（厦门）工业	吴材攀	31.97	6.88	34.87	2.91	85	9.08	173	7.38	137	26.45	58	8.33		五金铸件
191	129	厦门正新海燕轮胎	陈秀雄	29.34	−32.23	36.34	3.34	77	11.38	109	9.65	101	28.70	53	2.49	正新国际	子午线轮胎、力车轮胎、工程车轮胎
227	342	厦门银行	吴世群	23.05	49.86	1191.09	9.43	26	40.92	5	15.87	47	62.52	18	1.72	富邦	银行业务
258	249	厦门灿坤实业	潘志荣	20.08	−1.43	16.51	0.74	301	3.69	445	1.85	550	9.02	206	4.55	灿坤	小家电
265	281	玉晶光电	陈天庆	19.42	11.86	24.07	0.09	721	0.45	787	10.02	95	11.69	147	1.00	玉晶光电	镜头组
267	265	宝辰（厦门）光学科技	江朝瑞	19.34	3.17	13.13	−0.91	969	−4.72	944	1.70	584	6.44	291	10.00	宸鸿	触控显示器及系统研发、生产及销售
268	256	漳州灿坤实业	潘志荣	19.30	−1.70	20.12	0.48	398	2.50	549	12.35	66	12.93	136	8.08	灿坤	电熨斗
290	296	厦门建松电器	洪裕钧	17.49	8.42	9.00	1.27	191	7.23	239	2.98	367	4.76	396	2.45	台湾松下	汽车音响、显示器、监视器、电机
307	273	福建统一马口铁	梁祥居	16.60	−8.51	15.07	1.93	131	11.63	106	6.97	147	9.54	195	0.72	统一	马口铁皮制造

续表

2015排名	2014排名	公司简称	董事长	营收净额	营收成长率(%)	资产总额	税前纯益	纯益排名	纯益率(%)	纯益率排名	资本额	资本额排名	净值	净值排名	员工数(千)	隶属集团	主要产品
309	483	宸光电科技(厦门)	江朝瑞	16.53	86.72	11.93	0.71	314	4.31	403	2.43	437	4.12	455	1.61	宸鸿	导电玻璃研发、生产、加工及销售
357	351	漳州天福茶业	李国麟	14.22	8.78	8.17	3.44	76	24.22	23	1.81	564	4.27	434	2.09	天福	生产茶叶
361	438	正新(漳州)橡胶	陈秀雄	13.99	38.79	23.04	2.25	112	16.10	58	9.50	104	11.28	151	1.00	正新国际	各种轮胎
372	318	厦门正新实业	陈秀雄	13.51	-7.92	18.35	3.46	75	25.57	19	3.64	291	17.00	100	2.84	正新国际	小客车、汽车轮胎、橡胶制品
376	396	厦门建霖工业	吕理镇	13.19	18.48	9.71	0.83	277	6.26	277	2.54	422	4.18	448	2.14	仕霖企业	卫浴设备零件、汽车零配件
380	364	长春化工(漳州)	郑正	13.07	4.55	12.14	0.71	316	5.42	314	5.38	196	7.27	251	0.33	长春	工程塑料、塑胶合金、覆铜板
394	375	爱奇(福建)鞋业	庄春龙	12.67	5.88	2.79	1.07	225	8.46	199	0.11	974	1.22	832	2.00	金丽	鞋服制造
439	389	凌阳电子(厦门)	伍开云	11.01	-3.16	9.23	0.50	388	4.58	376	1.48	642	4.80	391	1.17	台表科	一般电子资讯产品
443	395	福州统一企业	罗智先	10.91	-2.34	4.70	0.72	310	6.58	262	1.51	634	2.38	659	1.29	统一	速食面、饮料、乳品
447	340	三斯达(福建)塑胶	丁金造	10.79	-20.71	19.99	2.38	105	22.04	29	1.58	617	17.33	96	0.93	亚塑再生	运用废塑料生产各种发泡棉
454	472	福建协丰鞋业	王秋雄	10.67	17.44	3.40	0.78	290	7.31	234	0.56	871	2.33	667	8.08	丰泰企业	运动鞋

177

续表

2015排名	2014排名	公司简称	董事长	营收净额	营收成长率(%)	资产总额	税前纯益	纯益排名	纯益率(%)	纯益率排名	资本额	资本额排名	净值	净值排名	员工数(千)	隶属集团	主要产品
473	271	福建福贞金属包装	李荣福	10.27	-43.55	9.42	1.54	168	14.97	68	5.55	188	8.30	222	0.50	福贞控股	马口铁印制罐及进出口
475	442	冠捷电子	吴宗文	10.21	2.77	12.82	-0.82	966	-8.04	957	2.78	396	6.69	273	2.97	冠捷科技	电脑显示器
524	501	厦门台松精密电子	王传世	9.09	7.62	6.17	0.22	595	2.40	561	2.52	425	3.59	507	4.70	松用精密	继电器
551	556	福州华映视讯	许翼材	8.45	16.55	3.31	0.11	702	1.26	682	0.41	907	0.84	894	3.04	大同	平板显示产品组装,开发,设计等
569	561	福州六和机械	宗成志	8.11	13.07	8.73	1.26	195	15.48	64	1.75	574	6.06	320	1.27	六和	汽车零配件
581	588	福建荔丰鞋业开发	王秋雄	7.89	15.62	2.92	0.76	297	9.61	155	0.56	868	1.61	773	5.00	丰泰企业	鞋业
583	769	晶宇光电(厦门)	陈金源	7.86	77.46	7.14	0.64	342	8.12	214	4.46	230	5.31	367	0.50	晶元光电	蓝、白光及四元LED
590	547	厦门新凯复合材料	沈文振	7.77	4.47	7.59	0.69	322	8.89	178	3.21	338	6.39	298	8.74	拓凯	生产网球拍、羽毛球拍、安全帽
637	578	福州中城大洋百货	徐智勇	6.88	-1.75	8.14	0.67	328	9.75	150	0.70	831	6.35	301	0.00	益航	百货公司
640	580	漳州亚邦化学	张文俊	6.84	-1.81	2.12	1.04	231	15.14	65	0.39	914	0.64	919	0.09	国精化学	化工产品,不饱和树脂
644	581	福建五丰大商场	赵熙	6.82	-1.71	1.44	0.11	696	1.66	630	0.56	869	0.83	896	0.49	丰泰企业	百货商品批发、零售及相关配套服务

续表

2015排名	2014排名	公司简称	董事长	营收净额	营收成长率(%)	资产总额	税前纯益	纯益排名	纯益率(%)	纯益率排名	资本额	资本额排名	净值	净值排名	员工数(千)	隶属集团	主要产品
645	613	厦门民兴工业	吴修哲	6.81	8.49	4.89	0.32	501	4.68	368	1.61	611	2.76	605	1.27		汽车零配件
646	595	亚美(厦门)皮业	王东生	6.81	1.51	5.18	0.24	569	3.48	459	1.47	647	2.75	608	1.35	亚美	皮箱等皮制品及五金配件的生产加工
667	815	瑞士达光化学	江朝瑞	6.42	59.72	2.56	-0.05	858	-0.78	871	1.02	753	1.62	769	0.40	宸鸿	光学玻璃加工及销售
687	624	厦门台利电子	洪绍明	6.15	0.16	5.58	0.50	390	8.15	212	1.05	741	4.02	464	1.32	和泰电机	变压器
701	707	同致电子科技(厦门)	陈信忠	6.00	20.22	6.07	0.73	307	12.13	100	0.39	916	3.63	500	1.11	合正科技	门锁控制器
709	241	达鸿先进科技(厦门)	张朝煜	5.88	-72.06	3.50	-0.71	961	-12.01	979	1.20	709	-5.33	994	0.00	宸鸿	光学及反光通讯镀膜组件,ITO导电玻璃
713	446	瑞世达科技(厦门)	江朝瑞	5.81	-40.98	18.23	-1.97	983	-33.99	994	7.25	140	15.97	106	0.00	宸鸿	导电玻璃研发、加工、生产及销售
716	677	厦杏摩托	张宏嘉	5.75	6.91	3.50	0.16	644	2.83	515	2.00	514	-0.11	978	0.72	三阳	摩托车
733	607	钛积光电	施国清	5.61	-11.82	4.70	0.45	425	8.05	215	1.84	556	3.56	511	0.96	钛积光电	CRT
745	722	福建三丰鞋业	P.N	5.38	10.97	1.90	0.23	576	4.31	403	0.82	801	1.54	783	6.85	丰泰企业	运动鞋、鞋半成品及鞋用配件生产
747	718	福建台亚汽车工业	卓正郁	5.36	9.74	5.80	0.48	399	9.00	174	3.34	322	3.34	536	0.39	裕隆	微、轻型及中型汽车用后桥总成及零部件

续表

2015排名	2014排名	公司商号	董事长	营收净额	营收成长率(%)	资产总额	税前纯益	纯益排名	纯益率(%)	纯益率排名	资本额	资本额排名	净值	净值排名	员工数(千)	隶属集团	主要产品
778	700	华懋(厦门)织造染整	赖敏聪	5.09	0.06	4.51	0.22	592	4.32	402	1.37	661	2.85	594	1.43	华懋	纯化织布、印染布、PVC人造布
806	652	协展(福建)机械工业	高山健	4.85	-15.60	10.22	1.03	232	21.27	31	1.19	710	8.68	211	1.00	协祥机械	汽车零部件
815	778	诚益光学(厦门)	吴当益	4.81	10.48	4.32	0.45	424	9.41	165	0.80	809	2.71	610	3.20	诚益光学	太阳、老花镜、光学镜片
817		漳州统实包装	陈丰富	4.79		6.96	0.25	562	5.13	328	1.91	536	2.20	686	0.50	统一	塑料软包装新产品、新技术
828		信华科技(厦门)	钟正宏	4.70	2.76	6.06	0.69	323	14.68	70	2.31	461	5.06	376	2.00	敦吉	继电器、铁芯、模具、变压器、线圈
841	750	国产实业(福建)水泥	林志昶	4.63	-0.91	10.22	0.01	821	0.23	812	5.72	182	6.30	303	0.35	国产实业	水泥生产及经销
898	744	泰山(漳州)食品	詹岳霖	4.11	11.29	1.73	0.35	481	8.61	191	1.65	596	0.19	965	0.00	泰山	饮料类和点心类食品
934	855	厦门多威电子	曾钦照	3.90	-47.32	5.36	-0.06	868	-1.62	899	2.75	400	4.59	410	4.44	多威实业	电子产品
986	549	福州大洋百货	徐智勇	3.56	-4.52	8.65	0.12	682	3.45	460	0.50	881	0.04	973	0.15	益航	百货公司
	848																

资料来源:台湾《工商时报》编著:《2015年大陆台商1000大》,台湾商讯文化事业股份有限公司,2015年8月。

参考文献

曹永和:《台湾早期历史研究》,台北:联经出版事业公司,1979年。
陈孔立:《台湾历史纲要》,北京:九州出版社,1996年。
戴宝村:《陈中和家族史:从糖业贸易到政经世界》,台北:玉山社,2008年。
黄富三:《雾峰林家的兴起(1729—1864年)》,台北:自立晚报出版社,1987年。
江树生译注:《热兰遮城日志》第一册,台南:台南市政府,1999年。
江树生、翁佳音译:《荷兰联合东印度公司台湾长官致巴达维亚总督书信集》第一册,台湾文献馆,2010年,
江日升:《台湾外记》,福州:福建人民出版社,1983年。
李毓中译注:《台湾与西班牙关系史料丛编》第一册,台湾文献馆,2008年。
林满红:《茶、糖、樟脑业与台湾之社会经济变迁(1860—1895)》,台北:联经出版事业公司,1997年。
林玉茹、刘序枫:《鹿港郊商许志湖家与大陆的贸易文书》,台北:"中央研究院"台湾史研究所,2006年。
林玉茹:《清代竹堑地区的在地商人及其活动网络》,台北:联经出版事业公司,2000年。
连横:《台湾通史》,北京:商务印书馆,1983年。
临时台湾旧惯调查会第二部:《调查经济资料报告书》。
台湾总督府民政局殖产部:《台湾产业调查表》,1896年3月发行。
司马啸青著:《台湾五大家族》,台北:玉山社,2000年。
汤开建:《澳门开埠初期史研究》,北京:中华书局,1999年。
杨国桢:《瀛海方程:中国海洋发展理论和历史文化》,北京,海洋出版社,2008年。
卓克华:《清代台湾行郊研究》,福州:福建人民出版社,2006年。
周宪文编著:《台湾经济史》,台北:开明书店,1980年。
单玉丽等:《台商直接投资与海峡西岸经济区建设》,北京:中国经济出版社,2008年。
刘震涛等编著:《台资企业个案研究》,北京:清华大学出版社,2005年。
张传国:《台商大陆投资问题研究》,北京:商务印书馆,2007年4月。
张志南、严正主编:《闽台产业对接研究报告》,福州:福建人民出版社,2006年。
周明伟:《厦门与台湾关系发展30年研究》,厦门:厦门大学出版社,2008年。
《工商时报》编著:《2015年大陆台商1000大》,台北:台湾商讯文化事业股份有限公

司,2015年。

台湾"全国工业总会"编辑:《大陆台商企业名录》,台北:福利国际事业股份有限公司,2011年。

全国台湾同胞投资企业联谊会及厦门、福州、泉州等各地台商投资企业协会网站。

相关台资企业网站。

后　　记

编纂《闽商发展史》，是对闽商的历史研究与理论建设的重要学术工程，也是推进福建省文化建设的重要举措。2010年8月，我们课题组有幸参与这项福建省委统战部所主持的重大项目，承接其中的《闽商发展史·台湾卷》。转眼5年多过去了，这期间，课题组成员在繁忙的教学与科研工作之余，克服资料搜集困难，研究内容时间跨度大以及关系复杂等因素，通过分工合作，辛勤努力，终于完成了这项艰巨的任务。

本分卷内容分上、下两篇。上篇"历史上闽商在台湾"由周翔鹤老师提出写作思路与内容框架，周翔鹤老师撰写第一章，第二章第二节，第三章第一、三节，第四章第一节。黄俊凌老师撰写第二章第一节，第四章第二、三、四节，第五章第一、二、三节。研究生张遂新、何妍分别撰写第三章第二节和第五章第四节。

下篇"近30年来台商在福建"，由邓利娟老师提出写作思路与内容框架，梁宏彦女士撰写初稿，再由邓利娟老师修改补充，最后定稿。张华姿老师参与搜集相关资料工作，博士生周富玉、朱兴婷、马士伟参与相关数据搜集整理。

课题组成员名单如下：

邓利娟　厦门大学台湾研究院副院长、教授，博士生导师
周翔鹤　厦门大学台湾研究院副教授，历史学博士
黄俊凌　厦门大学台湾研究院副教授，历史学博士
梁宏彦　厦门台湾艺术文化研究所研究人员，历史学硕士
张华姿　厦门大学台湾研究院文献中心副主任
周富玉　厦门大学台湾研究院区域经济学博士研究生
朱兴婷　厦门大学台湾研究院区域经济学博士研究生
马士伟　厦门大学台湾研究院区域经济学博士研究生
张遂新　厦门大学台湾研究院政治学理论博士研究生
何　妍　厦门大学台湾研究院专门史硕士研究生

衷心感激大家的大力支持与配合。

邓利娟　周翔鹤
2016年5年8日